하나님을 아는 지식은 우리를 어떻게 변화시키는가?

우리는 하나님을 아는가?

김 형 원

Nehemiah

우리는 하나님을 아는가?

지은이   김형원
초판발행   2025년 3월 10일

펴낸이   배용하
책임편집   윤찬란

등록   제 2019-000002호
펴낸 곳   느헤미야
등록한 곳   충청남도 논산시 가야곡면 매죽헌로1176번길 8-54
편집부   전화 (041) 742-1424
영업부   전화 (041) 742-1424 · 전송 0303 0959-1424
ISBN   979-11-991835-0-6   03230

분류   기독교 | 조직신학(기독교신학)| 신론

값 18,000원

목 차

머리말 … 11

하나님을 아는 지식 … 15

스스로 존재하시는 하나님 … 37

영靈이신 하나님 … 61

영원하신 하나님 … 93

변하지 않는 하나님 … 115

모든 것을 아시는 하나님 … 145

모든 곳에 계시는 하나님 … 177

전능하신 하나님 … 205

단일성통일성 … 241

하나님을 아는 사람 … 265

미주 … 284

머리말

기독교는 인간이 열심히 생각해서 만들어 낸 종교가 아닙니다. 인간이 생기기 전부터 존재하셨던 하나님이 세상을 창조하시고 인간을 자기 형상으로 만드신 후에 인간에게 찾아오시면서 시작된 것이 우리가 지금 '기독교'라고 지칭하는 것입니다. 따라서 기독교는 하나님이 자신에 대해서, 그리고 세상에 대해서 알려주시는 것으로부터 시작되었습니다. 그렇기에 우리가 기독교를 바르게 알고 믿는 사람이 되기 위해서는 무엇보다 하나님을 잘 알아야 한다는 것은 당연한 일입니다.

하나님은 어떤 분일까요? 우리는 성경이 하나님에 대해 설명하는 것을 통해서 하나님이 어떤 존재인지 알게 됩니다. 성경은 하나님이 영적인 존재이고, 영원하시며, 스스로 있는 자이며, 변하지 않고, 모든 곳에 존재하며, 모든 것을 알고, 모든 것을 하실 능력이 있는 분이라고 말합니다. 또한 성경은 하나님이 거룩하시고, 사랑이시고, 선하시고, 신실하시고, 지혜로운 분이라고 가르칩니다.

전통적으로 많은 신학자들이 앞의 묘사들을 '비공유적非共有的 속성'으로 분류합니다. 오직 하나님만 가지고 계신 특성이라는 것입니다. 반면에 뒷부분의 묘사들은 인간도 어느 정도 가지고 있는 특성이라고 생각해서 '공유적共有的 속성'이라고 말합니다. 하지만 이런 분류에 만족하지 못하는 사람들은 앞부분의 모습을 '하나님의 존재의 본질'에 속하는 특성이라고 말하고, 뒷부분의 모습은 '하나님의 성품'을 나타낸다고 생각합니다. 어떤 방식으로 분류하든, 우리가 신학자들의 분류를 반드시 따라야 하는 것은 아닙니다. 어떻게 분류하고 어떤 용어를 사용하든 하나님의 본질 자체가 달라지는 것은 아닐 것이며, 이런 작업은 위대하신 하나님에 대한 한갓 인간의 생각일 뿐이기 때문입니다.

일반적으로 '비공유적 속성' 또는 '하나님의 존재의 본질'에 포함되는 하나님의 모습들은 좀 더 신학적이고 철학적인 성찰과 논의를 필요로 하는 것들입니다. 반면에 '공유적 속성' 혹은 '하나님의 성품'에 해당되는 모습들은 하나님이 피조물과 관계를 맺는 과정에서 좀 더 분명하게 나타나는 것들로 보입니다. 그렇다고 해서 앞의 속성들이 우리의 삶과 무관한 것은 절대 아닙니다. 겉으로 볼 때는 어려워 보이지만, 깊이 들여다볼수록 우리의 신앙과 삶에 기초가 되는 중요한 의미를 내포하고 있다는 것을 발견하게 됩니다. '본질적 속성'의 토대 위에서 '하나님의 성품'의 다양한 모습들이 그 의미를 풍성하게 드러내기 때문입니다.

이 책에서는 하나님의 존재의 본질에 포함되는 속성들 8가지를 탐구할 것입니다. 보통 이런 속성들을 다룬 책들은 두 가지 부류로 나눌 수 있습니다. 하나는 주로 신학적이고 이론적인 면에 초점을 맞춘 것들입니다. 조직신학자들의 저술이 대개 여기에 해당됩니다. 다른 하나는 신학적 논의는 살짝 언급하는 정도로 넘어가고 그리스도인들에게 주는 실제적인 의미와 적용에만 초점을 맞춰서 묵상하는 것들입니다. 하지만 이 책에서는 두 가지를 통합해서 다루려고 합니다. 각 장 앞부분에서 하나님의 속성의 신학적인 의미에 대해서 다루고, 그 후에 그것이 우리에게 어떤 의미가 있는지 살펴볼 것입니다. 감동情과 실천의義은 핵심에 대한 분명한 이해지知의 토대 위에 서 있어야 바른 방향으로 나아갈 수 있다고 생각하기 때문입니다. 그러니 앞부분의 신학적 논의가 조금 어렵더라도 인내하면서 따라가기를 권합니다. 그렇게 할 때 그것이 의미 있는 신앙적 실천으로 이어질 것입니다. "인내는 쓰지만 열매는 달 것입니다."

> "너희가 나를 찾으면 나를 만날 것이다. 너희가 온전한 마음으로 나를 찾기만 하면 내가 너희를 만나주겠다."렘 29:13-14

우리를 향해 호소하시는 하나님의 외침에 우리가 전심으로 응답하여 하나님을 만나는 기쁨을 누리게 되기를 바랍니다.

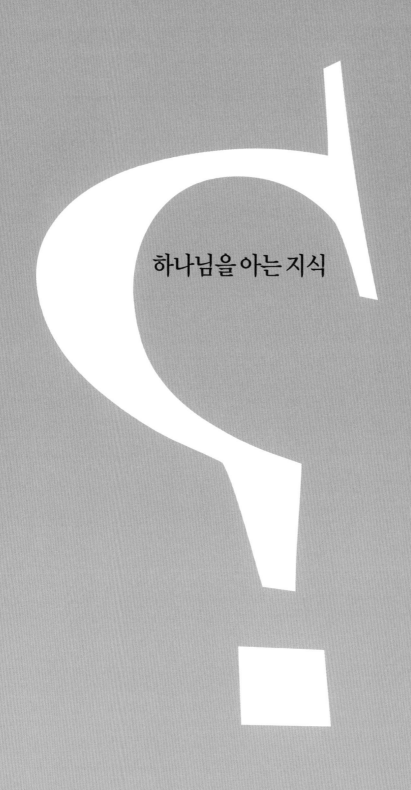

하나님을 아는 지식

하나님 아는 지식의 결핍

1. 차이가 없다

여행 중 유명한 사찰을 방문하게 되면 거의 예외 없이 발견하는 모습이 있다. 이름과 간단한 문구를 적어 놓은 기와들이 줄지어 서 있는 모습이다. 그것이 무엇일까 궁금했는데, 알고 보니 시주를 한 사람들이 자신이나 가족의 이름과 바라는 것을 직접 적어놓은 것이며, 스님들이 그 사람들을 위해 기도해준다는 것이다. 어떤 사찰에는 시주 액수에 따라 기와의 크기가 다르고, 스님들이 기도를 해주는 기간도 달라진다고 안내문에 적혀 있기도 하다. 불교를 연구하는 많은 사람이 이런 행태는 불교의 본질에서 벗어난 것이며, 민간에서 유통되던 기복 신앙이 아무 제약 없이 불교에 유입된 결과라고 비판한다.

그런데 이런 모습이 불교에서만 발견되는 것은 아니다. 수많은 기독교 교회에서도 대상과 방식은 달라도 자신의 복을 빌어달라고 헌금하는 모습을 쉽게 찾아볼 수 있다. 헌금 액수에 따라 목사의 칭찬과 기도의 빈도가 달라지는 모습도 불교와 유사하다. 이런 유의 모습이 단지 일부 교회에서만 나타나는 것은 아니다. 모양과 정도는 다르지만, 한국교회 주류는 신자 개인의 번영과 건강과 성공을 추구하는 '기복 신앙'의 모습으로 채색되어 있다. 여전히 새로운 한 해가 잘 되기를 바라는 것에 초점을 맞춘 신년축복성회와 특별새벽기도회가 유행하고, 처세술적인 설교에 열광하는 모습을 보면, 이 땅의 기독교는 자기만족과 성취를 추구하는 인간중심적인 종교로 고착화되고 있는 것 같다. 이것은 기독교의 중심이 하나님이 아니라 인간이며, 하나님은 인간들의 만족을 채워주는 들러리로 전락해버린 모습이다.

이런 행태를 보면, 인생에서 가장 중요한 것이 부자가 되고, 성공하고, 건강한 것이라는 점에서는 기독교인이나 비기독교인이나 다를 바 없는 것 같다. 다만 기독교인은 이 목표를 달성하기 위해 비기독교인이 사용하는 방법에 더해서 하나님이라는 새로운 '비법'을 추가한 것만 다를 뿐인 것처럼 보인다. 이런 점에서 맥컬로우 박사가 전하는 어느 심리학자의 말은 정확한 현상 파악으로 보인다. "'사람들이 내 사무실에 찾아와서 자신들이 기독교인이라고 말합니다. 그러나 그들이 행복해지기를 원하고, 그렇게 해주기를 신에게 기대하고 있다는 것을 제외하고는 비기독교인들과 아무런 차이도 발견할 수 없답니다.' 이런 사람들에게 하나님은 내가 원하는 것들을 가질 수 있도록 도와주는 내 안락을 위한 신이 되어 버렸다."[1] 결국 점집에 찾아가는 것이나 절에 가는 것이나 교회에 오는 것이나 바라고 간구하는 내용은 차이가 없어졌다.

물론 하나님은 우리 삶의 모든 것에 관심을 가지고 필요하다고 판단하실 때 우리의 간구에 응답하여 적절한 도움을 주시는 분이라는 것은 맞지만, 하나님을 오직 이런 식으로만 생각하고 접근하는 것은 문제가 있는 것이다.

2. 원인은?

이런 현상에 대해 다양한 원인이 제시되어 왔다. 어떤 사람들은 현대의 인간 중심주의가 그대로 교회 안에 들어왔다고 말한다. 또 다른 사람들은 사회 속에서 경쟁에 치여 살다보니 자신의 문제에만 집중하게 되면서 하나님을 문제해결자로만 인식하게 된 것이라고 말한다. 이 진단들은 나름대로 설득력이 있다. 이것은 우리가 주변 세상의 영향을 깊숙이 받으면서 세속화된 것을 보여준다.

그러나 보다 근본적인 원인이 있다. 그것은 그리스도인들이 하나님을 잘 모른다는 점이다. 신자들이 자신이 믿고 섬기는 하나님을 아는 지식이 결핍되어 있거나, 하나님을 잘못 알고 있기 때문에 이런 기복신앙의 모습이 교회에서 만연하게 된 것이다. 따라서 잉그램 목사의 진단은 정확한 것이다. "믿는 사람으로서 그리고 교회로서 우리가 하는 행동들은 하나님에 대해 우리가 실제로 어떻게 생각하고 있는지를 분명하게 보여주는 것이다."2

3. 하나님에 대한 무관심

실제로 세상에는 수많은 그리스도인이 있지만, 하나님을 알려고 노력하는 사람은 소수에 불과하다. 신자들은 하나님을 알려고 노력하는 것보다 자신의 필요를 채우기 위해 더 많은 노력을 기울이고 있다. 주인공은 자신이다. 하나님은 들러리요 시종일 뿐이다. 자신의 내면을 들여다보고 그 필요를 채우는 데는 열심을 내지만 정작 주님이라고 고백하는 하나님을 알려는 노력은 하지 않는다.

이렇게 하나님에 대한 지식의 결핍은 필연적으로 하나님 중심에서 자기중심적인 신앙의 모습으로 나타난다. 이제는 *Soli Deo Gloria!*오직 하나님께만 영광을!가 사라지고 *Soli Ergo Gloria!*오직 나에게만 영광을!로 전환되었다. 나의 영광이 우선이다. 결국, 하나님도 나를 위해 존재하게 되었다. 로버트 우드나우Robert Wuthnow는 "한때 신학자들은 인간의 최대 목표는 하나님을 영화롭게 하는 것이라고 주장했다. 이제 그 논리가 뒤바뀐 것처럼 보인다. 하나님의 최대 목표가 인간을 영화롭게 하는 것이 되었다"라고 정확하게 진단한다.3

이것은 사실상 우상숭배와 같은 것이다. "우상숭배란 그 밑바탕을 보면 그분의 품성에 대한 모욕이기 때문이다. 우상을 숭배하는 마음은 하나님을 그분 아닌 다른 무엇으로 멋대로 생각하여―그 자체로 무서운 죄―참되신 하나님 대신에 인간 자신의 모습을 닮은 신을 만들어 내놓는다."4

4. 믿음 좋은 사람이란?

우리는 어떤 사람을 믿음 좋은 사람이라고 생각하는가? 예배에 잘 참석하는 사람? 헌금 많이 내는 사람? 교회 봉사 많이 하는 사람? 구제 많이 하는 사람? 아니면 다른 사람들을 잘 섬기는 사람? 이런 것들이 믿음이 좋다는 것을 보여주는 표시일 가능성도 있지만, 꼭 그런 것은 아니다. 이런 활동들은 잘하지만, 여전히 하나님께서 보시기에 믿음이 좋다고 판단할 수 없는 사람도 많기 때문이다. 하나님은 제사지금의 예배와 같다고 볼 수 있을 것이다를 잘 지내는 이스라엘 백성들에게 쓸데없는 짓 그만하라고 책망하신 적이 있다. 사 1:12 "너희가 나의 앞에 보이려 오지만, 누가 너희에게 그것을 요구하였느냐? 나의 뜰만 밟을 뿐이다!"

또한, 예수님도 주님의 이름으로 예언을 하고, 주님의 이름으로 귀신을 쫓아내고, 주님의 이름으로 많은 기적을 행하는 사람들에게 "나는 너희를 도무지 알지 못한다"라고 하면서 매몰차게 모른 척하신 적도 있다. 마 7:22~23 이런 말씀을 통해서 볼 때 교회 생활이나 어떤 종교적인 활동이 필요한 것은 맞지만, 그것들을 잘한다고 해서 믿음이 좋은 것으로 간주하는 것은 성급한 판단일 수 있다.

그렇다면 참된 믿음을 가졌다고 판단할 수 있는 가장 기본적이고 핵심적인 내용은 무엇인가? 이것에 대해 성경은 분명하게 말하고 있다. "영생은 오직 한 분이신 참 하나님을 알고, 또 아버지께서 보내신 예수 그리스도를 아는 것입니다."요 17:3 참으로 믿음이 좋은 사람은 하나님이 누구인지, 또한 그가 원하시는 것이 무엇인지 아는 사람이라는 것이다. 이것은 호세아를 통해서 하나님이 우리에게 원하는 것이 무엇인지 알려주신 것과 통한다. "불살라 바치는 제사보다는 너희가 나 하나님을 알기를 더 바란다."호 6:6

또한, 예레미야 9장 23~24절도 우리에게 믿음이 가장 좋은 사람, 하나님 나라에서 가장 대접받을 사람, 모든 사람이 부러워해야 할 사람이 누구인지 분명하게 말하고 있다. "나 주가 말한다. 지혜 있는 사람은 자기의 지혜를 자랑하지 말아라. 용사는 자기의 힘을 자랑하지 말아라. 부자는 자기의 재산을 자랑하지 말아라. 오직 자랑하고 싶은 사람은, 이것을 자랑하여라. 나를 아는 것과, 나 주가 긍휼과 공평과 공의를 세상에 실현하는 하나님인 것과, 내가 이런 일 하기를 좋아한다는 것을 깨달아 알 만한 지혜를 가지게 되었음을 자랑하여라. 나 주의 말이다." 우리가 자랑해야 할 가장 중요한 것, 우리에게 참된 생명을 주는 것은 바로 하나님을 아는 것이라는 말씀이다. 다른 무엇보다 하나님을 아는 것이 우리에게 가장 중요하며, 그것이 우리의 믿음을 바르게 증거해주는 것이라는 뜻이다. 그렇다면 믿음이 좋은 사람, 하나님 나라에서 대접받을 사람, 교회에서 칭송을 받고 부러움을 받아야 할 사람은 다름 아닌 하나님을 잘 아는 사람이다.

토저 목사는 이렇게 말한다. "인류 역사를 연구해보면 아마 어떤 민족도 그들이 수용하고 있는 종교 이상으로 높이 비상한 적이 없음을 밝히 알 수 있을 것이며, 인간의 영적인 역사는 어떤 종교도 신에 대한 관념보다 위대해진 적이 없었음을 분명하게 확인시켜 줄 것이다."[5] 그래서 "이런 이유로, 교회 앞에 놓인 가장 중대한 문제는 항상 하나님 자신이며, 누구에게든 가장 엄숙한 사실은 어떤 시간에 그가 무슨 말을 하는가 혹은 무슨 일을 하는가가 아니라, 그의 마음속 깊은 곳에서 하나님을 어떤 분으로 생각하고 있느냐 하는 점"이라고 정확하게 말한다.[6] 그러므로 우리가 참된 신자가 되기 위해서는 무엇보다도 하나님을 아는 것이 우리의 가장 핵심적인 관심사가 되어야 한다.

우리는 하나님을 알 수 있는가?

하나님을 아는 것이 이렇게 중요하다고 하지만, 피조물인 우리가 초월자이시며 신이신 하나님을 아는 것이 가능할까?

1. 하나님을 알 수 없다는 주장들

어떤 사람들은 피조물이 자신과 존재 방식이 완전히 다른 신적 존재를 인식하는 것은 불가능하다고 주장한다.

먼저, 무신론자들은 신은 존재하지 않는다고 생각하기 때문에 신을 안다는 것은 인간이 만들어 놓은 허상에 대해 말하는 것과 같다고 주장한다. 다른 한편, 인식론적 불가지론자들은 인간은 자연적인 영역 너머에 속한 대상에 대해 알 수 있는 능력이 없다고 생각한다. 그래서 칸트와 같은 철학자는 신은 우리의 지각으로 파악할 수 있는 대상이 아니므로 감각에 근거해서 신에 대한 지식을 얻는 것은 불가능하다고 주장한다.7 또한 논리 실증주의자들은 우리의 감각 경험의 세계 너머에 있는 그 어떤 실재에 관한 형이상학적 진술은 모두 무의미하다고 생각한다. 신에 관한 진술은 그 진위를 검증할 수 없으므로 우리가 판단할 수 없다는 것이다.8

이런 주장들과 비슷하게 성경에서도 인간의 능력으로 하나님을 이해할 수 없다고 주장하는 내용을 발견할 수 있다. 욥 11:7~8, 시 97:2, 사 40:28

> 사람 속에 있는 그 사람의 영이 아니고서야, 누가 그 사람의 생각을 알 수 있겠습니까? 이와 같이, 하나님의 영이 아니고서는, 아무도 하나님의 생각을 깨닫지 못합니다. 고전 2:11

> 하늘이 땅보다 높음 같이 내 길은 너희 길보다 높으며 내 생각은 너희 생각보다 높으니라. 사 55:9

> 이 지식이 내게 너무 기이하니 높아서 내가 능히 미치지 못하나이다. 시 139:6

2. 우리는 하나님을 알 수 있다.

인간은 하나님을 '완전히' 이해할 수 없으며, 하나님의 존재와 행동의 깊이를 완전히 파악할 수 없다는 것은 사실이다. 하지만 그렇다고 해서 인간이 하나님에 대해 '절대로' 이해할 수 없는 것은 아니다.

우리가 하나님을 이해할 수 없다고 말하는 성경은 또 다른 곳에서는 우리가 하나님을 알 수 있다고 말하기도 한다. 앞에서 인용한 호세아 6장 6절이나 요한복음 17장 3절도 우리가 하나님을 알 수 있다는 것을 전제하기 때문에 우리에게 하나님을 알기 위해서 노력하라고 요청하는 것이다. 비록 우리가 하나님에 대해서 모든 것을 알 수는 없지만, 그렇다고 해서 하나님을 전혀 알 수 없는 것은 아니다. 이런 측면에서 기독교는 불가지론이 아니다.

그렇다면 우리가 어떻게 하나님을 알 수 있을까? 우리의 지식과 능력이 뛰어나기 때문이 아니라 하나님께서 알려주시기 때문에 하나님을 알 수 있다. "하나님을 알 만한 일이 사람에게 환히 드러나 있습니다. 하나님께서 그것을 환히 드러내 주셨습니다." 롬 1:19

우리는 자신의 노력이나 지혜로 하나님을 알 수는 없다. 고전 1:21 하나님은 인간의 지적 탐구 대상이 될 수 없다. 그것은 상위의 주체가 하위의 대상을 알려고 할 때 사용하는 방식이다. 그러나 우리는 더 높은 존재이신 하나님을 그런 방식으로 알 수는 없다. 오직 하나님께서 먼저 자신을 보여주셔야 알 수 있다. 주도권은 하나님이 쥐고 있다. 이처럼 우리가 주체가 되어 하나님을 알 수 있는 것은 아니지만, 그럼에도 불구하고 하나님이 알려주시는 만큼 하나님을 알 수는 있다. 마 11:27 "아버지 밖에는 아들을 아는 이가 없으며, 아들과 또 아들이 계시하여 주려고 하는 사람 밖에는 아버지를 아는 이가 없습니다."

그러나 우리의 하나님 지식은 한계가 있다는 것을 잊어서는 안 된다. 우리는 하나님의 본질과 그의 속성에 대해서 어느 정도 알 수는 있지만, 완전히 알 수는 없다. 우리가 이해할 수 없는 것, 우리에게 감추어진 것이 너무 많기 때문이다. 그래서 하나님에 대한 우리의 지식은 부분적일 수밖에 없다. 고전 2:10~13, 롬 11:33

하나님을 아는 지식의 필요성

하나님은 우리의 창조자요 구원자요 주님이시기 때문에 우리가 하나님을 잘 알아야 하는 것은 당연하다. 그런데 성경은 우리가 하나님을 알아야 하는 또 다른 이유들을 다양하게 가르쳐주고 있다.

1. 우리에게 생명을 준다.

요한복음 17장 3절은 영생에 대해 이렇게 말한다. "영생은 오직 한 분이신 참 하나님을 알고, 또 아버지께서 보내신 예수 그리스도를 아는 것입니다." 영생을 얻는 길은 성부 하나님과 성자 예수님을 아는 것이라는 뜻이다. 영생을 얻는 것이 죄의 노예가 되어 죽음 앞에 서 있는 우리에게 가장 긴급한 일이라면, 결국 하나님을 아는 것이 인간에게 가장 중요하고 위대하고 긴급한 활동이라는 말이 된다. 하나님을 아는 것이 인간의 생존과 생명을 위해 가장 중요하다는 것이다.

망망대해에서 배가 파선하여 작은 조각배에 의지해서 표류하고 있다고 생각해보자. 이때 생존을 위해 필요한 지식이 무엇일까? 국가 경제를 운영하기 위한 거시 경제학 지식일까? '자유 평등 박애'를 주장하는 프랑스대혁명에 관한 지식일까? 강원도 고산 지대에서 농사를 잘 짓기 위한 지식일까? 미래 시대를 이끌어갈 AI에 관한 지식일까? 이런 지식들이 생존에 도움이 될까? 이 지식들은 다른 상황에서는 필요한 것일지 몰라도 지금 망망대해에서 표류하고 있는 상황에서는 아무 쓸모가 없다. 이때 절대적으로 필요한 것은 오직 해양 생존 지식이다. 그것만이 우리를 살릴 수 있다.

우리는 인생의 망망대해를 떠가고 있다. 우리는 인간과 세상에 관한 수많은 지식을 가지고 있다. 그런 지식들이 나름대로 필요하고 의미가 있을 것이다. 그러나 이런 지식만 가지고 있고, 세상의 존재 의미와 방향, 그리고 나의 존재 의미와 나아가야 할 방향을 깨닫게 하는 하나님에 관한 지식이 없다면 우리는 결국 죽은 자와 같을 것이다. 하나님은 세상을 창조하시고, 우리를 만드시고, 역사를 이끌어 가시고, 종말에 세상을 심판하실 분이다. 따라서 이런 하나님을 아는 지식이야말로 우리 인생의 방향을 바른길로 인도하면서 우리를 근본적으로 살리는 길이요, 우리를 영생으로 이끄는 길이다. 그러므로 우리는 다른 무엇보다도 먼저 하나님을 알기 위해 노력해야 한다. 그것이 우리가 사는 길이다.

2. 세상을 성공적으로 살아갈 지혜의 원천이다.

지혜자는 잠언 9장 10절에서 하나님을 아는 것이 참된 지혜와 슬기의 근본이라고 말한다. 지혜 있는 사람이라는 것은 세상의 이치를 이해하고, 중요한 선택의 순간에 바른 결정을 할 수 있고, 과거와 미래를 복합적으로 고려하는 관점에서 현재를 진단할 수 있고, 무엇이 중요하고 가치 있는지 바르게 판단할 수 있는 사람을 의미한다. 이런 점에서 어떤 구체적인 일을 처리할 수 있는 능력을 제공해주는 '지식'을 갖춘 사람과 삶 전체를 조망할 수 있는 '지혜'를 가진 사람은 다르다. 그러나 솔직히 우리는 우리 인생의 5분 앞도 내다보지 못한다. 역사가 어떻게 전개될지도 전혀 예측할 수 없다. 어떤 선택이 바른 선택인지 잘 모른다. 무엇이 옳고 그른지도 잘 모른다. 지혜가 부족한 것이다. 많은 지식이 인생을 살아가는 데 도움이 되는 면은 있지만, 박사 학위를 여러 개 가진 사람도, 세상에서 똑똑하다고 정평이 나 있는 사람도, 하나도 합격하기 어려운 국가고시를 여러 개 합격한 사람도 인생의 중요한 순간에 종종 어리석은 결정을 하는 모습을 보면서 지식이 결코 지혜를 대체할 수는 없다는 것을 확인하게 된다. 아무리 지식을 많이 쌓아도 지혜가 부족하면 어리석은 결정을 내리면서 삶을 망치는 경우가 생긴다.

우리는 역사를 창조하시고 주관하시는 하나님의 지혜를 나눠 받아야 한다.

하나님을 알아간다는 것은 최고의 지혜자이신 하나님으로부터 지혜를 나눠 받는 것이고, 그로부터 지혜로운 삶에 대한 지식을 얻는 것이다. 하나님을 알아갈 때, 우리는 역사의 창조자요 주관자의 관점에서 이 세상을 성공적으로 살아갈 수 있는 지혜를 얻게 된다. 그러므로 우리 인생의 성공 여부는 하나님을 잘 알았느냐 그렇지 않느냐에 달려 있다.

3. 하나님을 아는 지식은 성장에 필수

구원받아 영생을 얻은 것은 하나님을 알게 되어 믿게 된 결과다.요 17:3 그런데 우리는 유한한 존재이기에 한 번에 하나님을 모두 알 수 없다. 우리가 처음 하나님을 믿게 된 것은 하나님에 관한 가장 기본적인 지식에 기초한 것이다. 그것은 말 그대로 '기초적인 지식'에 불과하다. 우리가 하나님에 관한 '모든' 지식을 다 알게 된 것은 아니다. 우리는 하나님의 자녀가 된 후에 하나님을 더 깊이 풍성하게 알아가야 한다. 하나님은 우리가 계속해서 하나님을 알아가면서 그로부터 더 풍성한 은혜를 누리기를 원하신다. "하나님께서는, 우리가 그를 앎으로 말미암아 생명과 경건에 이르게 하는 모든 것을 그의 권능으로 우리에게 주셨습니다. 하나님은 우리를 부르셔서 그의 영광과 덕을 누리게 해주신 분이십니다."벧후 1:3

스마트폰을 처음 구입했을 때는 전화를 하는 것뿐만 아니라 인터넷도 할 수 있고, SNS도 할 수 있다는 사실이 신기했다. 그것만으로도 충분히 '스마트'하다고 생각했다. 그러나 폰이 망가질 때까지 계속 그 두 가지 기능만 사용한다면 비싼 스마트폰을 제대로 활용한다고 볼 수 없을 것이다. 스마트폰은 그런 기본적인 기능 외에 훨씬 다양하고 편리한 기능이 있기 때문이다. 스마트폰에 대해서 더 많이 알아갈수록 그 다양한 기능과 성능에 감탄하게 된다. 다양한 어플을 통해서 훨씬 많은 일을 손쉽게 처리하거나 다양한 재밋거리들을 즐길 수 있고, 심지어는 건강관리에도 도움을 받을 수 있다는 것을 알게 된다.

　우리가 하나님을 알아가는 것도 이와 유사하다. 처음에 하나님을 알고 믿게 되면서 하나님께서 주신 구원의 은혜에 감격하고, 미래에 주실 영원한 생명에 감사하게 된다. 그러나 거기서 머무른다면 그것은 멋진 스마트폰을 전화나 인터넷 기능으로만 사용하는 것과 같다. 하나님은 자신의 자녀들이 "생명을 얻고 또 더 넘치게 얻게" 하시는 분이다. 요 10:10 우리는 하나님이 전능하시고, 무소부재하시고, 불변하시고, 영원하시고, 초월적이면서 동시에 내재적이시고, 사랑과 은혜가 넘치시고, 공의로 세상을 다스리시고, 긍휼하시고 선하신 분이라는 것을 알아가면서 더 풍성한 생명을 누리게 된다. 또한, 그 지식은 우리를 하나님과 더 가깝게 해주면서 하나님이 의도하신 거룩한 사람으로 성장할 수 있게 도와준다. 더 많이 만나고 더 많이 교제를 나눌수록 서로 더 많이 알아가고 닮아가는 것처럼, 우리가 하나님과 더 가까이 지내면 하나님을 더 깊이 알게 되면서 하나님을 닮은 사람으로 변하게 될 것이다. 이것이 바로 영적으로 성장한다는 의미다.

하나님을 안다는 것은 무슨 뜻인가?

1. 하나님에 관해 아는 것과 하나님을 아는 것

　그러면 하나님을 안다는 것은 무엇을 의미할까? 우리가 누군가를 "안다"고 할 때 그것에는 두 가지 의미가 있다. 우리는 어떤 사람의 이름이 무엇이고, 어디에 살며, 어디서 공부를 했고, 무슨 일을 하는지 알 수 있다. 즉 그 사람에 관한 객관적인 정보를 근거로 그 사람을 안다고 말할 수 있다. 이런 지식은 외적으로 드러난 자료만 있으면 얻을 수 있다. 그러나 이런 객관적인 정보를 가지고 있다고 해서 그 사람을 정말로 아는 것은 아니다. 그 사람의 내면을 모를 수 있기 때문이다.

그 사람이 특정한 상황에서 어떻게 행동하고, 어떤 사람을 좋아하고, 어떤 성격 유형이고, 어떤 방식으로 일을 처리하고, 도덕적 관념이 어떠하며, 인생에서 무엇을 중요하게 여기는지 잘 모른다면 진정으로 그 사람을 안다고 말하기 어렵다. 이런 종류의 "앎"을 가지기 위해서는 그 사람과 상당히 깊은 인격적인 관계를 맺어야 하며, 그 사람의 내면 깊숙한 곳으로 들어가야 한다.

이것은 우리가 하나님을 안다고 할 때도 동일하다. 우리는 하나님에 '대해서'는 많이 알 수 있지만 정작 하나님을 잘 모를 수 있다. 하나님에 관한 정보는 많이 가지고 있지만, 하나님의 성향과 취향과 생각과 가치관을 모를 수 있다.

이런 사람의 대표가 바리새인들이다. 예수님을 대항했던 바리새인들은 하나님을 잘 안다고 생각했다. 그래서 하나님이 주신 율법에 의하면 간음한 여인을 돌로 쳐 죽이는 것이 옳다고 생각했다. 성경에 담긴 '정보'를 잘 알고 있었던 것이다. 그러나 그녀를 회개로 이끌고 용서하는 것이야말로 율법보다 더 큰 하나님의 깊은 사랑이라는 것은 몰랐다. 율법 이면에 담긴 하나님의 의도까지는 파악하지 못한 것이다. 또한, 그들은 안식일의 규정을 지키는 것만을 최고로 생각했지 그날에 적극적으로 사람을 살리는 것이 하나님께서 더 기뻐하시는 일이라는 사실을 몰랐다. 사람이 안식일을 위해 있는 것이 아니라 안식일이 사람을 위해 있는 것이라는 하나님의 깊은 마음을 모른 것이다. 그래서 예수님은 그들이 하나님을 모른다고 비판하셨다. 그들은 하나님에 관해서는 잘 안다고 주장했지만, 하나님을 진정으로 알지 못했기 때문이다.

우리도 마찬가지다. 성경이나 종교적 행위, 기독교 교리에 대해서는 잘 안다고 하면서도 정작 하나님을 모를 수 있다. 예배하는 법, 기도하는 법, 찬송, 교회의 관습 등에 대해서는 많은 것을 알면서도 정작 하나님을 모를 수 있다. 그러므로 하나님을 안다는 것은 어떤 사람을 인격적으로 아는 것과 비슷하며, 외적인 지식을 넘어서 하나님의 성품과 생각을 알고 이해한다는 것을 의미한다.

2. 객관적인 지식도 중요하다.

그렇다고 해서 성경이나 신학 공부를 통해서 얻은 하나님에 대한 객관적인 지식이 쓸모없다는 것은 절대로 아니다. 아니, 오히려 하나님에 관해 지식적으로 아는 것은 매우 중요하다.

예를 들어보자. 어떤 사람이 손흥민 선수를 잘 안다고 주장한다. 그는 손 선수가 겸손하고 성실하며, 쉬는 시간에는 다른 사람과 어울려 축구 게임하는 것을 좋아하며, 부모님을 정말로 좋아한다고 말한다. 그의 묘사를 들으면 그가 손 선수를 잘 알고 있다고 생각할 수 있다. 이어서 그는 손 선수가 어릴 때 스페인으로 건너가서 축구를 배웠다고 한다. 그리고 거기서 프로에 데뷔했다고 한다. 고개를 갸우뚱하게 된다. 또한, 그는 손흥민 선수가 키가 170cm 정도 되고, 주 포지션이 미드필더라고 말한다. 이 말을 듣자 갑자기 의심이 들게 된다. 그가 알고 있다는 손흥민 선수가 정말로 내가 알고 있는 그 사람이 맞나? 의심이 들어 재차 물어봐도 그는 자신이 설명하는 선수가 손흥민이 맞다고 강하게 주장한다. 손흥민에 대한 그의 지식이 맞는가? 그는 정말로 손 선수를 잘 알고 있는 것인가?

하나님에 대해서도 이처럼 잘못된 지식을 가진 사람들이 많다. 하나님이 사랑과 은혜가 풍성하다고 말한다. 맞는 말이다. 하나님은 죄인을 얼마든지 용서하시는 분이라고 말한다. 그것도 맞는 말이다. 그런데 그다음 설명을 들어보면 고개를 갸우뚱하게 된다. 하나님은 성부 성자 성령이 아니라 오직 성부로만 존재하시며 성자는 인간일 뿐 절대로 하나님이 아니라고 말한다. 또한, 하나님 안에는 선한 신과 악한 신이 동시에 존재하며 이 둘이 계속해서 투쟁하고 있다고 말한다. 더 나아가서 하나님은 관용적인 분이기 때문에 죄를 지은 사람을 심판하지 않고 무조건 용서하는 분이라고 말한다. 이런 설명이 우리가 믿는 하나님에 대한 바른 설명인가? 이런 신이 우리가 믿는 여호와 하나님이 맞는가?

하나님이 어떤 분인지 잘 알기 위해서는 하나님에 관한 객관적인 지식이 필요하다. 그 지식이 없으면 하나님을 알고 믿는다고 하지만 실제로는 다른 신을 믿는 것이 될 수도 있다. 그러므로 우리는 "하나님을 아는 것knowing God"으로 나아가기에 앞서 먼저 "하나님에 관해 아는 것knowing about God"부터 탐구해야 한다. 하나님은 우리 멋대로 상상해서 그려볼 수 있는 존재가 아니라 자신만의 존재의 독특성을 가지고 온 우주를 창조하신 인격적인 존재이기 때문이다.

우리는 어떻게 하나님을 알 수 있을까?

그러면 우리가 하나님을 어떻게 해야 알 수 있을까? 하나님을 알아가기 위해 필요한 세 가지 단계가 있다.

1. 객관적 지식 지,知

하나님을 아는 첫 번째 단계는 위에서 설명한 것처럼 하나님에 대한 객관적인 지식을 얻는 것이다. 이 정보는 어디서 얻을 수 있을까? 바로 성경을 통해서다.

성경에서 알려주는 하나님은 어떤 분인가? 창조자, 역사의 주관자, 심판자, 구원자, 전지전능하시고 무소부재하신 분, 사랑과 정의의 하나님, 진리 그 자체이시며 모든 윤리적 판단의 기준이 되시는 분. 그러나 이런 단어를 단순히 나열할 수 있다고 해서 하나님을 아는 지식이 있는 것은 아니다. 그 표현의 의미가 무엇인지 이해해야 한다.

'사랑'을 예로 들어 생각해보자. 성경은 '하나님은 사랑'이시라고 분명하게 말한다. 요일 4:8 그래서 기독교인뿐만 아니라 심지어 비기독교인들도 하나님의 가장 중요한 속성이 사랑이라고 생각한다. 하지만 사람들은 하나님이 사랑이라는 것이 무엇을 의미하는 것인지 잘 알고 있는 것일까? 하나님의 사랑은 무조건 모든 것을 다 받아주는 것일까? 죄를 지어도 그냥 '허허' 하고 웃으면서 다 받아주는 것일까? 인간이 자기 욕망을 따라 하고 싶은 대로 해도 넓은 아량으로 다 용납해주는 것일까? 아니다. 하나님의 사랑은 선과 악의 구별 없이 모든 것을 다 용납하는 것이 아니다. 그것은 사랑에 대한 우리의 생각일 뿐이다. 우리 스스로 임의로 생각한 사랑의 정의일 뿐이다. 하나님의 사랑은 진리와 정의와 함께 간다. 옳고 그름과 같이 간다. 그러므로 인종, 성별, 능력, 신분의 차이에 따라 차별하지 않으며, 죄를 지었더라도 받아주시기는 하지만, 그것은 자신의 잘못을 인정하고 회개하는 것을 전제로 하는 것이다. 자신의 욕망을 따라 잘못된 행동을 계속 하면서 하나님이 사랑이니까 모든 것을 다 용납하리라고 생각하는 것은 하나님의 사랑을 오해한 것이다.

하나님은 어떤 방법을 통해서 사람들을 죄에서 구원하실까? 하나님이 생각하시는 계획이 무엇일까? 하나님은 모든 사람을 다 구원하실까, 아니면 일부의 사람들만 구원하실까? 하나님은 다른 사람들을 구원하기 위해 우리가 복음을 전하기를 원하실까, 아니면 하나님의 주권으로 때가 되면 모든 사람이 하나님을 알게 만드실까?

이런 질문들에 대한 지식은 매우 중요하다. 그 지식들이 내가 하나님을 잘 알고 있는지, 그렇지 않은지를 말해준다. 하나님은 우리가 상상 속에서 마음대로 만들어내는 존재가 아니다. 그분은 실체를 가지신 인격이시고, 구체적인 성품과 특성을 가진 존재이며, 어떤 것에 대한 선호가 분명하고, 자신의 의지에 따라 계획적으로 일을 추진하는 분이다. 우리는 하나님을 설명하는 많은 묘사에 대해서 정확한 지식을 가져야 한다. 이를 위해서는 하나님에 대한 객관적인 정보를 제공해주는 성경을 피상적으로 읽는 것을 넘어서 성경이 의미하는 것을 이해하려고 노력해야 한다. 어설픈 지식은 위험하다. 그것은 잘못된 하나님 상像을 만들어내기 때문이다. 그것이 바로 우상숭배의 시작이다.

2. 체험 정,情

하나님에 대한 객관적인 지식을 얻은 후에 이어져야 할 작업은 그 앎을 체화된 지식으로 바꾸는 것이다. 시편 34편 8절은 이 과정을 "주의 선하심을 맛보아 알지어다"taste and see 라는 그림 언어로 표현한다. 머리로 이해한 것을 몸으로 체득하라는 뜻이다.

하나님은 선하신 분이라는 것을 지식으로 알고 확신한다고 해도 삶 속에서 하나님의 선하심에 대한 실제적인 경험을 하지 못한다면 아직 하나님을 충분히 안다고 말하기 어렵다. 또한 "하나님은 사랑이시라"는 말씀을 잘 안다고 해서 하나님의 사랑을 정말로 아는 것도 아니다. 삶 속에서 하나님의 사랑을 체험해보지 않았다면 "사랑의 하나님"에 대한 지식은 아직 완전히 나의 것이 되지 않은 것이다.

베드로의 경험이 이것을 잘 보여준다. 베드로는 예수님과 3년 동안 함께 살았고 예수님이 가르치시는 말씀을 많이 들었기 때문에 예수님이 사랑이라는 것을 잘 알고 있었을 것이다. 그래서 다른 사람들이 예수님이 어떤 분이냐고 물으면 사랑의 예수님이라고 여러 사례를 들면서 설명도 할 수 있었을 것이다. 그러나 예수님이 로마 군병들에게 잡혀서 재판을 받는 위기의 순간에 예수님을 세 번이나 욕하면서 배신한 후 갈릴리 바닷가에서 예수님을 다시 만났을 때 그는 비로소 예수님이 사랑이라는 것을 직접 체험하게 된다. 예수님은 베드로의 잘못을 직접적으로 질책하지 않고 다만 "베드로야, 네가 나를 사랑하느냐?"고 세 번 질문하신 후에 "내 양을 먹이라"는 사명만을 주셨다. 요 21:15~17 그것은 베드로의 통회하는 마음을 알았다는 것이고 이미 잘못을 용서했다는 것을 의미한다. 바로 이 순간 비로소 베드로는 예수님의 치유하시는 사랑을 체험하게 되었고 그 지식은 이제 확실하게 자신의 것이 되었다.

이처럼 체험적인 지식은 책상머리에서 이론적으로 얻게 되는 것이 아니라 삶의 현장 속에서 몸으로 얻게 되는 것이다. 이것이 하나님을 알아가는 두 번째 단계다.

3. 행동 의,意

하나님에 대한 객관적인 지식과 삶 속에서의 체험을 통한 앎은 그 지식에 우리 자신을 전폭적으로 던지는 행동으로 나타나지 않으면 완전한 것이 되지 못한다.

예수님은 기도를 가르쳐달라는 제자들의 요청에 응하면서 "우리가 우리에게 죄 지은 자를 용서한 것 같이 우리 죄를 사하여 주옵시고"라는 기도를 드리라고 알려주셨다.마6:12 이것은, 다른 사람을 용서해야만 하나님이 우리의 죄를 용서하신다는 어떤 조건을 말하는 것이 아니다. 그것보다는 내가 실제로 다른 사람을 용서하기 전까지는 용서의 하나님에 대해서 잘 모르는 것과 같다는 의미다. 우리는 나를 부당하게 대우한 사람을 용서하고 나서야 나의 죄를 용서하신 하나님의 놀라운 은혜를 비로소 이해하게 되는 것이다. 이처럼 하나님의 말씀에 순종하는 삶을 실제로 살게 되면서 우리는 하나님이 어떤 분인지 이해하게 된다.

사도 요한은 이점을 정확하게 지적하고 있다. "하나님을 알고 있다고 하면서, 하나님의 계명을 지키지 아니하는 사람은 거짓말쟁이요, 그 사람 속에는 진리가 없습니다."요일 2:4 하나님을 알고 그의 사랑을 안다고 주장해도, 그리고 그것을 체험했다고 강변해도, 하나님이 원하시는 대로 살아보기 전에는 아직 하나님을 잘 모르는 것이라는 말씀이다. 순종의 행동을 통해서 우리는 하나님이 어떤 분인지를 분명히 확인하게 될 것이다.

이처럼 하나님을 아는 것은 우리의 전 인격이 필요하며, 지식과 체험과 실제적인 삶의 세 요소를 포함하는 것이다.

하나님을 알자!

신앙생활을 한다는 것은 하나님을 알아간다는 것을 의미한다. 지식으로, 체험으로, 실천으로 하나님을 알아가는 과정이 바로 그리스도인으로 성숙해지는 삶이다.

하나님은 우리가 자신을 알기를 원하신다. 그리고 우리가 하나님을 알려고 하면 우리를 만나고 자신을 알려주겠다고 약속하셨다. "너희가 나를 부르고, 나에게 와서 기도하면, 내가 너희의 호소를 들어주겠다. 너희가 나를 찾으면, 나를 만날 것이다. 너희가 온전한 마음으로 나를 찾기만 하면, 내가 너희를 만나주겠다." 렘 29:12~14 그러므로 우리 삶의 가장 큰 목표는 하나님을 아는 것이 되어야 한다.

하나님을 알기 위해서 우리는 무엇보다 하나님을 가장 잘 계시해주는 '성경' 을 열심히 공부해야 한다. "너희가 성경을 연구하는 것은, 영원한 생명이 그 안에 있다고 생각하기 때문이다. 성경은 나에 대하여 증언하고 있다." 요 5:39 성경은 살아있는 하나님의 말씀이다. 성경을 통해서 수많은 사람이 하나님을 만났고, 알게 되었다. 그러므로 하나님을 아는 출발점은 하나님이 자신을 알려주는 도구로 우리에게 주신 성경을 부지런히 공부하는 것이다.

우리가 하나님을 알기 위해 두 번째로 필요한 것은 겸손하고 간절한 마음으로 기도하는 것이다. "너희가 나를 부르고, 나에게 와서 기도하면, 내가 너희의 호소를 들어주겠다. 너희가 나를 찾으면, 나를 만날 것이다. 너희가 온전한 마음으로 나를 찾기만 하면, 내가 너희를 만나 주겠다." 렘 29:12~14 하나님께 무릎을 꿇고 기도한다는 것은 하나님 앞에서 우리의 겸손함을 나타내는 것이다. 우리에게 하나님을 알려주시기를 간청하는 것이다. 우리는 마치 지식 백과를 펼치면 원하는 정보를 얻을 수 있는 듯이 하나님을 알 수 없다. 열등한 자가 우등한 자를 이해한다는 것은 애초에 불가능한 일이기 때문이다. 오직 우등한 하나님이 우리의 수준에 맞춰 자신을 알려주실 때 비로소 우리는 하나님을 알게 된다.

그러므로 하나님을 알기 위한 다른 '왕도王道'는 없다. 신앙의 가장 기본이 되는 것, 말씀과 기도가 하나님을 알게 해주는 토대요 출발점이다.

이렇게 우리가 하나님을 알게 될 때 하박국 선지자의 고백이 우리의 것이 될 것이다. "무화과나무에 과일이 없고 포도나무에 열매가 없을지라도, 올리브 나무에서 딸 것이 없고 밭에서 거두어들일 것이 없을지라도, 우리에 양이 없고 외양간에 소가 없을지라도, 나는 주님 안에서 즐거워하련다. 나를 구원하신 하나님 안에서 기뻐하련다."합3:17~18 우리의 삶에 부족한 것이 있더라도, 원하는 것이 채워지지 않더라도, 또는 괴롭고 힘든 일이 첩첩이 쌓여있더라도, 하박국 선지자처럼 하나님을 만나고 알게 될 때 우리는 하나님을 찬양하면서 세상이 알지 못하는 기쁨을 누릴 수 있을 것이다. 주변의 상황과 조건에 좌우되지 않는 굳건한 믿음의 삶을 살아갈 수 있을 것이다. 그렇게 해서 우리의 신앙생활이, 그리고 삶이 달라질 것이다.

우리가 주님을 알자. 애써 주님을 알자.호6:3

스스로 존재하시는 하나님

독립성, 자존성
Independence, Aseity, Self-Sufficiency

하나님은 언제부터 존재하게 되었을까? 누가 만들었을까? 하나님은 피조물이나 인간이 존재하기 전에 무엇을 하고 계셨을까? 홀로 계시기에 심심하지 않았을까? 그래서 교제할 대상을 위해서 세상을 창조하신 것이 아닐까? 그래서 우리를 보면서 비로소 부모가 어린 자녀의 재롱을 보면서 기뻐하는 것처럼 행복을 느끼고 만족감을 느끼는 것이 아닐까? 또한 하나님은 자신이 선택한 사람들을 사용해서 일을 이루시는데, 그렇다면 하나님은 우리의 도움이 필요한 것이 아닐까?

이런 의문들은 그리스도인에게서 쉽게 들을 수 있는 것들이다. 그러나 가볍게 던지는 이 질문들은 실상 하나님의 존재의 본질과 관련 있는 심오한 것들이지만, 다른 한편으로는, 하나님을 인간의 관점에서 생각하기 때문에 나오는 질문들이기도 하다.

피조물과 하나님의 차이

1. 모든 피조물은 의존적인 존재다.

이 세상에 존재하는 모든 것들은 기원이 있다. 스스로 생겨난 존재는 없다. 자동차는 사람들에 의해 만들어진다. 강아지는 어미 개로부터 나온다. 심지어 길에 굴러다니는 돌멩이 하나도 어딘가로부터 온 것이라고 생각하는 것이 합리적이다. 인간도 마찬가지다. 스스로 존재하게 된 자는 없다.

또한, 모든 유기체는 생존을 이어가는 것도 의존적이다. 지구상에 존재하는 피조물들은 자신의 존재를 이어가기 위해 다른 피조물의 도움이 절대적으로 필요하다. 그것이 부모이든, 다른 영양소든, 자연환경이든, 물리적 조건이든, 이런 도움 없이 존재를 이어갈 수 있는 것은 없다.

인간도 마찬가지다. 태어난 후에 부모와 같은 다른 존재의 돌봄이 필요하고, 음식물에 의존해서 존재를 이어간다. 오히려 다른 동물들보다 더 의존적이다. 동물 대부분은 태어나자마자 바로 움직이고 뛰고 먹을 것을 소화할 수 있지만, 인간은 그러기까지 오랜 세월이 걸린다. 그 동안 다른 사람의 도움을 받지 못하면 생명이 위태로워진다. 인간이 다른 동물들보다 더 고등한 존재라고 생각하지만, 존재를 유지하는 데 있어서는 다른 동물들보다 더 의존적이다. 이처럼 인간은 혼자서 이 세상에 나올 수도 없고, 탄생 이후에도 수많은 도움을 받아야 생존이 가능하며, 인간다운 모습을 갖추기 위해서도 인생 선배들의 수많은 도움을 받아야 한다. 이처럼 인간은 모든 점에서 의존적인 존재다. 그럼에도 불구하고 인간이 마치 독립적인 존재인 것처럼 생각하는 것은 자신의 근본을 모르는 어리석은 생각이다. 우리의 시작점을 생각한다면 겸손해야 마땅하다.

2. 하나님은 스스로 존재하시는 분이다.

피조물과는 달리 하나님은 어떤 것에 의존해서 생겨나지 않았다. 하나님은 스스로 존재하시고 독립적으로 존재를 유지하시는 분이다. 독립성을 나타내는 신학적 용어인 'aseity'는 라틴어의 'a se' from itself에서 파생된 단어다. 이것의 의미는 하나님은 자신의 기원이나 존재의 유지를 위해서 다른 어떤 것에도 의존하지 않는다는 것이다. 모든 피조물은 존재의 기원이나 원천이 있지만, 하나님은 기원이 없는 분이다. 어떤 존재로부터 만들어진 분이 아니다. 하나님은 무언가 생겨나기 전부터 하나님으로 존재하셨고, 스스로 원천이 되시는 분이다. 그렇기에 최고의 절대신인 것이다.

우리는 어떤 존재는 다른 존재로부터 생겨나는 것이 '법칙'인 세상에 살고 있고, 우리도 기원을 가진 존재이기 때문에 존재의 기원을 가지지 않은 존재에 대해 생각하기 어렵지만, 하나님이 스스로 존재한다는 개념은 피조 세상의 법칙이나 우리의 이해를 뛰어넘는 것이다. 하지만 논리적으로 생각해볼 때 만약 하나님을 만든 존재가 있었다면 그 존재가 하나님보다 더 뛰어난 절대자가 되었을 것이다. 그러므로 모든 존재의 끝에는 스스로 존재하는 존재가 있어야 하는 것은 필연적이다. 하나님은 자신이 바로 그런 존재라고 말씀하시는 것이다. "산들이 생기기 전에, 땅과 세계가 생기기 전에, 영원부터 영원까지, 주님은 하나님이십니다." 시 90:2

또한, 하나님은 완전하고 독립적이기 때문에 자신의 존재를 이어가기 위해, 자신의 생존을 위해 다른 것에 의존할 필요가 없다. 이것이 하나님의 '독립성'이 의미하는 것이다.

하나님의 독립성에 대한 더 깊은 이해

하나님의 독립성이 의미하는 것을 좀 더 깊이 살펴보자.

1. 지식의 독립성

하나님이 독립적인 존재라는 것은 하나님의 지식이 스스로에게서 나온다는 것을 포함한다.

(1) 지식의 독립성

피조물은 다른 것을 통해서 지식을 '배우게' 되지만 하나님은 지식에 충만하신 분이고 모든 것을 '이미' 알고 있는 분이기 때문에 새로운 무엇인가를 알기 위해 다른 존재가 제공하는 정보에 의존할 필요가 없다.

바울은 하나님의 지식의 위대함을 이렇게 찬양한다. "하나님의 부유하심은 어찌 그리 크십니까? 하나님의 지혜와 지식은 어찌 그리 깊고 깊으십니까? 그 어느 누가 하나님의 판단을 헤아려 알 수 있으며, 그 어느 누가 하나님의 길을 더듬어 찾아낼 수 있겠습니까? 누가 주님의 마음을 알았으며, 누가 주님의 조언자가 되었습니까?"롬 11:33~34 하나님은 지식을 습득할 필요가 없다. 세상의 모든 지식이 다 하나님 안에 있기 때문이다. 그래서 바울은 하나님의 지혜와 지식이 풍성하다고 고백하는 것이다.

이러한 하나님의 완전한 지식은 그가 누군가에게 배우거나 조언을 받을 필요가 없다는 것도 의미한다. 하나님은 자신의 생각에 있어서 독립적이다. 그의 판단과 마음을 헤아릴 수 있는 존재 자체가 없기 때문이다. 피조물인 우리는 하나님의 생각의 깊이를 따라갈 수 없으며, 하나님의 지혜의 광대함을 헤아릴 수 없다. 그렇다면 도대체 누가 하나님에게 어떤 조언을 해줄 수 있겠는가?

(2) 계획의 독립성

지식에 완전하신 하나님은 그 완전한 지식을 가지고 완전한 계획을 세울 수 있다. 그가 계획을 세우기 위해서 피조물의 도움을 받을 필요가 없다.

> 하나님은 그리스도 안에서 우리를 상속자로 삼으셨습니다. 이것은 모든 것을 자기의 원하시는 뜻대로 행하시는 분의 계획에 따라 미리 정해진 일입니다.엡 1:11

그러므로 하나님이 계획을 세울 때 우리가 도움을 주어야 한다고 생각하거나, 하나님이 어떤 일을 하실 때 나의 의견을 물어야 한다고 생각하는 것은 하나님이 독립적인 존재라는 것을 이해하지 못한 것과 동시에 나의 주제를 제대로 파악하지 못한 것이다. 그러므로 우리는 하나님의 계획에 대해 '왜 이렇게 하느냐?' '왜 저렇게 하지 않느냐?' 고 따지듯 물을 수 없다. 하나님의 지식과 지혜는 완전하고 그 완전한 지식으로부터 세운 그의 계획도 완전하기 때문이다. 다만 우리가 하나님과 동등한 수준의 지식을 가지고 있지 않기 때문에 이해하지 못하는 것뿐이다. 내가 이해하지 못한다고 하나님이 틀렸다고 말할 수는 없다. 그렇게 하는 것은 내가 하나님 자리를 차지하겠다는 태도와 같다.

2. '필요'가 없는 존재

(1) 피조물은 완전하지 않다. 그래서 '필요'가 있다.

피조물은 외부로부터 필요를 채울 것을 공급받아야 한다. 생명이 유지되기 위해서 공기와 물과 음식이 필요하며, 어린아이에서 어른으로 성장하기 위해서는 다른 인간의 도움이 필요하며, 외부의 공격에 대항하기 위해서 보호 장구가 필요하고, 추위와 더위에 노출되지 않기 위해서 옷과 그늘이 필요하다.

이런 점에서 모든 피조물은 의존적인 존재일 수밖에 없다. 생명이 생겨난 이후 독립적이었던 적이 한 번도 없다. 그럼에도 불구하고 어른이 된 후에, 마치 개구리가 올챙이 시절 기억하지 못하는 것처럼, 자신이 독립적인 존재인 양 생각하는 것은 이 세상에서 가장 터무니없는 착각이다.

(2) 그러나 하나님은 자신 안에 모든 것을 충만하게 가지고 있으므로 무엇이 결핍되거나 필요해서 외부로부터 필요한 것을 제공받을 필요가 없다.

만약 하나님이 무언가 필요한 것이 있고, 그것을 공급해주는 존재가 있다면, 바로 그 존재가 하나님일 것이다. 무언가를 준다는 것은 더 높은 존재가 더 낮은 존재에게 하사하는 의미이기 때문이다. 그러므로 "필요"라는 용어 자체가 피조물의 용어다.9

그래서 하나님은 피조물과 필요 관계를 맺지 않는다. 하나님은 그분 자체로 완전하기 때문에 피조물에게서 어떤 것을 받을 필요가 없다. 피조물이 하나님의 부족한 것을 채우기 위해 자신의 것을 줄 수 있는 것도 없다. 하나님은 이미 자신 안에 모든 것을 충만히 소유하고 있기 때문이다.

바울은 아테네에서 사람들이 신을 위해 정성 들여 만든 신전에서 심지어 '알지 못하는 신에게' 경배하는 사람들을 향해서 이렇게 선포한다. "또 하나님께서는, 무슨 부족한 것이라도 있어서 사람의 손으로 섬김을 받으시는 것이 아닙니다. 그분은 모든 사람에게 생명과 호흡과 모든 것을 주시는 분이십니다."행 17:25 하나님은 만물을 자신 안에 충만히 소유하고 있는 분이기 때문에 만민에게 모든 것을 주실 수 있는 분이다. 그래서 그는 어떤 것도 부족하지 않다. 그래서 부족한 것을 채우기 위해 사람들의 도움이 필요하지 않다.

(3) 하나님은 우리의 섬김조차도 필요하지 않다.

모든 피조물은 어떤 일을 할 때도 의존적이다. 아무리 독립적인 존재라 할지라도 혼자 힘으로는 어떤 일도 할 수 없다. 직간접적으로 다른 생물이나 자연, 기후와 같은 환경의 도움을 받아야 한다.

인간도 마찬가지다. 독불장군처럼 모든 일을 혼자 처리해서 결과를 내는 경우는 없다. 역사의 위대한 인물들도 혼자 모든 것을 다 하지 않았다. 여러 조력자의 도움이 있었기에 업적을 이룰 수 있었던 것이다. 아무리 독립적으로 일을 하는 것을 좋아해도 결코 혼자 힘으로 일을 성취할 수 없다. 직간접적으로 다른 사람이나 사물, 환경의 도움을 받아야 한다. 이것이 사람을 비롯한 이 세상에 있는 모든 피조물이 일을 하는 방식이다. 피조물은 혼자 생존할 수도 없고, 혼자 일을 성취할 수도 없는 의존적인 존재다.

그러나 하나님은 피조물과는 달리 일을 할 때 다른 존재에게 의존할 필요가 없다. 반 틸의 말대로 "하나님은 자신 이외의 어떤 존재에 구속되거나 의존하지 않는다."God is in no sense correlative to or dependent upon anything besides his own being. 10

하나님은 스스로 완전한 분이기에 모든 것을 스스로 다 하실 수 있다. "우리 하나님은 하늘에 계셔서, 하고자 하시면 어떤 일이든 이루신다." 시 115:3 만약 하나님이 무언가 필요한 것이 있고, 그것을 공급해주고 도와주는 존재가 있다면, 그래서 그 존재에게 의존할 수밖에 없다면, 바로 그 존재가 하나님일 것이다.

바울은 아테네 사람들에게 하나님은 부족한 것이 있어서 사람의 손으로 섬김을 받는 것이 아니라고 일갈했다. 행 17:25 하나님은 신을 섬기는 많은 사람의 생각처럼, 사람의 섬김을 받아야 온전해지는 분이 아니다. 즉, 그런 섬김이 없으면 결핍이 생기거나 하고자 하는 일을 못하는 것이 아니다.

하나님은 세상에 있는 모든 것을 창조하신 분이고, 필요하다면 새로운 것들을 얼마든지 만들 수 있는 분이기 때문에 어떤 일을 성취하기 위해 피조물의 도움을 받아야 할 필요가 없다. 하나님은 스스로 모든 일을 하실 수 있고 또한 완벽하게 행하시는 분이다. "우리 하나님은 하늘에 계셔서, 하고자 하시면 어떤 일이든 이루신다." 시 115:3 하나님은 누구의 섬김을 받아야 완전해지는 것도 아니요, 누가 어떤 일을 대신 해주어야 할 필요가 있는 분도 아니다. 하나님은 스스로 모든 것을 다 하실 수 있는 분이다.

그렇기에 우리 인간이 하나님께 필요한 존재라고 생각하는 것은 과대망상이다. 우리가 아무리 위대하다 할지라도 하나님 앞에서는 통 속의 물 한 방울에 지나지 않으며, 우리가 아무리 위대한 일을 했다 할지라도 하나님 앞에서는 드넓은 백사장에 모래 한 알 보태는 것에 지나지 않는다. 우리의 섬김으로 하나님의 위대하심이 더 높아지는 것도 아니며, 우리가 사라진다고 해서 하나님의 광대하심에 큰 손상이 오는 것도 아니다.

하나님께 위대한 사람이 필요하지 않은 것처럼, 다른 자원들돈, 재능, 권력도 필요한 것이 아니다. 우리 눈에는 더 많은 돈과 권력이 하나님의 일을 하는데 더 많은 도움이 되는 것처럼 보인다. 그런 생각은 마치 하나님이 돈과 권력의 도움을 받아야 자신의 일을 이루실 수 있다고 생각하는 것과 같다. 우리는 말로는 하나님이 그런 것들 없이도 모든 것을 하실 수 있다고 고백하지만, 실제로는 '하나님의 일을 위해' 돈과 권력의 힘에 의지하려고 한다. 하나님의 일을 성취하기 위해 어떻게든 그런 자원들을 더 많이 끌어들이려고 애쓴다. 이런 행동을 정당화시켜주는 것은, 그 모든 것을 하나님의 영광을 위하여 사용한다는 강변이다. 이런 사람들은 소심한 기드온과 300명을 통해 하나님께서 이루신 역사를 실제로는 믿지 않는 것과 같다. 그들은 돈도 권력도 없는 12명의 제자를 통해 교회가 세워지고 구원의 역사가 일어난 것을 믿지 않는 것과 같다.

이들이 돈과 권력의 유혹에 빠지는 이유는, 그것들이 단기간에 눈에 보이는 결과를 내는 것처럼 보이기 때문이다. 그래서 자신의 업적이 널리 알려질 수 있다고 생각하기 때문이다. 그들은 이런 방식이 단기적으로는 효과가 있을지 모르지만, 장기적으로는 오히려 일을 망칠 수 있다는 것을 알지 못한다. 또한, 성공 여부에 대한 궁극적인 판단은 자신이 관점이 아니라 하나님의 관점으로 내리는 것이라는 사실도 알지 못한다. 세상의 힘과 능력으로 업적을 내려는 욕망에 노예가 되어버렸기 때문이다. 그런 효과를 내는 데는 돈과 권력이 최고이기 때문이다.

우리 주변에는 "하나님은 나의 섬김이 필요하니까 그 과정에서 필요한 것을 나에게 주실 수밖에 없다"고 주장하는 사람들이 종종 있다. 그러나 이것은 무지와 교만함이다. 하나님이 나를 필요로 한다는 생각 자체가 하나님의 독립성을 이해하지 못한 것이다. 하나님은 어떤 사람을 절대적으로 필요로 하지 않는다. 이 사람이 아니면 다른 사람으로도 자신의 목적을 이룰 수 있기 때문이다. 이것을 잘 보여주는 것이 예수님께서 예루살렘에 입성하실 때 하신 말씀이다. 종려나무 가지를 흔들면서 예수님을 향해 '호산나'를 외치는 백성들이 못마땅한 제사장과 바리새인들이 "이들을 잠잠케 하라"고 요청했다. 그러나 주님은 "이들이 잠잠하면 돌들이 소리를 지를 것이다"고 말씀하셨다. 즉, 하나님은 사람이 아니어도 얼마든지 자신의 영광을 드러낼 수 있다는 것이다. 눅 19:39~40 내가 아니어도 하나님은 얼마든지 자신의 일을 이루실 수 있다. 그렇기에 우리의 섬김은 우리가 하나님께 무언가를 더해주는 것이 아니다. 하나님의 아쉬움을 덜어주는 것도 아니다. 하나님을 "위해" 무언가를 하는 것도 아니다. 하나님은 그런 것이 필요할 만큼 불완전한 분이 아니다. 그분은 우리가 없어도, 우리의 섬김이 없어도 전혀 아쉬울 것이 없는 분이다.

우리의 예배조차도 하나님의 어떤 필요를 채워주기 위한 것이 아니다. 그런 생각은 이방 종교의 것이다. 시편 50편 8~15절은 하나님의 독립성과 예배의 관계를 명쾌하게 표현하고 있다.

> 나는 너희가 바친 제물을 두고 너희를 탓하지는 않는다. 너희는 한 번도 거르지 않고 나에게 늘 번제를 바쳤다. 너희 집에 있는 수소나 너희 가축우리에 있는 숫염소가 내게는 필요 없다. 숲속의 뭇 짐승이 다 나의 것이요, 수많은 산짐승이 모두 나의 것이 아니더냐? 산에 있는 저 모든 새도 내가 다 알고 있고, 들에서 움직이는 저 모든 생물도 다 내 품 안에 있다. 내가 배고프다고 한들, 너희에게 달라고 하겠느냐? 온 누리와 거기 가득한 것이 모두 나의 것이 아니더냐? 내가 수소의 고기를 먹으며, 숫염소의 피를 마시겠느냐? 감사 제사를 하나님께 드리며, 너희의 서원한 것을 가장 높으신 분에게 갚아라. 그리고 재난의 날에 나를 불러라. 내가 너를 구하여 줄 것이요, 너는 나에게 영광을 돌리게 될 것이다.

구약의 제사는 하나님의 어떤 결핍을 채워주기 위한 것이 아니다. 그것은 사람들의 죄 문제를 해결하기 위한 것이다. 즉 죄인들의 필요 때문에 제정된 것이다. 하나님이 무엇이 부족해서 사람들에게 수소나 숫염소를 요구하시는 것이 아니다. 그것은 이미 하나님의 것이기 때문이다. 10~12절 그러므로 하나님께서 원하시는 진정한 예배는 우리가 하나님의 어떤 필요를 채우려는 것이 아니라, 우리에게 주신 모든 것과 베푸신 은혜에 대한 감사를 표현하는 것이다. 하나님께서는 무슨 부족한 것이라도 있어서 사람의 손으로 섬김을 받으시는 것이 아니다. 행 17:25 우리가 예배에서 높이 드는 손은 하나님의 어떤 필요를 채워주기 위한 것이 아니다. 그것은 이미 받은 것 "생명과 호흡과 모든 것"에 대한 감사로 충만한 뜨거운 손이다. 하나님이 우리에게 의존해 있는 것이 아니라 "우리가 하나님 안에서 살고, 움직이고, 존재하고" 있다. 행 17:28 그러므로 참된 예배는 이런 고백이 들어있는 것이다.

(4) 하나님은 피조물과의 교제가 필요한 것도 아니다.

어떤 사람들은 하나님이 온 세상과 인간을 창조하신 것은 외로웠기 때문이며, 피조물과의 교제가 필요했기 때문이라고 주장한다. 만일 그렇다면 하나님은 피조물로부터 완전히 자유롭다고 말할 수 없을 것이다. 이렇게 말하는 것은 하나님이 행복하고 만족하기 위해서는 피조물이 있어야 한다는 뜻이기 때문이다.11

그러나 하나님은 그 자체로 완전한 분이기 때문에 외롭고 심심한 것을 달래기 위해 어떤 것이 필요하지 않다. 더욱이 하나님은 삼위로 존재하시고, 그 삼위 안에서 이미 완전한 교제를 누리고 계시기 때문에 다른 존재와의 교제 필요성을 느끼지 못하는 것이다. 하나님이 삼위와 함께 누리는 교제는 우리 인간과 나누는 교제와는 비교도 안 될 정도로 완전한 것이다. 그러므로 교제를 나눌 또 다른 대상이 필요한 것이 아니다.

3. 그렇다고 해서 피조물들이 하나님께 전혀 무의미한 것은 아니다.

(1) 하나님은 자신의 영광을 위하여 우리를 창조하셨다.

하나님은 우리를 창조할 필요가 없었지만, 우리를 창조해서 관계를 맺기로 결정하셨다. 그래서 인간을 창조하여 그들이 하나님께 영광을 돌릴 수 있게 하셨다. "나의 이름을 부르는 나의 백성, 나에게 영광을 돌리라고 창조한 사람들, 내가 빚어 만든 사람들을 모두 오게 하여라." 사 43:7 인간이 하나님께 영광을 돌린다는 것은 하나님께서 인간으로부터 무엇인가를 받으신다는 것을 의미한다. 즉, 하나님은 부족함이 없음에도 불구하고 인간이 하나님을 위해 무언가 기여할 수 있는 기회를 주셨다는 것이다.

(2) 우리는 하나님의 자녀라는 존재 자체로 하나님께 기쁨과 즐거움을 드릴 수 있다.

하나님은 우리를 필요로 하지 않는다. 우리가 없어도 손상받지 않는다. 그럼에도 불구하고 하나님은 우리를 자신의 형상으로, 자신에게 영광을 돌리는 존재로 창조하셨고, 우리를 구원해서 자신의 자녀로 삼아주셨다. 그리고 그런 우리의 모습을 보면서 기쁨을 이기지 못하시고, 즐거워하시는 것이다. 습 3:17 "주 너의 하나님이 너와 함께 계신다. 구원을 베푸실 전능하신 하나님이시다. 너를 보고서 기뻐하고 반기시고, 너를 사랑으로 새롭게 해주시고 너를 보고서 노래하며 기뻐하실 것이다." 이것은 마치 귀여운 아기를 보면서 저절로 미소를 짓게 되는 것과 비슷하다. 그 아기가 무엇을 해서 기쁜 것이 아니다. 엄청난 업적을 이루어 부모의 삶에 큰 기여를 해서 흐뭇해하는 것이 아니다. 그냥 아기를 바라보는 것만으로 즐겁고 행복한 것이다. 그의 존재 자체로 기쁨을 주는 것이다. 우리를 향한 하나님의 마음이 이와 비슷할 것이다.

(3) 하나님은 우리가 드린 것을 통해서 일하기를 기뻐하신다.

하나님 혼자 힘으로도 이스라엘을 점령한 미디안 군사들을 다 물리칠 수 있었을 것이다. 그러나 하나님은 기드온과 3백 명의 장정들에게 하나님의 일에 동참할 기회를 주기로 작정하셨다. 하지만 그들이 실제로 한 일은 항아리를 깨고 횃불을 쳐들고 나팔을 분 것밖에 없었다. 칼을 들고 싸운 것이 아니다. 그럼에도 불구하고 승리를 거뒀다. 누가 한 것인가? 하나님이 하신 것이다. 그러나 그들은 자신들도 한몫을 담당했다고 생각할 것이다. 삿 7:20 이것은 마치 부모가 설거지하는 데 자녀가 같이하고 싶어 할 때, 실제로는 자녀의 도움이 전혀 필요 없고 심지어 일이 더 많아지겠지만, 자녀에게 만족감을 주기 위해 설거지에 동참시키는 것과 같다.

그러므로 하나님을 섬긴다고 하는 사람들은 오해하지 말아야 한다. 마치 자신의 능력이 대단하거나, 자신이 드린 것이 많아서 하나님의 일이 이루어진 것처럼 생각하는 것은 오판이다. 물론 사람이 보기에는 자신이 드린 것이 대단히 많은 것일 수 있다. 그렇지만 하나님의 눈으로 보면 보잘것없는 양이다. 그래서 사람이 드린 것이 많고 대단한 것이어서가 아니라 그 정성과 마음을 보시기 때문에 그것을 씨앗으로 삼아서 하나님이 자신의 일을 이루시는 것이다. 이렇게 하나님께서 우리의 섬김을 기쁘게 받으신다는 것이 우리의 삶을 의미 있게 만들어준다. 하나님께서 우리가 하나님을 위해서 하는 작은 일들을 기쁘게 받아주시기 때문에 우리의 일이 고귀한 것이 되는 것이다.

그러므로 우리가 하나님을 위해 무언가 하는 것은 하나님께 미치는 영향보다는 우리 자신에게 미치는 영향이 더 크다. 마치 아빠가 전자제품을 수리할 때 그 옆에서 연장을 집어주면서 도와줄 기회를 얻은 것 때문에 좋아하는 아이와 같다. 그것이 하나님이 의도하신 것이다. 우리가 하나님을 섬기면 하나님이 기뻐하신다. 그러나 더 큰 기쁨과 즐거움을 얻는 자는 바로 우리 자신이다. 이것이 하나님이 우리의 섬김을 받기로 하셨을 때 의도하셨던 것이다.

하나님의 독립성이 주는 의미

1. 생명의 기원이신 하나님

(1) 모든 생명은 하나님에게서 나왔다.

모든 존재하는 것들은 하나님이 창조하신 것들이다. 그 어느 것도 하나님과 상관없이 생겨난 것은 없다. 성경은 이 점에 대해 여러 곳에서 강조하고 있다. 창 1:1, 창 14:19, 시 24:1, 시 50:10~12

> 그러나 우리에게는 아버지가 되시는 하나님 한 분이 계실 뿐입니다. 만물은 그분에게서 났고, 우리는 그분을 위하여 있습니다. 그리고 한 분 주님이신 예수 그리스도가 계십니다. 만물이 그분으로 말미암아 있고, 우리도 그분으로 말미암아 있습니다. 고전 8:6

> 만물이 그에게서 나고, 그로 말미암아 있고, 그를 위하여 있습니다. 그에게 영광이 세세에 있기를 빕니다. 아멘. 롬 11:36

> 우주와 그 안에 있는 모든 것을 창조하신 하나님께서는 … 모든 사람에게 생명과 호흡과 모든 것을 주시는 분이십니다. 행 17:24~25

> 모든 것이 그로 말미암아 창조되었으니, 그가 없이 창조된 것은 하나도 없다. 요 1:3

> 만물이 그분 안에서 창조되었습니다. 하늘에 있는 것들과 땅에 있는 것들, 보이는 것들과 보이지 않는 것들, 왕권이나 주권이나 권력이나 권세나 할 것 없이, 모든 것이 그분으로 말미암아 창조되었고, 그분을 위하여 창조되었습니다. 그분은 만물보다 먼저 계시고, 만물은 그분 안에서 존속합니다. 골 1:16~17

피조물은 저절로, 혹은 자기 힘으로 생명을 가진 것이 아니라 하나님으로부터 생명을 받은 것이다. 과거 어느 때에 하나님은 피조물에게 생명을 주기로 생각하셨고, 그 계획으로부터 생명을 가진 피조물이 생겨난 것이다.

(2) 하나님은 미래의 생명의 주인이시다.

하나님이 생명의 원천이라는 것은 단순히 과거의 사실만을 의미하는 것은 아니다. 하나님은 현재와 미래에도 여전히 생명의 근원이 되시는 분이다. 하나님이 생명 그 자체이기 때문이다. "아버지께서 자기 속에 생명을 가지고 계신 것 같이 아들에게도 생명을 주셔서, 그 속에 생명을 가지게 하여 주셨기 때문이다." 요 5:26

그렇기 때문에 하나님은 얼마든지 육체적으로 죽은 자를 살릴 수 있다. 21절 또한 영적으로 죽은 자에게도 생명을 줄 수 있다. 24~25절 이렇게 할 수 있는 이유는 자기 속에 생명을 가지고 있기 때문이다. 26절 이것이 그에게는 대단한 일이 아니다. 자신에게 있는 생명의 빛을 조금만 비춰주면 가능한 일이다. 그렇다면 우리는 죽음을 두려워할 필요가 없다. 하나님이 생명의 주인이며, 죽음 이후에도 새로운 생명을 약속하셨다면, 우리는 죽음이 오면 우리 존재가 허무하게 소멸되거나, 무서운 심판이 있다고 생각하면서 두려워할 필요가 없다. 생명의 원천이신 하나님께서 우리를 다시 살리실 것이고, 소멸되지 않는 영원한 생명을 누리게 하실 것이기 때문이다.

2. 모든 좋은 선물의 기원이신 하나님

(1) 하나님은 생명의 기원일 뿐만 아니라 피조물이 살아가는데 필요한 모든 것을 제공해주는 분이기도 하다.

피조물이 소유한 것은 모두 하나님으로부터 나온 것이다. 출 20:11, 느 9:6, 시

146:5~6 야고보도 "온갖 좋은 선물과 모든 완전한 은사는 위에서, 곧 빛들을 지으신 아버지께로부터 내려옵니다"라고 말한다. 약 1:17 그래서 존재하는 모든 것은 생존을 위해서 하나님께 의존할 수밖에 없다는 것이다. 그러나 사람들은 종종 이 사실을 잊어버린다. 자기 스스로 필요한 것을 만들어낼 수 있다고 생각하면서 스스로 대견하게 여긴다.

이런 이야기가 전해진다. 인류의 과학이 고도로 발전해서 이제 인간복제까지 가능한 수준이 되었다. 그래서 더 이상 하나님을 생명의 창조주로 인정할 필요가 없게 되었다. 이제 인간이 독립을 선언해도 되며 하나님과 맞짱을 떠도 될 수준이라고 생각했다. 그래서 진흙을 들고 하나님께 도전장을 내밀었다. "하나님, 이 진흙으로 인간을 만드는 시합을 합시다. 이제 우리도 하나님만큼 인간을 잘 만들 수 있다구요." 인간은 신호가 떨어지기만을 기다리고 있었다. 온갖 과학기술을 사용해서 진흙으로 사람을 만들 만반의 준비가 된 것이다. 그때 하나님이 말씀하셨다. "알았다. 너희의 과학 수준이 대단하구나. 그럼 인간을 한번 만들어보자. 그런데 한 가지 조건이 있다. 그 진흙은 내가 만든 것이니까 너는 네가 만든 진흙으로 만들도록 해라."

(2) 의존적인 인간

하나님의 독립성을 인정한다는 것은 인간의 의존성을 인정하는 것과 같다. 우리는 생명이나 생명의 연장에 필요한 것들을 스스로 만들어낼 수 없다. 우리는 한순간도 의존성에서 벗어날 수 없다. 이것이 인간의 본질이다.

그러나 타락 이후 인간은 자신이 의존적인 존재라는 것을 인정하지 않으려고 한다. 의존적인 존재는 약한 존재라고 생각하기 때문이다. 강한 자만이 살아남는 세상에서 스스로 약한 존재라고 인정하는 것은 생존을 포기하는 것이나 마찬가지라고 생각하기 때문이다. 그래서 자신이 모든 것을 할 수 있다고 생각하면서 교만해진다. 그 결과 자신이 하나님처럼 독립적인 존재라고 착각하게 된다.

그러나 인간이 독립성을 주장할 때 모든 것이 왜곡된다. 최초의 죄의 본질이 바로 이것이었다. 인간은 하나님이 만들어 놓은 세상에서 하나님이 정해 놓은 원리대로 삶을 영위해야 했었다. 그래야 생명을 유지할 수 있었다. 그 원리 중 하나가 하나님께서 제공해주신 동산에 있는 모든 과실은 다 먹을 수 있지만 단 하나의 열매만은 먹을 수 없다는 것이었다. 피조물인 인간은 창조주가 정해 놓으신 규칙을 따르는 것이 마땅했다. 그러나 처음 사람은 하나님의 규칙에 의문을 제기했다. 의문을 제기한다는 것은 자신이 하나님과 동등하다고 주장하는 것과 같은 것이다. 자신이 이해해야 한다는 것이고, 더 나아가서 자신의 동의가 필요하다고 요구하는 것과 같다. 그러한 요구가 받아들여지지 않자 처음 인간은 자신이 원하는 대로 행동한다. 하나님이 금지하신 선악을 알게 하는 나무의 열매를 먹은 것이다. 그것은 자신이 더 이상 하나님에게 의존적인 존재가 아니라는 선언과 같다. 독립적인 존재라는 것이다. 이것이 죄의 본질이다. 자신이 하나님께 절대적으로 의존적인 존재라는 것을 인정하지 않고 자신을 하나님과 동등한 위치로 올려놓는 것이 죄의 핵심이다. 결국, 인간 자신이 "스스로 존재하는 자"가 되려는 것이다. 그래서 각자 자기가 원하는 길, 즉 죄의 길로 가게 된 것이다. 사 53:6

A. W. 토저가 말한대로, 인간이 자신의 삶에 대해 자주권을 주장할 때 하나님의 지배는 끝난다.[12] 그 결과 하나님과의 관계가 깨진다. 인간이 자신의 존재 근거가 되는 하나님을 배척하고 자신이 독립적으로 존재하는 것처럼 생각하고 행동할 때 그 마음에서부터 하나님의 존재가 사라진다. 그 결과 하나님과의 모든 관계가 끊어지는 것이다.

이런 경향은 아담과 하와에게서만 발견되는 것은 아니다. 아담의 후예들인 모든 인간에게서 나타나는 현상이다. 어떤 사람들은 하나님이 존재하지 않는다고 주장하면서 자신이 원하는 대로 살아간다. 이것은 자신의 존재 자체가 의존적이라는 것을 인정하지 않기 때문에 초래되는 어리석은 선택이다. 그 끝이 무엇인가? 삶의 의미와 목적도 모른 채 방향 없이 살면서 삶을 소진하는 것이다. 하나님을 창조자로 인정한다고 하는 그리스도인 중에도 실제로는 하나님과 무관하게 독립적으로 살아가려는 사람들이 많다. 아담과 하와처럼 하나님이 주신 삶의 가이드를 무시하고 자신이 원하는 대로 살아가려는 것이다. 그러나 이렇게 사는 것은 우리가 의존적인 존재라는 것을 망각하는 것과 같다. 마치 아무런 보호 장구 없이 망망대해로 나가는 것과 같다. 잠시는 바다를 즐길 수 있을지 모르지만, 그 끝은 파멸일 것이다.

(3) 이런 죄의 습성에서 어떻게 빠져나올 수 있을까?

그 길은 그리스도의 십자가에서 그리스도와 함께 죽는 것뿐이다. 예수님은 자신을 따라오기 위해 필요한 한 가지 조건을 말씀하셨다. "누구든지 나를 따라오려거든, 자기를 부인하고, 제 십자가를 지고, 나를 따라 오너라." 마 16:24 자기를 부인하지 않는 자가 예수님을 따를 수 없다. 오히려 그를 앞서갈 것이다. 자신이 선생과 주인 역할을 하려고 할 것이다. 예수님을 나의 시중을 드는 자요, 나의 요구에 따라 움직이는 자로 여길 것이다. 자아가 죽을 때, 그래서 나의 독립성을 포기하고 오직 하나님만이 유일한 독립적인 존재임을 인정할 때 참된 제자의 길을 갈 수 있다.

바울은 이런 경험을 했던 사람이다. 그는 좋은 교육을 받은 똑똑한 사람이었고, 의지력과 열정도 넘치는 자기 확신에 가득 찬 사람이었다. 그의 인생의 주인은 오직 자신뿐이었다. 그러나 그가 십자가에 못 박히신 그리스도를 만났을 때 삶의 주도권을 그리스도에게 양도하였다. 그는 자신의 경험으로부터 깨달은 진리를 이렇게 표현한다. "나는 그리스도와 함께 십자가에 못 박혔습니다. 이제 살고 있는 것은 내가 아닙니다. 그리스도께서 내 안에서 살고 계십니다. 내가 지금 육신 안에서 살고 있는 삶은, 나를 사랑하셔서 나를 위하여 자기 몸을 내어주신 하나님의 아들을 믿는 믿음 안에서 살아가는 것입니다." 갈 2:20 그리스도를 만난 후 그는 똑똑하던 자에서 어리석은 자가 되었다. 삶의 주도권을 행사하던 사람에서 순종하며 따르는 사람으로 변했다. 자신이 결코 독립적인 존재가 아니라는 사실을 깨달았기 때문이다. 자아가 죽은 것이다.

이렇게 할 때 진정으로 순종할 수 있다. 진정한 믿음의 사람은 자아를 내려놓고 하나님께 순종하는 사람이다. 하나님의 말씀이 이해가 되든지 그렇지 않든지, 하나님의 말씀대로 행동하는 것이 내게 이익이 되든지 그렇지 않든지, 하나님의 뜻을 따르는 것이 쉽든지 어렵든지 상관하지 않고.

하나님의 말씀에 순종한다고 해서 모든 일이 형통하게 열리는 것은 아니다. 하나님은 그렇게 약속하신 적이 없다. 성경에는 순종의 결과로 고난을 당하고 비극적인 죽음을 맞이한 사람들의 이야기로 가득 차 있다. 스데반, 야고보, 사도 바울 히브리서 11장 후반부는 무명의 믿음의 영웅들을 열거하면서 이들이 진정으로 "믿음으로 살았다"고 칭송한다. 그런데 그들은 "조롱을 받기도 하고, 채찍으로 맞기도 하고, 심지어는 결박을 당하기도 하고, 감옥에 갇히기까지 하면서 시련을 겪었습니다. 또 그들은 돌로 맞기도 하고, 톱질을 당하기도 하고, 칼에 맞아 죽기도 하였습니다. 그들은 궁핍을 당하며, 고난을 겪으며, 학대를 받으면서, 양과 염소의 가죽을 입고 떠돌았습니다."히 11:36~37 그러나 그들은 이런 어려운 상황에서도 하나님을 따르면서 믿음을 지켰다. 이런 사람들이야말로 하나님을 하나님으로 인정하고, 하나님 앞에서 자신을 내려놓고 살았던 사람들이다.

세상 사람들에게는 이들이 아무것도 가진 것이 없고, 있는 것도 모두 빼앗긴 소망 없는 자들로 보였을 것이다. 그러나 이들은 하나님께서 주시는 가장 귀하고 풍성한 것들을 누렸던 자들이다. 이들은 "모든 쓸 것을 채우시는" 하나님의 은혜를 경험한 자들이다. 빌 4:19 이들은 "흔들리지 않는 나라를 이미 받은" 자들이다. 히 12:28 비록 현 세상에서는 풍족하게, 편하게, 남들이 부러워하게 살지 못하더라도, 그들은 하나님이 모든 것의 주인이라는 것을 인정하고, 하나님이 자신의 뜻대로 가장 좋은 것으로 공급해주실 분이라는 것을 믿으면서 살았던 것이다.

3. 하나님이 우리에게 주신 것을 원하실 때

(1) 우리가 가진 모든 것은 근본적으로 하나님의 것이다.

하나님은 온 세상의 주인이시다. 모든 존재하는 것이 다 그분의 것이다. 우리에게 있는 것도 그의 것이다. 그 모든 것들이 그분에게서 나온 것이다. 성경은 하나님이 세상 만물의 소유자라고 분명하게 말한다. 창 14:19, 시 24:1, 시 50:10~12 피조물이 소유한 것은 모두 하나님으로부터 나온 것이다. 출 20:11, 느 9:6, 시 146:5~6 야고보도 "온갖 좋은 선물과 모든 완전한 은사는 위에서, 곧 빛들을 지으신 아버지께로부터 내려온다"고 말한다. 약 1:17

그러므로 원래부터 우리의 소유라고 할 수 있는 것은 없다. 우리는 어떤 것도 스스로 만들어낼 능력이 없는 자들이다. 우리가 가진 모든 것은 하나님으로부터 온 것들이다. 하나님께서 우리의 필요를 생각하시고 공급해주신 것이다. 그러나 그 공급은 영원하고 절대적인 것도 아니고, 우리에게 완전히 소유권이 이전된 것도 아니다. 잠시, 임시로 사용할 수 있게 맡기신 것뿐이다.

(2) 하나님이 주신 것으로 생색낼 수 없다.

나의 소유라고 하는 것까지도 실제로는 원래 하나님의 것이라면, 그것의 일부를 떼어서 하나님께 드리면서 생색을 내는 것은 무지에서 비롯된 잘못된 행태다. 하나님은 욥에게 세상 이치를 설명하면서 이렇게 분명하게 말씀하셨다. "누가 먼저 내게 주고 나로 하여금 갚게 하겠느냐? 온 천하에 있는 것이 다 내 것이니라." 욥 41:11 바울도 욥기의 이 말씀을 그대로 인용하면서 우리의 피조물 됨과 하나님의 영광을 비교해서 말한다. "'누가 먼저 무엇을 드렸기에 주님의 답례를 바라겠습니까?' 만물이 그에게서 나고, 그로 말미암아 있고, 그를 위하여 있습니다. 그에게 영광이 세세에 있기를 빕니다. 아멘." 롬 11:35~36

원래부터 우리의 것이라는 것은 없었다. 우리가 가진 모든 것의 원래 주인은 하나님이시다. 지금 우리가 소유하고 있는 것은 하나님이 우리가 사용할 수 있도록 잠시 맡겨주신 것에 불과하다. 그러므로 그것에 대해 나의 절대적 소유권을 주장하는 것은 원래 주인이요 공급자이신 하나님을 무시하는 것이다.

따라서 우리가 하나님의 요구에 따라 하나님께 우리가 가진 것을 드렸다고 할지라도 하나님은 그것에 대해 우리에게 보상을 해주어야 할 의무가 없다. 원래 우리의 것이 아니라 하나님의 것이었기 때문이다. 이 점에 대해 예수님은 명쾌하게 말씀하신다. "이와 같이, 너희도 명령을 받은 대로 다 하고 나서 '우리는 쓸모없는 종입니다. 우리는 마땅히 해야 할 일을 하였을 뿐입니다' 하여라."눅17:10

그렇다면 우리가 하나님께 드리는 '헌금'에 대한 태도도 다시 점검해야 한다. 헌금은 나의 것을 하나님께 드리는 것이 아니다. 내게 있는 모든 것이 근본적으로 하나님의 것이라면 돈도 마찬가지이기 때문이다. 하나님이 다양한 필요를 위해 내게 맡겨주신 것에 불과하다. 그러므로 헌금을 드리면서 마치 나의 것을 하나님께 빌려주거나 하나님께 투자하는 것처럼 생각해서는 안 된다. 그렇게 오해하기 때문에 헌금을 많이 드리면 하나님이 더 큰 복으로 돌려준다고 생각하는 것이다. 오히려 우리는 헌금을 드리면서, 더 많이 드리지 못하는 우리의 약한 믿음에 대해 죄송하게 생각하고, 헌금을 드린 후에도 우리가 마땅히 해야 할 것을 한 것뿐이라는 겸손한 태도를 취하는 것이 마땅하다. 이런 점에서 모든 헌금은 감사헌금이다. 헌금의 종류를 다양하게 정한다고 해도 그 본질은 동일하다. 하나님께서 먼저 우리에게 주신 은혜에 대한 감사의 마음을 표현하는 것이다. 우리에게 있는 모든 것이 이미 하나님의 것이기 때문이다. 우리는 이 사실을 헌금이라는 형태로 고백하고 인정하는 것이다.

(3) 하나님이 원하시는 대로 사용하는 것이 마땅하다.

이처럼 우리에게 주어진 모든 것은 하나님의 것이므로 하나님의 뜻에 맞게 사용하는 것이 당연하다. 하나님께서 내게 주신 것이 무엇이든, 그것이 재능이든

지혜든 재물이든, 그것들을 하나님 나라를 위해 사용하기를 원하신다면, 우리는 기쁜 마음으로 드려야 한다. 그것들을 손에 꼭 쥐고 나를 위해서만 이기적으로 사용하려는 것은 그 모든 것들의 원래 주인이신 하나님을 무시하는 것이며, 결국 하나님을 하나님으로 인정하지 않는 것과 같다.

하나님께서 우리가 가진 것들을 가난하고 궁핍한 사람들을 위해 나누기를 원하신다면 그렇게 해야 한다. 또한, 하나님께서 그것을 공동체에서 먹을 것도 없고 몸에 필요한 것도 없는 사람들을 위해 사용하라고 하신다면 우리는 기쁜 마음으로 순종해야 한다. 약 2:15~16 사도행전의 처음 성도들은 이것을 이해하고 실천했다. 행 2:44~45 "믿는 사람은 모두 함께 지내며, 모든 것을 공동으로 소유하였다. 그들은 재산과 소유물을 팔아서, 모든 사람에게 필요한 대로 나누어주었다." 이것이 하나님이 은혜로 주신 것들을 내 마음대로 사용하는 것이 아니라 하나님이 그것들을 내게 잠시 맡겼다는 것을 인식하면서 신실한 청지기로 살아가는 제자들의 바른 모습이다.

하나님은 스스로 존재하시는 분이고, 세상에 존재하는 모든 것의 주인이라는 것을 기억하자. 또한, 우리는 생명도, 생존도, 모두 하나님에게 의존할 수밖에 없는 존재라는 것을 인식하자. 그래서 하나님의 뜻을 무시하면서 독립적으로 살려고 하지 말고, 하나님에게 더욱 의지하면서, 그의 인도하심을 따라 살아가도록 하자.

영靈이신 하나님

Spirituality

눈에 보이는 하나님?

어릴 때 내가 본 예수님은 퉁퉁한 얼굴에 푸짐한 체격을 가진 분이었다. 그분은 예배 때마다 굵직한 목소리로 마지막 기도를 해주셨다. 나중에 생각해보니 축도였던 것 같다. 그런가하면 나는 하나님도 우리와 함께 있다고 생각했다. 그분은 예수님과 달리 키가 호리호리하시고 흰 머리카락에 언제나 하얀 두루마기 한복을 입으셨다. 그래서 그런지 그분에게서는 광채가 나는 것 같았다. 그분은 별로 말이 없으셨다. 그래서 목소리가 어떤지 기억이 나지 않는다. 다만 우리를 내려다보시는 얼굴이 너무 인자해서 틀림없이 하나님이라고 생각했었다. 몇 년 후 초등학교에 들어가서 알게 된 것은, 그분들은 우리 교회의 목사님과 장로님이셨다는 사실이다. 아마 유치부에서 배웠던 하나님과 예수님의 이미지가 그분들의 모습과 유사하게 여겨졌기 때문에 그분들을 하나님과 예수님이라고 생각했던 것 같다. 그 때 배웠던 하나님과 예수님은 분명히 사람과 같은 모습을 가진 분이셨기 때문에 내 눈 앞에 보이는 사람들 중에서 하나님과 예수님을 찾았던 것은 자연스러운 일이었다.

예수님이 사마리아 수가성으로 들어가셔서 물을 길러 나온 어느 여인과 대화를 시작하셨다. 물에 관한 대화를 나누던 예수님은 여인의 사생활로 주제를 돌리셨다. 그러자 여인은 자신의 치부가 드러나는 것에 당황하여 황급하게 주제를 돌렸다. 그녀는 예배에 관한 신학적 문제를 제기하였다. "우리 조상은 이 산에서 예배를 드렸는데, 선생님네 사람들은 예배드려야 할 곳이 예루살렘에 있다고 합니다."요 4:20 이 말의 뜻은, 하나님은 오직 어느 한 장소에서만 사람들을 만나는 분이라는 것이다. 그러나 예수님은 예배의 장소가 중요한 것이 아니라 하나님 앞에서 어떤 자세로 예배하느냐가 더 중요하다고 대답하셨다. 하나님은 어떤 장소에 매이는 분이 아니다. 그 이유는 "하나님은 영"이시기 때문이다. 요 4:24 "하나님은 영이시다. 그러므로 하나님께 예배를 드리는 사람은 영과 진리로 예배를 드려야 한다."

우리는 눈에 보이는 것을 절대시하는 세상에 살고 있기 때문에 모든 것을 보이는 것으로 치환하려는 경향이 있다. 그래서 눈에 보이지 않는 세계나 존재에 대해 어렵게 느낀다. 무신론자들이 물질주의자인 까닭이 여기에 있다. 그들은 눈에 보이는 물질이 이 세상의 전부라고 생각한다. 눈에 보이지 않는 것은 존재하지 않는다고 생각한다. 그러니 눈에 보이지 않는 하나님의 존재를 부정하는 것은 당연한 일이다. 이처럼 하나님이 눈에 보이지 않기 때문에 믿을 수 없다고 말하는 사람들이 많다.

그러나 눈에 보이지 않는 세계를 믿는다고 하는 그리스도인들도 종종 하나님의 존재를 오해할 때가 많다. 하나님을 눈에 보이는 어떤 존재로 변환시키거나, 인간과 유사한 존재인 것처럼 생각하는 경향이 있다. 그래서 수가성 여인처럼 하나님을 특정한 장소에 매어두거나 인간처럼 제한을 받는 존재로 생각한다.

그러나 예수님의 말씀처럼 하나님은 영적인 존재다. 그분이 인간을 비롯한 모든 피조물과 구별되는 가장 핵심적인 부분은 그분의 존재 방식이다. 하나님은 물질적인 존재가 아니라 영적인 존재다. 그러므로 하나님은 물질적인 존재가 구속받을 수밖에 없는 한계에서 자유하신 것이다.

그러나 하나님이 영적인 존재라고 말하는 것만으로 모든 것이 끝나는 것은 아니다. 하나님이 영적인 존재라는 말이 내포하고 있는 의미를 분명하게 이해해야 한다. 그렇게 할 때 우리는 하나님과 온전한 관계를 맺을 수 있고, 그런 하나님에게 합당하게 반응을 보일 수 있다.

하나님이 영이라는 것은 무슨 의미인가?

1. 하나님은 육체가 없는 분이시다.

성경은 하나님을 영이라고 선언은 하지만 "영"이라는 것이 어떤 모습인지에 대해서는 구체적으로 설명하지 않는다. 아마 하나님이 설명을 하셨더라도 육체적 존재인 우리가 그 의미를 제대로 이해하지는 못했을 것이다. 차원이 다른 존재에 대해 이해한다는 것은 불가능한 일이기 때문이다. 그것은 마치 3차원 세계에 사는 우리가 4차원 이상의 세계를 이해하기 어려워하는 것과 같다. 그래서 성경에서는 하나님의 존재를 설명할 때 주로 부정적인 표현법을 사용한다. 즉, "하나님은 …이 아니다"라는 식으로 설명하는 것이다. 이것은 우리의 잘못된 생각을 교정하는 것을 통해 하나님의 본질을 좀 더 쉽게 이해할 수 있게 하려는 의도다.

하지만 성경은 우리가 하나님을 물질세계에 존재하는 어떤 모습과 비슷하다고 생각하는 것에 대해서는 자주 경고한다. 우리가 "하나님은 …이다"와 같은 긍정적인 표현을 사용하는 순간 하나님은 우리의 상상이 가능한 어떤 "모습"을 갖게 되기 때문이다. 그렇게 되면 하나님은 그 모습으로 고착된다. 그래서 성경은 하나님이 "이러 저러한 존재가 아니다"라는 부정적인 방식으로 하나님의 영적 존재를 설명하고 있는 것이다.

"영원하신 왕, 곧 없어지지도 않고 보이지도 않는, 오직 한 분이신 하나님"딤전 1:17 하나님은 죽지도 않고 보이지도 않는 분이다.

"오직 그분만이 죽지 않으시고, 사람이 가까이할 수 없는 빛 속에 계시고, 사람으로서는 본 일도 없고, 또 볼 수도 없는 분이십니다."딤전 6:16 "이스라엘을 지키시는 분은, 졸지도 않으시고, 주무시지도 않으신다."시 121:4 하나님은 피조물이 가질 수밖에 없는 한계가 없는 분이다.

"주님은 영원하신 하나님이시다. 땅끝까지 창조하신 분이시다. 그는 피곤을 느끼지 않으시며, 지칠 줄을 모르시며, 그 지혜가 무궁하신 분이시다." 사 40:28 "내가 하늘로 올라가더라도 주님께서는 거기에 계시고, 스올에다 자리를 펴더라도 주님은 거기에도 계십니다." 시 139:8 하나님은 일정한 공간을 차지하고 있는 공간적인 존재가 아니다. 그래서 우리가 생각할 수 있는 그 어떤 공간에도 다 계시는 분이다.

이 모든 말씀의 핵심은 하나님은 영적인 존재이기 때문에 물질적인 존재인 피조물의 어떤 한계도 가지고 있지 않다는 것이다. 또한, 하나님은 우리 눈으로 보거나 이성으로 파악할 수 없는 존재다. 그래서 육체적 존재인 우리는 하나님을 볼 수 없다. 요 1:18, 딤전 1:17, 6:16 물론 우리도 육체만 가진 것이 아니라 영도 가진 영적인 존재다. 그러나 우리의 영도 육체와 마찬가지로 하나님에 의해 창조된 것이다. 우리가 "영"이라는 용어를 동일하게 사용하고 있기는 하지만 하나님을 지칭하는 '영'과 우리 존재의 한 부분인 '영'은 근본적으로 다른 종류다.

2. 하나님이 물질적인 모습으로 나타난 경우들

하나님이 영이시며 우리와 근본적으로 다른 존재라고 말할 때 우리는 이런 설명과 배치되는 성경 말씀을 떠올리게 된다. 하나님이 사람들이 볼 수 있는 어떤 물질적인 모습으로 나타나는 경우들이다.

예를 들어, 하나님은 사람처럼 형체를 가진 모습으로 나타나기도 한다.

야곱이 브니엘에서 어떤 사람과 씨름을 했다. 그 후에 그는 자신이 씨름을 한 상대가 하나님이라는 것을 인식했다. 창 32:30 하나님이 사람의 모습으로 나타났던 것이다.

또 다른 경우에는 하나님이 "신의 아들의 모습"으로 나타나기도 한다.단 3:25 "왕이 말을 이었다. '보아라, 내가 보기에는 네 사람이다. 모두 결박이 풀린 채로 화덕 안에서 걷고 있고, 그들에게 아무런 상처도 없다! 더욱이 넷째 사람의 모습은 신의 아들과 같다!'"

출애굽 이후에 이스라엘의 장로 70명은 시내산에 올라가서 하나님의 발 모양뿐만 아니라 하나님의 모습까지 보았다.출 24:10~11 그들이 볼 수 있는 무엇인가가 하나님께 있었다는 의미다.

신약에서도 성령 하나님이 비둘기 형상으로 나타나는 모습을 볼 수 있다.마 3:16~17

이런 말씀들을 어떻게 이해해야 할까? 우리는 앞에서 하나님은 공간에 제한되는 분이 아니라는 분명한 말씀을 보았다.시 139:7~10 그러나 우리가 볼 수 있고 만질 수 있는 것들은 공간에 존재하는 물질적인 것들이다. 따라서 만약 하나님을 표현하는 형체들이 하나님의 본질적인 모습이라면 모순이 발생한다. 하나님이 공간적인 존재라는 의미이기 때문이다. 그러므로 우리는 여기서 하나님의 능력과 목적을 고려하면서 생각해야 한다. 그는 아무것도 없는 것에서 세상 만물을 창조하실 수 있는 분이다. 그는 죽은 자를 살리는 능력도 가지신 분이다. 그런 분이라면 자신을 어떤 형상화된 모습으로 보여주실 수도 있다. 그것이 사람의 모습이든, 동물의 모습이든, 아니면 현실 세계에 존재하지 않는 기이한 형체의 모습이든. 그렇다고 해서 그 모습이 하나님의 본질적인 존재 방식이거나 하나님의 본래 모습이라고 생각해서는 안 된다. 다만 어떤 목적이 있어서 잠시 그런 모습을 취하여 우리 앞에 나타나시는 것뿐이다. 우리는 영적인 존재인 하나님의 본질적인 모습은 우리 눈으로 볼 수 없다는 것을 기억해야 한다. 그러므로 하나님의 이러한 변신은 이해력이 부족한 우리를 위한 배려일 뿐 그 이상도 이하도 아니다.

이렇게 생각하면 하나님이 인간의 신체를 가진 것처럼 표현한 많은 성경 구절을 이해하는 데 도움이 된다. 수많은 성경 구절에서 하나님은 자신을 피조물의 신체적 기관을 가진 존재인 것처럼 묘사하신다.

하나님의 얼굴창 19:13, 출 33:20, 민 12:8, 시 17:15, 34:16, 80:3, 하나님의 눈왕상 8:29, 대하 16:9, 잠 15:3, 암 9:8, 슥 4:10, 12:4, 하나님의 귀느 1:6, 사 37:17, 59:1, 시 34:15, 하나님의 발나 1:3, 하나님의 팔출 6:6, 신 4:34, 5:15, 사 53:1.

이런 다양한 표현들의 목적이 무엇일까? 하나님의 어떤 속성이나 행동의 특성을 우리가 이해하기 쉽게 설명하기 위한 것이다. 예를 들어, 하나님의 손에 대해 말하는 것은 인간의 손이 하는 기능과 같은 것을 하나님이 행하신다는 것을 말하기 위해 동원된 수사법이다. 하나님이 우리를 인도하신다는 것을 좀 더 쉽게 설명하기 위해서 마치 하나님이 몸이 불편한 사람을 인도하는 건강한 사람의 손을 가지신 것처럼 말하는 것이다. "거기에서도 주님의 손이 나를 인도하여 주시고, 주님의 오른손이 나를 힘있게 붙들어 주십니다."시 139:10 또한 하나님은 연약한 것을 보호할 수 있는 강한 손을 가지신 분으로 묘사하며신 33:3 여호와께서 백성을 사랑하시나니 모든 성도가 그의 수중에 있으며, 잘못을 행한 자들은 하나님의 손으로 내리친다는 표현을 통해 하나님의 심판이 구체적이라는 것을 설명하고출 3:20, 히 10:31, 사람이 무언가를 만들 때 손을 사용하는 것처럼 하나님의 창조를 설명하기 위해서 '하나님의 손'이라는 이미지를 사용하고히 1:10, 어려움에 빠진 자신의 자녀들을 구원하는 것을 표현하기 위해서 다른 사람에게 도움의 '손길'을 내미는 이미지를 사용하신다. 사 65:2

이 모든 표현은 하나님의 '모습'을 설명하려는 것이 아니라 하나님의 어떤 '행동'을 설명하기 위한 비유법이다. 어린아이가 이해할 수 있도록 아이의 말로 설명하는 것과 같은 원리다. 이런 수사법을 "신인동형법"anthropomorphism이라고 한다. 하나님의 속성이나 행동을 인간의 모습과 유사한 방식으로 설명하는 기법이다. 하나님이 실제로 인간의 팔과 같은 것을 가졌다고 말하는 것이 아니다. 다만 하나님의 여러 가지 속성과 행위들능력, 심판, 인도, 위로, 창조을 우리가 잘 이해할 수 있게 설명하기 위해 동원한 수사법이다. 우리를 위해 하나님이 눈높이 교육법을 택하신 것이다. 영이신 하나님, 그러나 우리를 위해 구체적인 행동을 하시는 하나님을 우리가 이해할 수 있는 방식으로 설명하는 것이다.

이런 표현들을 통해서 우리는 비록 하나님은 영이시지만 우리와 멀리 떨어져 있고 근접할 수 없는 분이라거나, 우리에게 전혀 관심 없는, 그저 지고하신 분으로 생각하지 않게 된다. 우리는 이렇게 묘사된 하나님을 더 가깝게 느끼게 되고, 우리와 깊은 관계를 맺는 분이라는 것을 온몸으로 받아들일 수 있게 된다.

그러나 잊지 말아야 할 사실은, 영이신 하나님은 피조물과 같은 육체를 가지고 있지 않다는 것이다. 하나님은 모든 피조물을 창조하신 분이기 때문에 특별한 목적을 위해서 피조물의 형상들을 사용할 때가 있지만, 그런 것들을 자신의 본질적인 모습의 일부분으로 가지고 있는 것은 아니다. 하나님은 피조물과 같은 분이 아니기 때문이다. 그분은 우리와는 다른 영적 존재다.

3. 제2계명은 "하나님이 영"이라는 전제 위에 서 있다.

하나님은 이스라엘 백성들을 이집트에서 구원해 내신 후 시내산으로 이끌어 가셨다. 그곳에서 이스라엘 백성과 언약을 맺으시면서 그들이 지켜야 할 규정을 제시하신다. 그 두 번째 규정에서 하나님은 이렇게 말씀하신다.

> 너희는 너희가 섬기려고 위로 하늘에 있는 것이나, 아래로 땅에 있는 것이나, 땅 아래 물속에 있는 어떤 것이든지, 그 모양을 본떠서 우상을 만들지 못한다. 너희는 그것들에게 절하거나, 그것들을 섬기지 못한다. 나, 주 너희의 하나님은 질투하는 하나님이다. 나를 미워하는 사람에게는, 그 죄 값으로, 본인뿐만 아니라 삼사 대 자손에게까지 벌을 내린다. 출 20:4~5.

이것을 우리는 십계명의 두 번째 계명이라고 부른다. 이 계명의 기초에는 하나님이 이 세상에 존재하는 어떤 것과도 유사하지 않으며 하나님은 영이라는 사실이 전제되어 있다. 하나님은 하늘에 있는 것이나 땅에 있는 것이나 땅 아래 물속에 있는 물질적인 것으로 표현할 수 없는 영적인 존재라는 것이다.

그 후 이스라엘 백성들이 광야에서 40년 방랑 생활을 끝내고 가나안에 들어가기 직전, 가나안을 바라보는 요단강 건너편 아라바 광야에서 하나님은 그들이 가나안에 들어가서 지켜야 할 것들을 다시 강조하신다.

> 주님께서 호렙산 불길 속에서 당신들에게 말씀하시던 날, 당신들은 아무 형상도 보지 못했다는 사실을 깊이 명심하십시오. 남자의 형상이든지, 여자의 형상이든지, 당신들 스스로가 어떤 형상이라도 본떠서, 새긴 우상을 만들지 않도록 하십시오. 우상을 만드는 것은 스스로 부패하는 것입니다. 땅 위에 있는 어떤 짐승의 형상이나, 하늘에 날아다니는 어떤 새의 형상이나, 땅 위에 기어 다니는 어떤 동물의 형상이나, 땅 아래 물속에 있는 어떤 물고기의 형상으로라도, 우상을 만들어서는 안 됩니다. 눈을 들어서 하늘에 있는 해와 달과 별들, 하늘의 모든 천체를 보고 미혹되어서, 절을 하며 그것들을 섬겨서는 안 됩니다. 신 4:15~19

시내산에서 주셨던 말씀을 좀 더 구체적으로 반복하고 있다는 것을 알 수 있다. 역시 하나님은 영적인 존재이므로 이 세상에 존재하는 어떤 형상으로도 하나님을 표현할 수 없다는 것이다.

이렇게 반복해서 엄중하게 경고하는 이유는 무엇인가? 그것은 하나님의 모습이 피조물과 다르기 때문이라는 것도 있지만, 그 이유보다 훨씬 더 심오한 뜻이 담겨 있다. 그것은 하나님의 전 존재의 의미와 관련이 있기 때문이며, 하나님 신앙의 핵심과도 맞닿아 있을 정도로 중요한 문제이기 때문이다.

(1) 첫째, 하나님을 피조물로 표현하는 것은 하나님을 실제 모습보다 열등한 존재로 여기면서 하나님의 가치를 절하시키는 것이다. 그 결과 하나님의 참모습이 축소되거나 왜곡된다.

예를 들어보자. 이스라엘 백성은 출애굽 후에 모세가 시내산에 올라가서 내려오지 않자 아론을 압박하여 하나님을 형상화한 금송아지를 만들게 했다. 그리고 그것을 세워놓고 경배했다. 이처럼 우리가 하나님을 금송아지로 묘사한다고 해보자. 금송아지는 하나님이 추상적인 존재가 아니라 실체를 가진 존재라는 것을 일깨워주는 데는 약간의 도움을 줄 수 있겠지만, 세월이 지나면서 금송아지는 오히려 하나님의 속성에 더 큰 제한을 가하게 된다. 우리는 금송아지를 보면서 그것이 가지고 있는 어떤 특성우직함, 다산, 강함, 생명력을 생각하게 된다. 그리고 자연스럽게 그런 특성들이 하나님께도 있는 것으로 생각하게 된다. 맞는 말이다. 그러나 거기까지다. 우리는 금송아지에게 없는 더 고귀한 속성들을 생각하지 못하게 된다. 하나님의 지혜, 사랑, 영원, 거룩, 공의와 같은 영광된 속성들을 전혀 떠올릴 수 없다. 송아지에게 무슨 그런 속성들이 있겠는가?

이보다 더 큰 문제는, 우리가 금송아지에서 연상하는 다른 특성들생식력과 성적 능력과 같은 것을 하나님께 투영하여 하나님에 대해 잘못 생각하게 될 위험이 있다. 그리하여 하나님을 마치 가나안 족속들이 섬기던 바알신과 같은 모습으로 변화시키게 된다. 실제로 이스라엘 백성이 하나님을 상징하는 것으로 금송아지를 만든 것에는 바로 이런 이유가 있었다.

이 세상에 있는 모든 피조물이 각각 하나님의 속성의 일부를 담고 있는 것은 사실이다. 그래서 이 세상에 있는 모든 것의 특성들을 다 합하면 하나님의 참된 모습이 조금 더 분명하게 드러나게 되는 것도 사실이다. 그럼에도 불구하고 그것조차 하나님의 전체 모습을 다 보여주기에는 턱없이 부족하다. 하나님은 온 우주보다도 크신 분이기 때문이다. 그렇다면 도대체 어떤 피조물이나 형상이 하나님을 대표할 수 있단 말인가?

(2) 둘째, 하나님을 피조물의 형상으로 표현하면 하나님을 그 피조물이 서 있는 특정한 장소에만 존재하는 것으로 착각할 수 있다.

수가성 여인이 바로 이러한 오류에 빠져 있었다. 예수님은 그 생각을 교정하기를 원하셨다. 하나님은 특정한 장소에만 계시는 분이 아니다. 하나님은 영이시기 때문에 공간이 하나님을 제한할 수 없다.

바울 역시 아테네의 종교심 많은 사람들 앞에 서서 그들의 잘못된 신관을 교정한다, "우주와 그 안에 있는 모든 것을 창조하신 하나님께서는 하늘과 땅의 주님이시므로, 사람의 손으로 지은 신전에 거하지 않으십니다."행 17:24 하나님을 위해 건축한 멋진 성전일지라도 하나님을 거기에 가둘 수는 없는 일이다. 하나님이 이스라엘 백성에게 건축하라고 말씀하신 성막과 성전은 하나님이 그들 가운데 함께 하신다는 임재의 상징일 뿐이지 하나님이 그곳에만 거하신다는 제한의 표시는 아니다.

우리가 하나님을 물질적인 형상으로 생각하면 하나님은 그 형상이 존재하는 곳에서만 하나님일 뿐이다. 그 형상이 보이지 않는 곳에서는 하나님의 영향력도 미치지 못한다. 적어도 인간들은 그렇게 생각하기 쉽다. 결국, 하나님은 온 세상의 주권자가 아니라 한 지역에서만 영향력을 발휘하는 '지역 신' local god 으로 전락해 버린다.

이스라엘 백성들이 요단강을 건너 들어갈 가나안에 살고 있던 족속들이 바로 이런 '지역 신' 개념을 가지고 있었다. 그들은 농경지를 지배하는 신, 산지를 지배하는 신, 그리고 바다를 지배하는 신이 모두 다르다고 생각했다. 이집트를 지배하는 신과 가나안을 지배하는 신도 다르다고 생각했다. 신들은 각각 자신의 영역만을 다스릴 뿐이라고 믿었다. 다신론 사회는 언제나 이런 식으로 신들의 영역을 교통 정리한다. 하나님은 이러한 신 개념이 하나님을 부정하는 것과 동일한 것으로 간주하셨다. 그래서 이스라엘 백성들에게 여러 번 당부하신 것이다. 이들의 다신 개념, 지역 신 개념에 빠져들어가지 말라고. 하나님은 영이시므로 어떤 피조물로도 형상화할 수 없다는 것을 기억하라고. 하나님을 어떤 형상으로 표현하고, 어떤 지역에 제한되는 존재로 생각하는 즉시 하나님은 수많은 신들 중 하나로 전락하게 된다고.

그러나 이스라엘 백성들은 가나안 족속들에게 설득당했다. '사람들도 장점과 단점이 있는데 신이라고 다르겠는가?' 지상전에 강한 군대가 해전에서도 강하다는 보장이 없는 것처럼, 이집트와 광야에서 강한 신이 농경사회인 가나안에서도 강하다는 보장은 없다는 것이다. '이곳은 전혀 새로운 땅이다. 가나안 족속들은 수백, 수천 년 동안 이곳에서 살아왔다. 그러므로 이들의 지혜를 무시하는 것은 결코 현명한 일이 아니다.' 그들은 이렇게 생각하면서 가나안 족속들의 지역 신 개념을 받아들였다. 결국, 이스라엘은 하나님과 가나안의 신들을 함께 섬기게 되었다. 혼합주의의 원조가 바로 이들이다.

오늘날 그리스도인들이 교회라는 건물을 세워놓고 그것을 "성전"이라고 부르면서 그곳에만 하나님이 계신 것처럼 숭배하고 있다면 하나님을 영으로 생각하지 않는 것이다. 또한, 하나님을 지역 신으로 전락시키는 것이다. 이것은 자연스럽게 혼합주의 우상숭배로 이어지게 된다. 우리는 교회에서만 거룩하게 행동하고, 교회에서 드리는 기도가 더 효과가 있다고 믿는다. 교회 바깥에서는 하나님의 영향력이 교회 안에서만 못하다고 생각한다. 교회 밖 세상은 하나님의 영역이 아니라고 생각하기 때문이다. 이 세상에서는 그곳을 다스리는 다른 신이나 그 신들이 제정한 삶의 원리를 따르는 것이 현명하다고 생각하는 것이다. 그 세상이 어떤 지역일 수도 있고한국, 일본, 미국, 케냐 등, 어떤 영역일 수도 있다기업, 정치, 교육 등. 우리는 기업을 운영하거나 경제를 이끌어가기 위해서는 "경제 논리"를 따라야 한다고 생각한다. 여기에는 하나님의 영향력이 미치지 못한다. 하나님은 교회와 종교의 영역에 국한된 하나님이기 때문이다. 교회를 움직이는 원리가 있는 것처럼 경제 영역에서는 경제를 다스리는 또 다른 원리가 있다는 것이다. 그러므로 그 원리를 충실하게 따르는 것이 현명한 일이라고 생각한다. 그러다가 교회로 들어가면 그때에야 비로소 하나님의 원리를 생각하고 적용한다. 결국, 교회 안에서의 삶과 교회 밖에서의 삶을 인도하는 신을 따로 두는 이원론적인 삶을 살아가면서도 그것에 대해 전혀 문제의식을 느끼지 못하는 것이다.

(3) 셋째, 우리가 영이신 하나님을 어떤 형상으로 만들게 되면 점차 우리 자신이 하나님을 통제할 수 있다고 생각하게 된다.

하나님을 어떤 형상으로 표현할 때 우리의 위대하신 하나님을 그 형상에 가두게 된다. 그러다가 점차 그 형상을 소유한 자가 마치 하나님을 소유한 것처럼 착각하게 된다. 그래서 그 형상을 통해 자신의 욕구를 만족시키려고 하거나, 자신의 목적을 위해 그 형상을 사용하려고 시도하게 된다. 하나님의 형상이 '부적화' 되는 것이다. 사울왕과 이스라엘의 장로들이 하나님의 법궤를 전쟁터로 옮겨왔을 때 바로 이런 생각을 했다.

> 이스라엘의 패잔병들이 진으로 돌아왔을 때에, 장로들이 말하였다. '주님께서 오늘 우리가 블레셋 사람에게 지도록 하신 까닭이 무엇이겠느냐? 실로에 가서 주님의 언약궤를 우리에게로 모셔다가 우리 한가운데에 있게 하여, 우리를 원수의 손에서 구하여 주시도록 하자!'삼상 4:3

사울왕과 이스라엘의 장로들이 하나님의 능력을 믿은 것 같지만, 실제로는 '언약궤' 가 구원할 수 있다고 생각한 것과 같다. 그래서 하나님께 직접 기도하면서 도움을 요청하지 않고 언약궤를 가지고 오려는 계획을 세운 것이다. 그들은 언약궤가 전쟁터로 오면 자동으로 하나님의 능력도 함께 온다고 생각했다. 그러나 결과는, 이스라엘의 패배였다. 하나님과 언약궤가 동일한 존재가 아니었기 때문이다. 하나님은 영이시기에 어떤 물체에 자신의 존재를 제한시키지 않기 때문이다.

이런 오류는 기독교 역사에서 끊이지 않고 이어지고 있다. 중세 가톨릭교회는 성자들이 사용하던 물건을 통해서 하나님의 능력이 나타난다고 믿었다. 그것이 제자들이 사용하던 지팡이든, 그들이 입었던 옷의 한 조각이든, 혹은 그들의 몸에서 나온 이빨 한 조각이든, 그것을 소유한 자가 하나님의 능력을 자동으로 소유하게 되는 것으로 여긴 것이다. 오늘날에도 사람들이 십자가 형상을 중요하게 여기면서 그것의 여러 형태를 몸에 지니는 것도 이러한 잘못된 전통과 무관하지 않다.

사람들은 왜 이렇게 하나님을 눈에 보이는 형상과 연관 지으려고 할까? 눈에 보이지 않는 영이신 하나님을 왜 눈에 보이는 물질적인 형상으로 치환하려고 할까? 그것은, 말로는 하나님을 주권자라고 하지만 실제로는 우리 자신이 주권자의 자리에서 내려온 적이 없으며, 그래서 하나님조차 통제하고 내 욕망의 노예로 부려 먹으려는 욕구가 있기 때문이다. 눈에 보이지 않는 존재는 우리의 통제를 벗어나 있는 두려움의 대상이다. 그러나 일단 우리가 볼 수 있는 모습으로 나타나면 이제는 한번 겨뤄볼 만하다는 생각이 든다. 구슬리든지, 위협하든지, 애걸하든지, 통할 수 있는 수단과 방법을 사용해서 나의 목적을 위해 움직이게 할 수 있다고 생각하는 것이다.

사람들이 영이신 하나님을 가시적인 물체로 치환하는 또 다른 이유는 '감각주의'의 포로가 되었기 때문이다. 이것은 옛날뿐만 아니라 우리 시대에 더욱 두드러지게 나타나는 현상이다. 이 시대는 시각을 절대화한다. 보이는 것이 믿는 것이라고 생각한다. Seeing is believing 보이지 않는 것은 존재하지 않는 것으로 간주한다. 이것은 판단의 주체가 나 자신이라는 것을 의미한다. 어떤 것이 존재하는지, 그것이 어떤 속성을 가지고 있고 어떤 능력이 있는지 여부는 내 눈으로 직접 보고 판단할 수 있다고 생각한다. 그러므로 우리 눈에 보이지 않는 것은 존재하지 않는 것이며 어떤 영향력도 발휘하지 못하는 것으로 간주한다. 이것이 하와가 에덴동산에서 첫 번째 죄를 지은 동기였다. "여자가 그 나무의 열매를 보니,

먹음직도 하고, 보암직도 하였다. 그뿐만 아니라, 사람을 슬기롭게 할 만큼 탐스럽기도 한 나무였다. 여자가 그 열매를 따서 먹고, 함께 있는 남편에게도 주니, 그도 그것을 먹었다."창 3:6 이 죄가 우리의 핏속에 그대로 흐르고 있다. 그래서 하나님조차도 "내가 보기에" 보암직도 하고 탐스럽기도 한 모습으로 만들려고 하는 것이다.

그러므로 하나님을 영으로 인정한다는 것은 나의 감각이 모든 것을 판단하는 기준이라는 생각을 포기하는 것을 의미한다. 나의 주권을 내려놓는 것이다.

(4) 성경은 우리가 하나님의 형상으로 만들어졌다고 말한다.창 :27 그러나 우리는 하나님을 우리의 형상으로 만들려고 한다.

이것은 우리 자신도 인식하지 못하는 새에 하나님을 하늘 보좌에서 끌어내리고 우리 자신이 세상의 주권자가 되려는 시도와 같은 것이다. 그러나 이러한 욕망의 끝은 절망이다. 우리가 만든 하나님의 형상은 하나님의 모든 영광을 결여한 존재일 수밖에 없기 때문이다. 우리가 그 존재에게 부여한 의미는 우리가 만들어 낸 것일 뿐 진정한 하나님의 모습은 아니다. 그렇게 만들어진 헛된 신은 우리를 기만할 뿐이다.

하나님은 무엇보다도 하나님의 존재를 있는 그대로 인정하는 자를 기뻐하신다. 우리는 이 세상에 존재하는 어떤 것으로 하나님을 묘사하거나, 혹은 하나님을 어떤 물체와 지나치게 연관시키는 대신, 단순히 하나님은 영이라고 말하는 것이 현명할 것이다. 하나님을 이렇게 설명하면 명쾌하지 않고 손에 잡히지 않는 것 같은 아쉬움이 남지만, 그러한 아쉬움은 인간의 통제 욕구에서 나온 것이라는 사실을 깨달아야 한다. 그 욕구를 만족시키기 위해서 하나님의 모습을 그려내거나 어떤 물체와 연관시키는 것은 잘못된 일이다. 그렇게 하는 순간 우리는 하나님의 모습을 왜곡하면서 나의 통제권 아래로 끌어내리는 큰 잘못을 범하는 것이다.

하나님은 하나님으로 존재하시도록 해야 한다. 아니, 그렇게 인정해야 한다. 우리가 이해할 수 있는 차원으로 설명하려는 순간 우리는 하나님을 피조물의 차원으로 끌어내리는 것이다. 여기서 중요한 것은, 하나님의 영적 존재를 이해하는 데 있어서도 자기중심적으로 생각하느냐 아니면 하나님 중심적으로 생각하느냐 하는 점이다. 우리는 자기중심적인 생각에 가득 차 있어서 "영이신 하나님" 조차도 내 이해의 수준으로 끌어내리려고 한다. 그렇게 하는 것은 하나님의 영광을 취하여 다른 피조물에게 주는 것이다. 하나님은 이것을 "우상숭배"로 간주하신다.

이런 점에서 하나님을 피조물의 모습으로 표현한 모든 예술 작품들은 잘못된 것이다. 미켈란젤로는 바티칸의 시스틴 성당에 그린 천장 벽화에서 하나님을 아담에게 생명을 주기 위해 팔을 뻗는 백발노인으로 그리고 있다. 예술 작품으로서는 멋진 것이지만 그림에서 묘사된 하나님은 마치 내가 어린 시절에 장로님을 하나님으로 착각한 것과 같은 것이다. 근엄하기는 하지만 무언가 활동성이 떨어지는 느낌, 어린아이의 재롱을 다 받아줄 것 같은 포용적인 할아버지의 모습이다. 죄를 심판하고 불의를 바로 잡는 하나님의 모습은 결여된 것처럼 느껴진다. 바로 이것이 하나님을 어떤 형상으로 치환할 때 일어나는 오류를 보여주는 대표적인 경우다.

하나님이 왜 이런 영의 모습으로 존재해야 하는지 우리는 잘 모른다. 왜 우리가 완전히 이해할 수 없는 방식으로 존재하는지도 잘 모른다. 왜 우리가 충분히 이해할 수 있게 설명하지 않는지도 잘 모른다. 그럼에도 불구하고 우리가 인정해야 할 것은, 영으로 존재하는 하나님의 존재 방식이 가장 위대하고 탁월한 방식이라는 것이다. "이 존재 형태는 우리가 알고 있는 어떤 존재 형태보다도 월등히 뛰어난 것"이라고 인정하는 것이 마땅하다.[13] 이것이 창조자 하나님 앞에서 피조물이 취해야 할 자세다.

영이신 하나님은 인격적인 분이다.

하나님이 영이라고 해서 어떤 실체도 없는 무기질이나 유령과 같은 존재라고 생각해서는 안 된다. 하나님은 인격적인 영이시기 때문이다.

어떤 존재가 인격적이라는 것은 무생물이나 무기물과는 달리 살아있는 활동적 존재로서, 자의식self-conscious이 있고, 자결 능력self-determining이 있으며, 다른 인격체와 관계를 맺을 수 있는 존재relational being라는 것을 뜻한다.[14]

인간도 하나님의 형상으로 창조되었기 때문에 인격적인 존재다. 생각할 수 있고, 느낄 수 있으며, 판단하고 결정할 수 있고, 활동할 수 있는 존재다. 그러나 인간은 여러 가지 면에서 결핍된 인격체다. 생각해야 할 것을 충분히 생각하지 못하고, 느껴야 할 것도 느끼지 못하고, 마땅히 행동해야 할 것도 제대로 하지 못하는 존재다. 오직 하나님만이 완전한 인격체다.

1. 영이신 하나님은 인격체로서 자의식自意識이 있다.

자의식이라는 것은 자신이 다른 존재와 구별된 존재라는 것을 명확하게 인식한다는 의미다. 자신을 인식할 수 있고, 자신이 어떤 생각을 하고 어떻게 느끼고 무엇을 하는지도 인식할 수 있다. 하나님께서 자신이 어떤 존재인지 보여주시는 것을 살펴보면, 우리는 하나님이 분명한 자의식을 가진 인격체라는 것을 알 수 있다.

(1) 예를 들어, 다른 신들은 모두 거짓이며 오직 자신만이 참된 신이라고 말씀하실 때 하나님은 자신의 존재를 다른 존재와 비교하면서 자신을 드러내신다. 자신이 어떤 존재인지에 대한 분명한 자의식이 있다는 것이다. 사 43:10, 45:22, 호 11:9

(2) 또한 하나님은 자신의 마음의 상태를 아시고 그것에 따라 적절하게 반응하신다. 하나님은 후회하기도 하시고창 6:6, 자기를 거역하는 자에게 화를 내시며신 1:37, 자신의 백성이 다른 신을 섬길 때 질투하시고출 20:5, 불쌍한 인생들을 향하여 자비의 마음을 품으신다.시 111:4 이 모든 것들은 인격체가 아니라면 불가능한 일이다.

(3) 하나님은 외부의 상황을 판단하시고 그것에 적절한 반응을 보이신다. 스스로 판단하셔서 천지를 창조하시고창 1:1, 심판을 위해서 홍수를 일으키기도 하시고창 7:12, 자신을 충성되게 섬기는 자를 축복하신다.창 17:6

(4) 더 나아가서 하나님은 자신의 이름을 다양하게 계시하신다. 이름이 있고 자신의 이름을 아는 것은 자의식이 있다는 증거다.출 3:14, 창 17:1, 31:13, 46:3, 사 42:6, 계 1:8

우리 인간은 여러 영향으로 인해 자아를 상실하고 자신이 무엇을 하는지 갈피를 잡지 못할 때가 많다. 불완전한 인격이기 때문이다. 아무리 자의식이 강한 인간도 외부의 영향으로부터 자유롭지 못하다. 확신을 가지고 담대하게 시작한 일도 주변으로부터 강한 반대에 직면하면 점차 확신이 약해진다. 그러면서 '내가 잘못된 일을 하고 있나?' 하는 불안이 찾아온다. 그러나 하나님은 자신이 누구인지 무엇을 하는지 분명하게 알고 계신다. 분명한 자의식이 있고 자신이 무엇을 하는지 정확하게 알고 있는 존재는 외부의 영향에 휘둘리지 않는다. 하나님을 어떤 술수로 속이는 것은 불가능하다. 현혹할 수 없다. 미끼로 유혹할 수도 없다. 하나님은 완전한 인격체이시기 때문이다. 그러기에 그분 안에 있을 때 안정감이 있다. 그분이 인도할 때 신뢰할 수 있다. 마치 자신이 누구이고 무엇을 하는지 아는 리더를 따르는 부하들이 확신을 가질 수 있는 것과 비슷하다.

2. 영이신 하나님은 인격체로서 자결自決 능력이 있다.

(1) 자결 능력이 있다는 것은 스스로의 판단으로 행동을 한다는 것이다. 만약 어떤 행동을 하도록 프로그램되어 있거나 외부의 강제적인 힘에 의해 억지로 움직인다면 자결 능력이 없는 것이다.

자결 능력에는 여러 가지 행동들을 서로 비교해서 선택할 수 있는 지적 능력이 포함되며, 타인의 강압에 의해 행동을 결정하는 것이 아니라 자신의 판단과 욕구에 의해 결정할 수 있는 정신적인 능력도 포함된다.15 조건반사적으로 움직이도록 훈련받아 자극에 대해 일정한 방향으로 반응을 보이는 동물들과는 달리 인격체는 다양한 가능성들을 생각하고 비교해서 원하는 선택을 한다.

"우리 하나님은 하늘에 계셔서, 하고자 하시면 어떤 일이든 이루신다."시 115:3 하나님은 다른 존재가 시킨다고 해서 자신이 원하지 않는 것을 억지로 행하지 않는다. 그분이 행하시는 모든 것들은 스스로 판단하고 결정해서 행하시는 것이다.

(2) 이러한 하나님의 자결 능력은 우리를 구원하시는 데서 최고의 빛을 발한다. 하나님이 우리를 구원하시는 계획을 다른 존재와 의논했다면, 그 존재는 분명 그 계획에 반대했을 것이다. 사도 바울이 고백했듯이 우리 중에 "육신의 기준으로 보아서, 지혜 있는 사람이 많지 않고, 권력 있는 사람이 많지 않고, 가문이 훌륭한 사람이 많지 않"기 때문이다.고전 1:26 그런 자들을 위해서 자신의 독생자를 죽음에 내어주는 것은 분명히 어리석은 행동이기 때문이다. 그러나 다행히도 하나님은 우리를 향한 사랑으로부터 나온 구원 계획을 다른 누구와 의논하지 않고 스스로 판단하고 결정하셨다. "하나님은 그리스도 안에서 우리를 상속자로 삼으셨습니다. 이것은 모든 것을 자기의 원하시는 뜻대로 행하시는 분의 계획에 따라 미리 정해진 일입니다."엡 1:11 하나님이 자결 능력을 가진 인격적인 영이시

기에 우리가 구원받을 수 있었던 것이다.

(3) 이 외에도 성경의 수많은 구절이 보여주는 것은 하나님은 자신의 목적과 계획대로 행하는 분이시며, 다른 어떤 존재에 의해 조종되거나 강제적으로 움직이지 않는다는 것이다. 하나님은 결코 로봇이 아니다. 하수인도 아니다. 하나님은 스스로 판단하고 결정하고 행동하는 최고의 인격체이시다.

우리가 하나님이 자결 능력이 있는 인격체라는 것을 알면 하나님이 돈을 넣고 버튼을 누르면 자동으로 반응하는 자판기 같은 분이 아니라는 것 또한 인식하게 된다. 하나님은 자신의 생각으로 판단하고 상황에 따라서 대응하는 분이다. 그러나 우리는 종종 하나님을 법칙에 따라 움직이는 기계와 같은 존재로 생각한다. 그래서 금식기도나 백일기도를 하고, 헌금을 많이 드리면 그것들이 영향력을 발휘하여 하나님을 움직여서 내 욕망을 충족시키는 데 동원할 수 있다고 생각한다.

그러나 하나님은 자신의 계획과 목적을 가지고 스스로 판단하면서 행동하신다. 어떤 영향에 의해서 자동으로 움직이는 존재가 아니다. 물론 때때로 자신의 계획과 다를지라도 어린아이 같은 인간의 투정을 못 이기는 척하면서 받아주실 때도 있지만, 그럼에도 불구하고 그러한 인간을 향한 계획과 목적, 바람은 변하지 않는다.

(4) 자결 능력이 있다는 것은 자유롭다는 것을 의미하기도 한다. free being 이 말은 다른 존재에 의해 조종당하거나 강제당하지 않는다는 말이다. 하나님은 결코 자신의 자유를 구속당하지 않으신다. 그러므로 우리는 하나님을 조종하려고 해서는 안 된다. 우리의 의도와 계획대로 움직이는 노예처럼 생각해서도 안 된다. 그런 태도는 하나님을 비인격적인 존재로 생각하는 것이다. 이것은 이방 종교나 샤머니즘에서나 하는 짓이다. 하나님이 우리를 인격체로 만들어 우리와 인격적인 관계를 맺기 원하시는 것처럼 우리도 하나님을 향하여 동일한 태도로 관계를

맺어야 한다.

3. 하나님은 관계적인 존재다.

하나님이 자결 능력이 있다고 해서 모든 것을 폭압적이고 독단적으로 행한다고 생각해서는 안 된다. 하나님은 관계적인 분relational being이기 때문이다. 인격적인 존재의 또 다른 중요한 특징은, 다른 존재와 관계를 맺을 수 있는 능력이다.

(1) 하나님은 자신이 창조한 피조물과 관계를 맺는 인격적인 존재다. 비록 하나님 편에서 볼 때 우주 만물은 통의 한 방울 물과 같고 열방들도 저울의 작은 티끌 같으며 섬들은 떠오르는 먼지 같지만사 40:15, 그럼에도 불구하고 하나님은 그것들을 대상it으로서가 아니라 인격you으로 대우하면서 관계를 맺으신다. 특별히 인간에게는 자신의 형상까지 부여하시면서 더 깊은 인격적 관계를 맺으셨다.

관계를 맺는다는 것은 내 것을 주고 상대방에게서도 받는다는 것을 의미한다. 또한. 어떤 일을 함께 하겠다는 의지의 표명이기도 하다. 관계를 맺는다는 것은 상대방의 기쁨과 슬픔에 동참한다는 것이다. 또한 관심을 기울이고 상대방의 상황에 개입한다는 뜻이다.

그래서 하나님은 우리의 기도를 들으시고 응답하시며마 7:7, 21:22, 약 5:16, 고통당하고 슬퍼하는 자들의 상황으로 들어가서 함께 고통당하면서 위로하고 도움을 주시며고후 1:3~4, 7:6, 악한 자를 향하여 분노하시고 심판하시며벧후 2:4~9, 유 15, 시 75:10, 의로운 자를 사랑하시며 복을 주신다.시편 1편, 벧전 3:14, 약 5:11 또한 하나님은 틀어진 관계를 내버려두지 않는 분이시다. 그래서 자신의 독생자를 세상에 보내어 죽게 하심으로 우리와의 틀어진 관계를 다시 회복시키는 분이다.요 3:16, 빌 2:5~8, 엡 2:16

(2) 하나님은 우리도 인격적인 존재로 창조하셨기에 인격적으로 대우하신다. 그래서 우리가 순종하지 않는다고 해서 비인격적으로 강제하지 않는다. 하나님은 인격 대 인격으로 우리를 설득하시고, 우리가 하나님의 뜻을 따르기를 선택할 때까지 인내하면서 기다리신다. 롬 2:4 비록 우리가 하나님의 인내하심을 남용할 때가 더 많지만, 그것은 오히려 하나님의 오래 참으심과 자비로운 인격성을 더욱 드러나게 해줄 뿐이다.

하나님이 인격적인 분이시고 우리를 인격적으로 대하신다는 것을 알 때 하나님을 대하는 우리의 자세는 분명히 달라질 것이다. 우리는 더 이상 귀를 틀어막고 마치 벽에 대고 부르짖는 것과 같은 기도를 드리지 않게 될 것이다. 기도할 때에도 하나님의 음성에 귀를 기울일 것이다. 마치 엘리야가 그랬던 것처럼, 크고 강한 바람과 지진과 불 속에서 하나님을 찾으려고 정신없이 휘젓고 다니는 것이 아니라 세미한 소리 가운데서 우리에게 자신의 뜻을 알려주시는 하나님과 인격적인 관계를 맺게 될 것이다. 왕상 19:11~13

영이신 하나님은 "생명의 능력"이다.

(1) "영"을 의미하는 단어는 히브리어로 "רוּחַ ruach 루아흐", 헬라어로는 "πνεῦμα pneuma 프뉴마"이다. 이 두 단어는 모두 공통적으로 "숨과 생기"라는 뜻을 내포하고 있다. "주 하나님이 땅의 흙으로 사람을 지으시고, 그의 코에 생명의 기운을 불어넣으시니, 사람이 생명체가 되었다." 창 2:7 하나님이 사람에게 생명의 기운숨을 불어넣었다는 것은 생명을 주셨다는 것이다. 숨을 쉰다는 것은 생명이 있다는 것이다. 그러므로 하나님이 영이라는 것은 하나님이 생명의 원천이라는 것을 의미한다.

하나님은 피조물에게 생명의 숨을 주시는 "모든 생명의 근원"이시다. 첫 번째 사람에게 숨을 불어 넣어서 살아있는 생명체가 되게 하신 하나님은 지금도 모든 생명의 근원이시다. 하나님이 숨을 부여하고 있기에 지금도 살아있는 것이며, 하나님이 숨을 거두시면 그 생명체는 죽을 수밖에 없다. 물론 하나님을 거역하고 떠난 존재에게서 하나님이 당장 그 숨을 거두어 육적인 죽음에 이르게 하지는 않지만, 영적인 측면에서는 하나님과 관계가 끊어진 상태를 "죽었다"고 말한다. 우리가 죄를 지었을 때 하나님과의 관계가 끊어진 것이고, 그것은 죽음을 의미했다. 그래서 바울은 에베소서에서 우리가 과거에 "허물과 죄" 때문에 죽었던 존재였다고 말하는 것이다. 엡 2:1, 5 육체로는 살아 있다고 하지만, 영으로는 이미 죽은 것이다. 그래서 우리를 다시 살리실 예수 그리스도의 대속의 죽음이 필요했던 것이다.

(2) 이것은 우리의 삶에서도 마찬가지다. 우리가 이 땅에서 생명력 있는 삶을 살기 위해서는 하나님의 생명의 능력을 부여받아야 한다. 우리 주님은 "생명을 얻고 또 더 넘치게 얻게" 하시는 분이기 때문이다. 요 10:10

우리는 순간순간 내 안의 생명력이 고갈되는 것을 느낀다. 인생살이에서 지친다. 쇠잔해진다. 하나님 나라의 시민으로서 이 땅에서 나그네로 살아가는 데 필요한 능력이 고갈되는 것을 느낀다. 나의 결심만으로는 생명력 있는 삶을 살 수 없다. 다른 방법을 통해서도 진정으로 생명력 넘치는 삶을 살 수 없다. 오직 영이신 하나님, 생명의 근원이신 하나님으로부터 지속적으로 생명을 공급받아야 한다.

너는 알지 못하였느냐? 너는 듣지 못하였느냐? 주님은 영원하신 하나님이시다. 땅 끝까지 창조하신 분이시다. 그는 피곤을 느끼지 않으시며, 지칠 줄을 모르시며, 그 지혜가 무궁하신 분이시다. 피곤한 사람에게 힘을 주시며, 기운을 잃은 사람에게 기력을 주시는 분이시다. 비록 젊은이들이 피곤하여 지치고, 장정들이 맥없이 비틀거려도, 오직 주님을 소망으로 삼는 사람은 새 힘을 얻으리니, 독수리가 날개를 치며 솟아오르듯 올라갈 것이요, 뛰어도 지치지 않으며, 걸어도 피곤하지 않을 것이다.사40:28~31

하나님은 생명의 원천이신 하나님을 바라고 나아오는 자를 결코 외면하지 않으실 것이다.

영이신 하나님 앞에 선 우리들

하나님이 영이시라는 사실이 우리 삶에 주는 의미에 대해 생각해 보자.

1. 눈에 보이지 않지만 존재하시는 하나님

사람들은 육신적 감각으로 확인할 수 있는 것만 존재한다고 생각한다. 보이지 않는 것, 물리적으로 존재를 확인할 수 없는 것은 존재하지 않는다고 단언한다. 이것을 '실증주의'라고 한다. 그 결과, 영혼, 귀신, 신과 같은 것은 사람들이 허구로 만들어낸 것이라고 간주하면서 '없다고' 섣불리 결론 내린다.

그런가? 현대 과학이 보이는, 그리고 보이지 않는 모든 것들의 존재 여부를 정말로 확실하게 분별할 수 있다고 말할 수 있을까? 최근까지도 사람들은 전파, 자기장, 만유인력, 빛의 파장, 미생물, 세균의 존재를 알지 못했다. 화학 원소도 과거에 없다고 생각했던 것들을 계속해서 발견하고 있다. 이것은 무엇을 말하는가? 물리적 실제를 가진 존재조차도 우리가 아직 존재 여부를 잘 모르는 것들이 많다는 것이다. 그런데 하물며 어떻게 우리의 물리적 지식으로 확인할 수 없는 것들은 존재하지 않는다고 말할 수 있는가?

외계인은 존재할까? 귀신은 존재할까? 귀신과 같은 영적 존재에 대해서 사람들의 경험뿐만 아니라 영상 자료들이 수없이 많다. 악령의 존재와 퇴치, 무당의 신내림과 같은 일들이 세계 도처에서 지속해서 일어나고 있다. 하지만 실증주의적 과학에 경도된 사람들은 이런 현상을 단지 심리적 병리적 현상일 뿐이라고 치부하거나, 아직 과학이 밝혀내지 못했을 뿐 시간이 지나 과학이 발전하면 그 모든 것들을 물리적 현상의 하나로 규명해낼 수 있으리라 말한다. 즉 영적 존재라는 것은 없다는 입장을 계속 고수한다.

이런 입장은 물리적 실체도 눈에 보이지 않는다고 존재하지 않는 것처럼 간주했던 과거의 경험으로부터 제대로 배우지 못한 것이 아닐까? 귀신과 같은 비육신적인 존재가 눈에 보이지 않는다고 해서 존재를 부인하는 것은 현명한 결론이 아니다. 그것은 교만함이고, 과학의 한계를 주제넘게 넘어가는 일이다.

하나님에 대해서도 마찬가지다. 자연주의와 실증주의에 기초해서 하나님이 없다고 주장하는 것은 자신의 인식 체계에 맞지 않는 것은 모두 없는 것이라고 결론 내리는 것처럼 불합리한 것이다. 이것은 마치 어부가 그물코의 직경이 5cm인 그물을 가지고 물고기를 잡으면서, '바다의 어떤 생물도 5cm보다 작은 것은 없다'고 주장하는 것과 같다. 자신이 그 그물로 잡을 수 있는 것은 오직 5cm보다 큰 고기일 뿐이기 때문에 그것만 보고 내린 결론인 것이다.

이것은 나의 감각으로 확인할 수 없는 것은 존재하지 않는다고 주장하는 것과 같다. 이것이야말로 자신의 감각을 과신하는 맹목적인 믿음이다. 무신론자는 하나님이 없다고 절대적으로 말할 수 없다. 다만 자기 지식의 한계 내에서 하나님의 존재를 확신하지 못한다고만 말할 수 있을 뿐이다. 그러므로 우리가 인식하지 못해도, 우리가 발견하지 못해도, 우리의 인식을 넘어서는 존재가 없다고 결론 내리는 것은 매우 교만하고 위험한 주장이다.

하나님은 영적인 존재이기 때문에 우리 눈에 보이지 않지만, 그럼에도 불구하고 분명히 존재하시는 분이다. 예수님이 신적인 존재였다는 것을 수많은 사람이 목격했고 경험했다. 그가 죽은 후 부활했다는 증거 역시 엄청나게 많다. 하나님이 비록 눈에 보이지 않지만 존재하시고 살아 계신다는 증거도 차고 넘친다. 지금도 논리적이나 이성적으로뿐만 아니라 경험적으로 하나님의 존재를 체험하는 사람들이 계속 생겨나고 있다.

그러므로 우리는 비록 하나님이 영적 존재이기 때문에 우리 눈에 보이지 않지만, 그럼에도 불구하고 하나님이 존재하신다는 것을 확신하고, 언젠가는 세상 모든 사람이 그의 존재를 분명하게 보고 느끼고 확인하게 될 날이 올 것이라는 점을 기대하며 살아야 한다.

2. 참된 예배

하나님은 영이시다. 그러므로 하나님께 예배를 드리는 사람은 영과 진리로 예배를 드려야 한다. 요 4:24

사마리아의 수가성 여인은 '어느 곳에서 예배해야 참된 예배가 되는가' 하는 논쟁적인 질문을 던졌다. 그러나 예수님은 장소가 참된 예배를 결정짓는 요인이 아니라고 대답하신다. "예수께서 말씀하셨다. '여자여, 내 말을 믿어라. 너희가 아버지께, 이 산에서 예배를 드려야 한다거나, 예루살렘에서 예배를 드려야 한다거나, 하지 않을 때가 올 것이다.'" 요 4:21 오히려 '어떻게 예배하느냐' 가 더 본질적인 문제라고 말씀하신다. "참되게 예배를 드리는 사람들이 영과 진리로 아버지께 예배를 드릴 때가 온다. 지금이 바로 그때이다. 아버지께서는 이렇게 예배를 드리는 사람들을 찾으신다." 요 4:23

그러나 사람들은 이 말씀의 뜻을 이해하지 못했으며, 지금도 여전히 예배를 어느 장소에 제한하려는 어리석음을 버리지 않았다. 그래서 중세 이후 지금까지도 예배당 건축에 천문학적인 돈을 쏟아붓고 사치스러운 물품으로 치장하는 어리석은 일을 계속하고 있다. 그렇게 해야 하나님의 위엄과 권위가 살아난다고 생각한다. 그러나 이런 행위는 하나님을 빙자하여 종교 권력자들의 세력을 드러내려는 인위적인 시도에 불과하다. 이들은 '하나님은 영이시라'는 주님의 말씀을 전혀 깨닫지 못하고 있다.

그러나 때가 올 것이다. 종말에 완성될 왕국에서는 하나님의 임재의 상징 역할을 담당했던 성전, 그러나 그 이후 종교 권력자들의 도구로 전락한 성전이 더 이상 필요 없게 될 것이다. 이제는 "전능하신 주 하나님과 어린 양이 그 도성의 성전"이 될 것이기 때문이다.계 21:22 그리스도인은 종말에 일어날 일들을 수동적으로 기다리는 것이 아니라 지금 이곳에서 종말의 시대를 살아가는 존재들이다. 그러므로 성령으로 충만해진 우리는 장소나 형식에 매이지 않고 영과 진리로 하나님과 그의 죽임 당하신 어린 양을 경배한다. 그 어떤 매개체도, 중개자도, 신성한 장소도 필요 없다.

그렇다면 영과 진리로 예배해야 한다는 예수님의 말씀은 무슨 뜻인가? 그것이 하나님은 영이라는 것과 어떻게 연관되는가? 영으로 예배한다는 것은 우리 안에 내주하셔서고전 3:16 하나님을 증거하시는 성령요 15:26이 이끄시는 대로 예배하는 것을 의미한다. 우리가 영이신 하나님을 예배할 수 있는 것은 성령의 내주하심을 통해 보이지 않는 하나님을 인식할 수 있기 때문이다. 예수님 당시 사람들은 인간의 몸으로 오신 하나님을 보고도 알지 못했다. "그는 세상에 계셨다. 세상이 그로 말미암아 생겨났는데도, 세상은 그를 알아보지 못하였다. 그가 자기 땅에 오셨으나, 그의 백성은 그를 맞아들이지 않았다."요 1:10~11 그러나 성령의 능력으로 눈을 뜬 사람들은 예수님을 통해 하나님을 볼 수 있게 된다.요 1:18, 33 성령으로 나지 않으면 하나님 나라를 볼 수 없고, 하나님도 인식할 수 없으며,

하나님을 제대로 예배할 수도 없다. 요 4:24 예수님 당시에 많은 사람이 예수님을 직접 보고도 알지 못했던 것들을 우리는 지금 육체의 눈으로 보지 않고도 알 수 있다. 예수님이 보내주신 성령이 우리 안에 계셔서 우리의 눈을 띄워주셨기 때문이다. 요 1:33 그러므로 참된 예배는 오직 성령이 내주할 때만 가능한 예배다. 하나님이 영이시므로 우리도 하나님과 동일한 영의 도움을 받을 때만 진정한 예배를 드릴 수 있기 때문이다.

또한, 진리로 예배한다는 것은 성육신하신 하나님이요 진리의 근원이신 예수 그리스도를 아는 분명한 지식을 가지고 예배를 드리는 것을 의미한다. 우리는 하나님이 누구인지 모르는 무식한 상태로 예배를 드리지 않는다. 또한, 하나님과 그가 하신 일에 대한 막연한 느낌이나 감정만을 가지고 예배드리지 않는다. 우리는 분명한 지식을 가지고 예배를 드린다. 우리는 예수 그리스도를 통하여 이루어진 하나님의 사랑과 긍휼과 자비의 놀라운 구원의 은혜에 감사하면서 예배하는 것이다. 이러한 지식은 우리가 머리를 숙여 경배하지 않을 수 없게 한다. 그러므로 창조자요 구원자이신 하나님을 알고 그의 독생자 예수 그리스도를 통한 구원 계획을 이해하는 지식 없이 참된 예배는 가능하지 않다. 이러한 지식이 더 풍성할수록 우리의 예배 또한 더 풍성해진다.

우리 시대는 예배를 쇼와 심리적 위안 잔치로 전락시켜 버렸다. 성령이 가르쳐주시는 하나님 나라의 풍성한 지식 없이 그저 요란한 꽹과리 같은 음악과 설교에 맹목적으로 '아멘 아멘' 하면서 은혜를 받았다고 착각한다. 우리의 예배를 예배답게 하는 것은 하나님의 진리에 대한 더 깊은 지식이요 깨달음이다. 하나님의 계시의 말씀에 대한 깊은 지식과 참된 예배는 동일한 현상의 다른 이름에 불과하다. 하나님을 알아갈수록 우리는 그의 영광의 광채 앞에 경배하며 엎드릴 수밖에 없기 때문이다.

영으로 드리는 예배와 진리로 드리는 예배는 두 가지가 아니라 하나다. 예수 그리스도가 보내주실 "진리의 영"이 우리 안에 내주하실 때 이 두 가지는 하나로

통합된다. 요 16:13 성령은 우리에게 예수 그리스도의 말씀과 사역을 생각나게 해주실 것이며 하나님께 영으로 반응할 수 있게 해주기 때문이다. 그렇기에 이런 예배를 가능하게 하기 위해서 우리 안에 들어오셔서 충만하게 임재하시고 역사하시는 성령님은 우리의 찬양을 받으시기에 합당한 분이시다.

3. 육체의 한계를 뛰어넘는 영이신 하나님에 대한 확신

하나님이 영이시라는 것은 육체적 존재가 가질 수밖에 없는 한계를 뛰어넘는 분이라는 것을 의미한다.

이스라엘 분열 시기에 남쪽 유다는 앗시리아의 위협에 직면해서 이집트에게 도움의 손길을 청한다. 이것은 외교적으로 또한 군사적으로 보면 탁월한 선택이었다. 당시에 앗시리아를 대적할만한 왕국은 이집트가 유일했기 때문이다. 그러나 원조를 청하러 이집트로 내려가는 자들을 향하여 하나님의 선지자 이사야는 이렇게 외친다. "도움을 청하러 이집트로 내려가는 자들에게 재앙이 닥칠 것이다. 그들은 군마를 의지하고, 많은 병거를 믿고 기마병의 막강한 힘을 믿으면서, 이스라엘의 거룩하신 분은 바라보지도 않고, 주님께 구하지도 않는다." 사 31:1 이들은 눈에 보이는 외국의 군대를 의지하면서 눈에 보이지 않는 하나님을 버렸다. 이들은 이방인과 마찬가지로 눈에 보이는 강한 존재를 의지했다. 그 신이 바알과 아세라이기도 했고, 칼과 창이기도 했고, 강대국 이집트이기도 했다.

그러나 이들은 눈에 보이는 세력의 한계를 깨닫지 못했다. 보이는 존재는 물질적이요 육체적인 존재일 수밖에 없으며, 그렇기에 뚜렷한 한계를 가지고 있다는 사실을 알지 못했다. 그러나 하나님은 영이시기에 육체의 한계를 초월하신다. "이집트 사람은 사람일 뿐이요, 하나님이 아니며, 그들의 군마 또한 고깃덩이일 뿐이요, 영이 아니다. 주님께서 손을 들고 치시면, 돕던 자가 넘어지고, 도움을 받던 자도 쓰러져서, 모두 함께 멸망하고 말 것이다." 사 31:3 아무리 강한 이집트 군대라도 육체적 존재에 불과하다. 그러므로 한계가 분명하다. 그러나 하나님은 영적인 존재이기에 육체가 받는 제약을 받지 않는다.

이제 하나님은 이집트로 내려가는 자들을 향하여 회개를 촉구하신다. "이스라엘의 자손아, 너희가 그토록 거역하던 그분께로 돌이켜라"31:6, "너희 각 사람이 너희 손으로 직접 은 우상과 금 우상을 만들어 죄를 지었으나, 그날이 오면, 그 우상을 다 내던져야 할 것이다."31:7 그럴 때 하나님은 먹이를 지키는 사자처럼, 그리고 날개 치며 새끼를 보호하는 어미 새처럼 유다를 보호하고 구원할 것이라고 약속하신다.31:4~5

눈에 보이는 세력에 현혹되는 것은 유다만이 아니라 이 세상을 살아가는 모든 그리스도인의 약점이기도 하다. 그 힘이 나를 구원해 줄 것이라고 생각한다. 아니면 최소한 그들에게 굴복해야 나의 생존이 보장되리라고 생각한다. 그래서 눈에 보이지 않는 영이신 하나님을 제쳐두고 눈에 보이는 세력 앞으로 달려가 무릎을 꿇는다. 하나님 대신 다른 신을 섬기는 것이다. 이처럼 우상숭배는 우리에게서 그렇게 먼 것이 아니다.

그러나 모든 사람이 다 이런 모습을 보이는 것은 아니다. 베드로와 요한은 불과 얼마 전에 예수님을 죽인 세력들 앞에서 심문을 당할 때 담대하게 외쳤다. "하나님의 말씀을 듣는 것보다, 당신들의 말을 듣는 것이, 하나님 보시기에 옳은 일인가를 판단해 보십시오."행4:19 그들은 목에 칼을 들이대며 위협하는 세력보다 눈에 보이지 않는 영이신 하나님의 권능에 눈을 고정한 것이다.

주님이 맡기신 소명을 감당하기 위해 온갖 고난을 겪으면서 죽고 싶을 정도로 힘겨운 삶을 고투하고 있었던 사도 바울은 자신을 지탱하는 원동력이 바로 이러한 믿음이라고 고백한다. "우리는 믿음으로 살아가지 보는 것으로 살아가지 아니합니다."고후5:7

그리스도인이란 이런 사람들이다. 눈에 보이지 않는 영이신 하나님을 믿는 사람들이다. 그분을 마치 내 눈으로 보는 것처럼 살아가는 자들이다. 그분이 이 세상의 모든 권세를 다 합친 것보다 훨씬 더 크신 분이라는 것을 확신하는 자들이다. 그래서 하나님의 말씀을 순종하는 것이 당연히 더 현명한 선택이라는 것을 삶으로 살아내는 자들이다. 이런 자들의 삶을 통해서 하나님이 살아계신 영이시라는 것이 더욱 분명하게 드러날 것이다.

이방 나라의 우상들은 은덩이나 금덩이일 뿐, 사람이 손으로 만든 것이므로, 입이 있어도 말을 못하고, 눈이 있어도 볼 수 없고, 귀가 있어도 듣지 못하고, 입으로 숨도 쉴 수 없으니, 우상을 만든 자들과 우상을 의지하는 자들은 누구나 우상과 같이 될 것이다.시 135:15~18

할렐루야. 주님의 이름을 찬송하여라. 주님의 종들아, 찬송하여라. 주님의 집 안에, 우리 하나님의 집 뜰 안에 서 있는 사람들아, 주님은 선하시니, 주님을 찬송하여라. 그가 은혜를 베푸시니, 그의 이름 찬송하여라. 주님께서는 야곱을 당신의 것으로 택하시며, 이스라엘을 가장 소중한 보물로 택하셨다. 나는 알고 있다. 주님은 위대하신 분이며, 어느 신보다 더 위대하신 분이시다.시 135:1~5

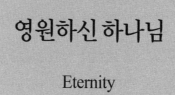

영원하신 하나님

Eternity

유한한 인간과 영원한 하나님

세상에 존재하는 모든 생명체는 생명이 시작될 때가 있고 그 생명이 다할 때가 있다. 태어나서 생명이 시작되는 순간부터 생명력을 소진하면서 점차 죽어간다. 인간도 마찬가지다. 주어진 생이 한정되어 있으므로 생을 연소시키면서 점차 죽음으로 나아간다. 그래서 생명과 죽음은 어찌 보면 하나라고 볼 수 있다. 생명이 시작됨과 동시에 죽어가는 것이기 때문이다.

많은 인간은 죽음 너머의 세계를 모르기 때문에, 또는 죽고 나면 자신의 존재가 사라진다고 생각하기에 자신이 확실하게 알고 있는 현재의 삶을 어떻게든 더 길게 유지하기 위해 애쓴다. 평범한 사람들이야 건강을 유지하기 위해 노력하는 것 밖에는 할 수 있는 게 없지만, 권력과 돈을 가진 사람들은 그것을 이용해서 생을 연장하기 위해 온갖 노력을 다한다. 진시황의 불로초 추구야 대표적으로 널리 알려진 사례지만, 과학이 발전한 현재는 불치병에 걸린 부자들이 스스로 냉동인간이 되기를 자처하여 치료법이 개발된 후에 다시 깨어나 치료받아 더 오랫동안 생명을 유지하려는 시도까지 한다. 이런 시도가 얼마나 효과가 있을지는 잘 모르지만, 앞으로 새로운 기법이 개발된다고 해도 인간의 유한한 생명을 무한대로 늘린다는 것은 여전히 꿈에 지나지 않는다고 보는 것이 합리적일 것이다. 인간은 본질적으로 유한한 존재이며, 아무리 애를 써도 유한성을 벗어날 수 없다는 것이 분명하다.

그럼에도 불구하고 인간들은 자신이 마치 영원히 살 것처럼 착각하면서 어리석은 결정을 할 때가 많다. 다른 사람들을 짓밟고 자신의 왕국을 넓히려는 정복자, 반대자들을 숙청하면서 자신의 권력을 굳건히 하려는 독재자들, 수백 년을 산다고 해도 다 쓰지도 못할 만큼 재산을 모으고도 더 많이 모으려고 노심초사하면서 생을 허비하는 부자들, 등등.

그러나 어떤 사람들은 인간의 유한성을 기억하고 전혀 다른 태도를 취하기도 한다. 그들은 자신의 한계를 인식하고 무한하고 영원한 것 앞에서 겸손해진다. 인간보다 상대적으로 수명이 긴 자연을 보면서 겸손해지거나, 우주의 연수와 광대함을 보고 경이를 느끼면서 인간의 왜소함을 절실히 느끼는 것이 그런 모습이다. 어떤 사람들은 인간의 유한함을 절실히 깨닫고 분명히 인간을 초월한 영원한 존재가 있을 것이라는 감각으로 신을 추구하기도 한다. 이런 사람들에게는 인간의 유한성이 한편으로는 비극처럼 보이기도 하지만, 다른 관점에서 보면 자기 존재의 근본, 즉 우리가 믿는 하나님으로 이끄는 실마리가 되기도 하다.

우리가 믿는 하나님은 인간의 유한함과는 달리 영원한 존재다.

> 내가 하늘로 손을 들고, 내가 나의 영원한 삶을 두고 맹세한다.신 32:40
>
> 영원하신 왕, 곧 없어지지도 않고 보이지도 않는, 오직 한 분이신 하나님께 존귀와 영광이 영원무궁토록 있기를 빕니다. 아멘.딤전 1:17
>
> 그러나 예수는 영원히 계시는 분이므로, 제사장직을 영구히 간직하십니다.히 7:24
>
> 예수 그리스도께서는 어제나 오늘이나 영원히 한결같은 분이십니다.히 13:8

하나님의 영원성은 피조물의 유한함과 대비된다. 시작과 끝이 있고 시간과 세월의 흐름의 한계 속에 있는 피조물과는 달리 하나님은 시작도 끝도 없고 언제나 하나님으로 존재하는 분이다.

성경이 가르치는 하나님의 영원성

1. 첫째, 과거적 측면에서 하나님의 존재와 그의 행위는 영원 전부터였다.

"태초에 하나님이 천지를 창조하셨다"창 1:1는 것은 천지가 생겨나기 전부터 하나님이 존재하셨다는 것을 의미한다. "태초에 '말씀' 이 계셨다. 그 '말씀' 은 하나님과 함께 계셨다. 그 '말씀' 은 하나님이셨다"요 1:1는 구절 역시 성자 예수님의 영원성을 강조한다. 시편 90편 2절은 이 점을 보다 구체적으로 말하고 있다. "산들이 생기기 전에, 땅과 세계가 생기기 전에, 영원부터 영원까지, 주님은 하나님이십니다." "이 세상 창조 때로부터, 하나님의 보이지 않는 속성, 곧 그분의 영원하신 능력과 신성은, 사람이 그 지으신 만물을 보고서 깨닫게 되어 있습니다. 그러므로 사람들은 핑계를 댈 수가 없습니다"롬 1:20라는 말씀은 하나님의 존재뿐만 아니라 그가 가진 여러 가지 속성들도 영원하다고 말하면서 하나님의 영원성에 대해 다른 각도에서 조명한다.

하나님은 존재가 시작되는 시점도 없고 존재가 끝나는 시점도 없다. 시작점이 있다는 것은 존재하지 않았던 때가 있었다는 의미이며, 어떤 다른 원인자에 의해 만들어졌을 가능성까지 내포하고 있다. 만약 그렇다면 하나님이 '만유' 의 창조자요 주인이라는 점을 확신할 수 없게 된다. 다른 모든 피조물들은 천지창조와 함께 시작된 시간의 흐름 속에서 자신의 존재를 인식하게 되지만, 하나님은 밤과 낮, 계절과 연수年數의 개념이 있기 전부터 존재하셨다. 창 1:5, 14절 참조 그렇다면 창조 이전에 하나님은 우리가 경험하는 시간과는 전혀 다른 방식으로 시간과 관계를 맺고 있었다고 보는 것이 옳다.

성경이 하나님이 영원 전부터 존재했다는 점을 강조하는 것은 창조물보다 크신 하나님의 모습을 강조하려는 의도다. 하나님은 피조물의 유한함과는 달리 광대하고 무한한 존재라는 것을 시간이라는 관점에서 말하는 것이다.

2. 둘째, 미래적 측면에서 하나님의 존재는 영원할 것이다.

"주님은 영원토록 다스리시며 심판하실 보좌를 견고히 하신다"시 9:7는 말씀은 세상을 통치하시는 하나님의 주권은 시간이 지나도 미약해지지 않을 것이라는 뜻이다.

"하나님께서 영원토록 우리의 하나님이시니, 영원토록 우리를 인도하여 주신다."시 48:14 하나님과 우리가 맺은 언약은 영원한 것이며, 따라서 우리가 하나님의 백성으로 영원히 존재하는 것처럼 하나님도 우리의 하나님으로 영원히 존재하실 것이다. 그러므로 이 언약을 따라 하나님은 우리를 영원토록 인도하여 주실 것이며, 우리는 그런 하나님을 언제나 신뢰할 수 있다.

"그를 뵐 때에, 내가 그의 발 앞에 엎어져서 죽은 사람과 같이 되니, 그가 내게 오른손을 얹고 말씀하셨습니다. '두려워하지 말아라. 나는 처음이며 마지막이요, 살아있는 자다. 나는 한 번은 죽었으나, 보아라, 영원무궁하도록 살아있어서, 사망과 지옥의 열쇠를 가지고 있다.'"계 1:17~18 하나님의 어린양 예수 그리스도는 우리의 죄를 위해 십자가에서 죽임을 당하셨으나, 부활하여 영원토록 생명으로 존재할 것이다.

미래적 측면에서 하나님이 영원하다는 것은 그의 존재뿐만 아니라 그의 주권이나 통치에도 동일하게 적용된다. 그는 세상의 주권자요 심판자라는 현재 모습 그대로 영원히 존재하실 것이다.

또한, 하나님의 영원하심은 단지 그의 존재에만 해당하는 것이 아니다. 하나님과 우리의 관계도 영원의 맥락에서 이어진다. 그래서 아버지 하나님과 그의 자녀인 우리의 관계, 우리를 사랑하고 돌보는 자비하심, 우리를 사랑하는 자녀처럼 인도하시는 것은 아무리 시간이 흘러도 변치 않을 것이다. 결국, 하나님의 영원하심은 그의 권위와 신뢰성에 확신을 부여해준다.

하나님의 '영원성'의 정의

1. "영원"이라는 말의 의미

'영원'이라는 말은 보통 두 가지 방식으로 사용된다.

첫째, '영원'은 오랜 시간을 비유적으로 의미하기도 한다. 예를 들어, '영원한 사랑'이라고 말하는 것은 변하기 쉬운 사랑이 아니라 오래도록 유지하는 사랑을 의미한다. 그렇다고 해서 그 사랑이 말 그대로 무한히 지속되는 사랑을 의미하지는 않는다.

둘째, 그러나 '영원'이라는 말의 본래적인 의미는 시작도 없고 끝도 없는 지속적인 기간을 가리킨다. 언제 시작되었는지도 모르고, 언제 끝날지도 모를, 끝없이 지속되는 존재나 상태를 의미한다. 이것이 시편 102편 25~27절에서 "하나님이 영원하시다"라고 말할 때 의미하는 것이다.

> 그 옛날 주님께서는 땅의 기초를 놓으시며, 하늘을 손수 지으셨습니다. 하늘과 땅은 모두 사라지더라도, 주님만은 그대로 계십니다. 그것들은 모두 옷처럼 낡겠지만, 주님은 옷을 갈아입듯이 그것들을 바꾸실 것이니, 그것들은 다만, 지나가 버리는 것일 뿐입니다. 주님은 언제나 한결같습니다. 주님의 햇수에는 끝이 없습니다.

하나님은 세상이 창조되기 이전 무한한 과거로부터 천지가 없어질 머나먼 미래 이후까지 하나님으로 변함없이 존재하신다는 것이다.

2. 신학적 논쟁: 대립하는 두 가지 견해

신학적 관점에서 하나님의 영원성에 대해 두 가지 견해가 대립한다.

(1) 첫째, 무시간적 영원성atemporal eternality

하나님은 시간이 있기 전부터 존재하신 분이다. 시간도 하나님의 창조물일 뿐이다. 그러므로 하나님은 시간을 초월하시는 분이므로 시간의 전후와 같은 개념이 적용되지 않는다. 하나님의 영원성은 과거의 시간을 무한히 늘리거나 미래의 시간을 무한히 늘리는 것과 같은 것이 아니라는 뜻이다. 즉 하나님의 영원성은 시간의 연장 개념이 아니다. 그것도 여전히 시간이라는 개념 위에서 생각하는 것이기 때문이다. 또한, 하나님은 시간의 흐름을 따라 인지하고 판단하는 것이 아니라 모든 역사를 동시에 보신다. 하나님께는 어제나 내일이나 오늘처럼 명확하게 보신다. 그는 언제나 현재로 존재하시는 분이다.

이것은 기독교 역사에서 오랫동안 인정된 견해다. 대표적으로 어거스틴은 고백록에서 이렇게 말한다. "당신의 오늘은 내일로 이어지는 것도 아니고 어제로부터 온 것도 아닙니다. 당신의 오늘은 영원합니다."Thy present day does not give way to tomorrow, nor indeed, does it take the place of yesterday. Thy present day is eternity. 16

시간은 공간과 연관된 것이기 때문에 공간의 창조와 더불어 시간도 창조된 것으로 볼 수 있다. 따라서 하나님을 시간 안에 위치시키는 것은 하나님을 피조 세계 안에 제한하는 것이다. 그래서 하나님이 언제나 현재로 계신다고 말하는 것도 우리의 시간적 관점에서 말하는 것일 뿐 엄밀하게 말한다면 하나님께는 현재라는 시간 개념도 해당하지 않는다. 하나님은 시간을 초월한 무시간적 존재이기 때문이다.

그러나 이 견해는 하나님이 역사 속에서 시간의 흐름을 따라 행하시는 모습과 다르지 않느냐는 비판을 받기도 한다.

(2) 둘째, 끝없는 현재성endless temporality

이것은 전통적인 입장을 비판하면서 최근에 대두되고 있는 견해인데, "영원"이 시간을 초월한 것이 아니라 끝없는 존재를 의미한다고 본다. 하나님도 시간 안에 계시며 시간의 순서에 적용을 받는다. 그러므로 역사 흐름의 과정을 그대로 인식하신다. 그는 과거의 일을 현재와 같지 않은 과거에 일어난 일로 분명하게 인식하시며, 미래에 어떤 일이 일어날지도 분명하게 아시지만, 아직 일어나지 않은 상태로 알고 계신다.

니콜라스 월터스토프Nicholas Wolterstorff는 세 가지 근거를 들어서 영원이 시간을 초월한 것이 아니라고 주장한다.17

첫째, 시간 안에서 일어나는 하나님의 창조적 행위창조, 섭리, 구속는 시간적인 하나님을 전제로 한다. 둘째, 하나님의 구속적 행위는 시간적으로 연속성을 가진 것이다. 그러므로 하나님도 시간의 흐름 속에 존재하신다. 셋째, 하나님이 시간적인 분이 아니라면 "어떤 사건이 현재 일어나고 있다"는 것과 같은 명제적인 진술을 할 수 없다. 오직 시간적인 존재만 시간적인 흐름 속에 있는 사건들을 인식할 수 있기 때문이다.

현대의 많은 학자들, 특히 과정신학자들process theology과 열린 신론open theism을 주장하는 사람들이 이 견해를 따르고 있다. 그러나 존 프레임John Frame은 이렇게 주장하는 주된 동기가 인간의 자유의지를 위한 여지를 마련하기 위한 것이라고 지적한다. 하나님이 시간을 초월한 분이라면 우리가 미래에 어떤 일을 할 것도 모두 아는 것이 되므로 인간이 자유의지로 어떤 행동을 한다는 것이 불가능해진다고 생각하기 때문이라는 것이다.18

이 견해의 문제점은 하나님을 시간 내적 존재로 제한하게 된다는 것이다. 현대 물리학에서는 시간과 공간이 긴밀한 연결을 가지는 것으로 파악하므로, 하나님이 시간에 제한된다는 것은 공간에 제한된다는 것도 의미하기 때문에 하나님이 시공간을 주관하는 자가 아니라 제한을 받는 자가 되어버린다.

(3) 그러나 이 두 가지 견해는 대립하는 것이 아니라 관점이 다른 것으로 볼 수 있다.

존재적 측면에서 볼 때, 하나님은 존재하는 모든 것의 창조자다. 시간도 피조물의 존재 방식과 관련된 것이라면 역시 피조된 것일 수밖에 없다. 그러므로 창조자인 하나님이 시간의 제한을 받는다는 것은 있을 수 없다. 시간을 하나님과 독립적으로 존재하는 것으로 보게 되면 하나님의 주권이 시간에는 미치지 않게 되기 때문이다. 그러므로 하나님은 시간을 초월해 존재하시며, 하나님에게는 시간적인 개념인 과거, 현재, 미래와 같은 것은 없고, 언제나 현재로 존재하신다고 보는 것이 옳을 것이다.

그러나 관계적 측면에서 볼 때, 하나님이 시간을 초월해 존재한다고 해서 하나님이 시간 내에 존재하는 것들과 전혀 관계를 맺지 않는 분은 아니다. 하나님은 창조 이후에 피조물과 관계를 맺기로 하시고, 피조 세계에 임재하셔서 시간의 흐름 속에서 일을 진행하신다. 이런 면에서는 하나님이 시간에 제약을 받는 것처럼 보이기도 한다.

그러므로 이 문제는 두 가지 측면으로 생각할 수 있다. 하나님은 시간과 공간을 초월하시는 분이지만 시간과 공간 안에서 피조물과 관계를 맺는 분이다. 하나님의 근본적인 본성은 무시간적/무공간적, 보다 적합한 용어로는, 초시간적이지만, 시간과 공간적인 우주 안에서 행동하시고 관계를 맺으신다. 이것을 레이몬드는 이렇게 표현한다. "하나님 자신은 시간상의 흐름에 의해 존재론적으로는 전혀 영향 받지 않으며, 또 그분의 생각 자체는 영원토록 포괄적이고 완전하여 다양한 시간적 과정들에 의해 변화되지 않음에도 불구하고초월성, 인식론적인 관점에서 볼 때 그분은 여전히 '이전'과 '이후'라는 연속적인 개념을 가지고 계시며" 시간 속에서 피조물과 관계를 맺으신다내재성.19

　철학적/신학적 논쟁에 대해서는 이 정도로 이해하고, 성경이 하나님이 영원하다고 말할 때 의도하는 것이 무엇인지에 대해 더 귀를 기울이는 것이 좋을 것이다. 앞으로 자세히 살펴보겠지만, 미리 결론적으로 말한다면, 성경이 하나님의 영원성에 대해 말하고자 하는 것은, 하나님의 주권적인 권위sovereign authority와 그의 믿음직함dependability을 강조하려는 것이다.20

하나님의 영원성의 의미

　하나님의 영원성을 말하는 성경 구절들은 세상의 유한함과 대비되는 하나님의 무한하심을 강조한다. 그러므로 우리는 이 말씀들에서 피조물과 다른 하나님의 영광과 위대하심을 보아야 한다. 다른 모든 피조물은 일시적인 존재지만 하나님은 언제나 영원토록 존재하시는 분이다. 이것이 피조물과 하나님이 다른 점이다. 그러면 하나님의 영원성이 의미하는 것을 좀 더 자세하게 살펴보자.

　1. 하나님만이 진정으로 주권적인 신이다.

　하나님이 영원하신 분이라는 것은 그가 다른 존재에 의해 만들어지지 않았다는 것을 의미한다. 존재의 시작점이 있다는 것은 그것을 존재하게 한 무엇인가가 있다는 것을 의미한다. 그렇다면 바로 그 존재가 최고의 신일 것이다. 그런 점에서 하나님이 영원한 존재라는 것은 그가 누구에게서 만들어진 존재가 아니며 최고의 신이라는 뜻이다. 따라서 하나님의 영원성은 하나님의 독립성자존성과 연결되며, 또한 하나님의 절대 주권과도 연결된다.

오직 하나님만이 영원히 존재하는 분이지만, 아무것도 아닌 존재로 영원한 것이 아니라 세상의 주권자로서 영원한 것이다. 대제국 바벨론의 느부갓네살 왕은 자신에게 내려진 하나님의 심판과 회복을 경험한 후에 이렇게 고백한다. "정해진 기간이 다 되어, 나 느부갓네살은 하늘을 우러러보고서 정신을 되찾았고, 그리고 가장 높으신 분을 찬송하고, 영원하신 분을 찬양하며, 그에게 영광을 돌렸다. 그의 통치 영원하고 그의 나라 대대로 이어진다."단4:34 세상을 호령하는 자신의 권세보다 여호와의 권세와 주권이 훨씬 더 크다는 것을 인정하면서 고백하는 것이다.

인간의 권력은 '권불십년權不十年' 이기에 결국 쇠락할 수밖에 없다. 아무리 막강한 권력을 가진 자도 수명의 제한으로 인해 빈손으로 무덤에 들어간다. 그렇게 되면 그가 추진했던 일들도 모두 무효로 돌아가고, 그가 점령했던 넓은 땅들도 다른 사람 손에 넘어갈 것이고징기스칸, 알렉산더, 나폴레옹, 그가 누렸던 영화는 누구도 기억하지 못하게 될 것이다.

하나님은 이런 인간의 한계를 뛰어넘는 분이다. 그분은 영원토록 오래 존재하면서도 그 권력이 결코 쇠하지 않는 분이다. 그렇기에 그를 주인으로 모시고 의지하는 것은 일시적 권력자를 의지하는 것과는 차원이 다른 매우 현명한 선택이 된다. 그래서 우리가 참된 신으로 섬기는 것이며, 의지할 수 있는 것이다.

2. 영원한 하나님은 결코 지치지 않는 분이다.

시간의 흐름은 기력과도 관련이 있다. 인간은 시간이 지나면서 지쳐서 에너지가 고갈된다. 하루의 일과를 힘차게 시작한 사람도 끝마칠 때는 파김치가 된다. 젊었을 때는 왕성하게 솟아나는 기력을 누리면서 이 기력이 영원히 지속될 것으로 생각한다. 무서움도 두려움도 없다. 세상에 못할 것이 없다고 생각한다.

그러나 모든 인간은 나이가 들어갈수록 쇠약해진다. 이것은 누구도 피할 수 없는 자연의 법칙이다. 결국, 육체가 완전히 쇠잔해지는 죽음으로 향하게 된다.

그러나 영원하신 하나님은 세월의 흐름에 따라 지치지 않는다. "너는 알지 못하였느냐? 너는 듣지 못하였느냐? 주님은 영원하신 하나님이시다. 땅끝까지 창조하신 분이시다. 그는 피곤을 느끼지 않으시며, 지칠 줄을 모르시며, 그 지혜가 무궁하신 분이시다."사 40:28 영원하신 여호와는 시간의 흐름에 따라 기력이 쇠하지 않는 분이라는 말이다.

이사야 선지자는 이렇게 세월에 따라 지치거나 피곤치 않으시는 영원하신 하나님과 관계를 맺는 인간도 그 효과를 누릴 수 있다고 말한다. "피곤한 사람에게 힘을 주시며, 기운을 잃은 사람에게 기력을 주시는 분이시다. 비록 젊은이들이 피곤하여 지치고, 장정들이 맥없이 비틀거려도, 오직 주님을 소망으로 삼는 사람은 새 힘을 얻으리니, 독수리가 날개를 치며 솟아오르듯 올라갈 것이요, 뛰어도 지치지 않으며, 걸어도 피곤하지 않을 것이다."사 40:29~31

우리가 영원하신 하나님과 연결되어 있다면, 비록 우리의 육체는 쇠잔해질지라도 우리의 영적 젊음은 계속 유지할 수 있다. 영원하신 하나님으로부터 새로운 기력과 젊음을 계속 공급받기 때문이다. 이것은 우리의 육체가 늙지 않는다는 뜻이 아니라 하나님을 따라 믿음의 창조적 도전을 하면서 살 수 있다는 의미다. 시간이 지나면 딱딱하게 변하는 화석처럼 마음이 굳어지지 않고 새순이 돋듯이 하나님을 의지하는 마음으로 믿음의 길을 지치지 않고 걸어갈 수 있다는 것을 의미한다. 아브라함이 75세에 하나님의 말씀을 따라 새로운 땅 가나안으로 가는 여정을 시작하고 100세에 이삭을 낳고 한 민족을 세우는 일을 시작한 것처럼, 모세가 80세에 하나님의 뜻을 따라 애굽으로 가서 이스라엘을 구원하는 힘겨운 일을 시작한 것처럼.

나이가 젊다고 생동력 있는 믿음의 삶을 사는 것이 아니다. 창조적인 하나님과 연결되어 그로부터 늘 새로운 동력을 얻어야 이것이 가능하다. 나이가 들면서 많은 사람이 현실에 안주하면서 관습적인 신앙생활에 만족하지만, 지치지 않는 하나님과 연결되어 매일 새로운 동력을 얻는 사람들은 독수리가 날개 치며 솟구쳐 오르듯이 하나님의 부르심을 따라 믿음의 창조적 도전에 나서는 것이다.

3. 하나님은 시간의 제한을 받는 분이 아니다.

(1) 하나님은 시간에 끌려다니거나, 시간에 쫓겨서 해야할 일을 못하거나, 시간이 너무 흘러 늦었다고 생각해서 포기하는 것과 같은 경험을 하지 않는다. 우리가 생각할 때 긴 시간이 필요할 것 같은 일들도 하나님은 아주 짧은 시간에 목적을 이룰 수 있다.

예수님의 제자들이 대표적인 경우였다. 그들은 예수님이 로마 군인에게 잡혀서 죽음에 이르게 되자 혼자만 살려고 스승이신 예수님을 부인하고 도망쳤다. 그들은 가망이 없어 보였다. 그들을 통해 땅 끝까지 복음을 전파하시려는 예수님의 계획은 실패로 돌아간 듯 보였다. 설령 그들을 다시 모은다고 해도 그들을 하나님나라의 일꾼으로 만들려면 무한한 세월이 필요할 것처럼 보였다. 그러나 예수님이 부활하시고 하늘로 승천하신 후 불과 열흘 만에 성령의 능력으로 이들은 변화되었다. 두려워서 도망쳤던 자들이 죽음을 두려워하지 않고 담대하게 복음을 전하는 자들로 변화되었다. 하나님은 우리의 예상 시간과 전혀 다르게 일을 처리하실 수 있는 분이다.

그러므로 현재 신앙의 초보자라 할지라도 함부로 그 사람을 무시하면 안 된다. 그들도 성령의 은혜를 입으면 얼마든지 빠르게 성장할 수 있을 것이다. 먼저 된 자가 나중 되고 나중 된 자가 먼저 될 수 있는 것이 하나님 나라의 원리이기 때문이다. 마20:16

(2) 또한 하나님은 적절한 타이밍을 가장 잘 아시는 분이다. 우리는 자신이 원

하는 때에 바라는 일이 일어나기를 바라지만, 그때가 정말로 좋은 때인지 알지 못한다. 전체 상황을 파악하고 미래를 내다보는 능력이 없기 때문이다. 그러나 하나님은 상황과 때를 가장 잘 아시는 분이다.

이것은 기도에 대한 가르침에서도 이미 많이 언급되는 것이다. 우리는 '지금 당장' 나를 괴롭히는 문제들이 해결되기를 원한다. 그래서 하나님께 간청하고 떼를 쓴다. 그러나 하나님이 생각하시는 '가장 좋은 때'는 나의 생각과 전혀 다를 수 있다. 우리가 하나님 안에 있고 하나님의 사랑을 받는 자라면 하나님은 우리를 위해 전혀 다른 '때'를 생각하시는 경우가 많다. 그러므로 하나님이 상황과 시간을 모두 굽어 살피시는 분이라는 것을 인정한다면, 그의 때에 맞추는 것이 현명할 것이다.

영원을 사모하는 인간

1. 인간의 유한함을 인식하는 것이 참된 지혜다.

(1) 인간은 유한한 존재다. 우리에게 있는 모든 것은 일시적이다. 금방 사라진다. 아름다운 얼굴도 세월에 따라 쭈글쭈글해지고, 총명하던 사람도 나이가 들면서 지각력이 쇠퇴한다. 영원히 함께하고 싶은 사랑하는 사람과도 언젠가 다가올 이별을 준비해야 한다. 아무리 막강한 권력도 결국 몰락한다.

시편은 인간의 유한성을 다양하게 표현한다. "우리의 연수가 칠십이요 강건하면 팔십이라도, 그 연수의 자랑은 수고와 슬픔뿐이요, 빠르게 지나가니, 마치 날아가는 것 같습니다." 시 90:10 "내 사는 날이 기울어지는 그림자 같으며, 말라 가는 풀과 같습니다." 시 102:11~12

우리가 살아온 세월을 돌아보면 언제 시간이 이렇게 빨리 지나갔는지 무상한 느낌만 든다. 우리가 자랑하는 100년의 생애는 순식간에 지나가는 하루살이의 삶과 비슷하다. 그래서 지혜로운 자는 자신의 연수의 한계를 아는 사람이라고 말한다. "우리에게 우리의 날을 세는 법을 가르쳐 주셔서 지혜의 마음을 얻게 해주십시오."시 90:12

(2) 그러나 우리의 일시적인 삶을 영원한 것으로 만들 비결이 있다. 그것은 영원하신 하나님과 연결되는 것이다. 이것은 곧 끊어질 것 같은 낡은 줄에 튼튼한 줄을 겹쳐서 꼬는 것과 같다. 그렇게 하면 낡은 줄도 튼튼한 줄의 수명과 같아지게 된다. 영원하신 하나님과 연결되어 하나가 되면 우리의 한계를 넘어설 수 있고, 유한성으로 인한 두려움과 불안을 이길 수 있게 된다.

예를 들어보자. 우리는 모두 죽음을 두려워한다. 죽음은 우리 인생의 유한함을 분명하게 보여주는 것이기 때문이다. 그래서 어떻게든 죽음을 피하거나 미루려고 애를 쓴다. 그러나 우리가 영원하신 하나님과 연결되면 죽음의 한계를 넘어설 수 있게 된다. 죽음은 영원하신 하나님 품으로 들어가 하나님과 더불어 영원한 생명을 누리는 시작점이기 때문이다. 그렇기에 우리는 육체의 죽음의 권세 앞에서 비굴해지지 않고 하나님께서 부르신 길을 따라 담대하게 살 수 있는 용기를 얻게 된다.

2. 불의와 악의 종말을 보는 믿음

지금 우리가 살아가는 세상은 불의와 악으로 가득 차 있다. 민족과 종교가 다르다고, 자신의 대의에 동조하지 않는다고, 자신의 권력에 위협이 된다고 다른 나라와 종족을 공격해서 수천, 수만의 무고한 시민들을 죽음으로 몰아가는 권력자들, 다른 사람의 재산을 교묘하게 갈취하여 혼자만 호의호식하는 사기꾼들, 힘없고 약한 사람들에게 돌아가야 할 권리를 묵살하면서 착취를 일삼는 협잡꾼들이 끊임없이 나타나고 있다. 그래서 우리는 그런 불행한 소식을 들을 때마다 답답한 마음으로 한탄한다. 도대체 왜 악한 세력들이 더욱 번성하고 불의를 행하는 자들이 세력을 떨치는가? 왜 의로운 자들이 고통을 당하고 불의한 놈들은 심판을 받지 않고 영화를 누리는가? 3천 년 전에 살았던 시인도 우리와 비슷한 경험을 하면서 한탄한다.

하나님은, 마음이 정직한 사람과 마음이 정결한 사람에게 선을 베푸시는 분이건만, 나는 그 확신을 잃고 넘어질 뻔했구나. 그 믿음을 버리고 미끄러질 뻔했구나. 그것은, 내가 거만한 자를 시샘하고, 악인들이 누리는 평안을 부러워했기 때문이다. 그들은 죽을 때에도 고통이 없으며, 몸은 멀쩡하고 윤기까지 흐른다. 사람들이 흔히들 당하는 그런 고통이 그들에게는 없으며, 사람들이 으레 당하는 재앙도 그들에게는 아예 가까이 가지 않는다. 오만은 그들의 목걸이요, 폭력은 그들의 나들이옷이다. 그들은 피둥피둥 살이 쪄서, 거만하게 눈을 치켜뜨고 다니며, 마음에는 헛된 상상이 가득하며, 언제나 남을 비웃으며, 악의에 찬 말을 쏘아붙이고, 거만한 모습으로 폭언하기를 즐긴다. 입으로는 하늘을 비방하고, 혀로는 땅을 휩쓸고 다닌다. 하나님의 백성마저도 그들에게 홀려서, 물을 들이키듯, 그들이 하는 말을 그대로 받아들여, 덩달아 말한다. "하나님인들 어떻게 알 수 있으랴? 가장 높으신 분이라고 무엇이든 다 알 수가 있으랴?" 하고 말한다. 그런데 놀랍게도, 그들은 모두가 악인인데도 신세가 언제나 편하고, 재산은 늘어만 가는구나. 이렇다면, 내가 깨끗한 마음으로 살아온 것과 내 손으로 죄를 짓지 않고 깨끗하게 살아온 것이 허사라는 말인가? 시 73:1~13

우리 역시 악의 세력의 막강함을 보면서 시인과 같은 마음으로 이런 불의한 시대가 영원히 계속될 것 같은 두려움에 떨게 된다. 그러나 불의의 세력에 절망했던 시인은 하나님 앞에서 새로운 사실을 깨닫고 절망의 끝에서 희망의 찬가를 부른다.

그러나 마침내 하나님의 성소에 들어가서야, 악한 자들의 종말이 어떻게 되리라는 것을 깨닫게 되었습니다. 주님께서 그들을 미끄러운 곳에 세우시며, 거기에서 넘어져서 멸망에 이르게 하십니다. 그들이 갑자기 놀라운 일을 당하고, 공포에 떨면서 자취를 감추며, 마침내 끝장을 맞이합니다. 아침이 되어서 일어나면 악몽이 다 사라져 없어지듯이, 주님, 주님께서 깨어나실 때에, 그들은 한낱 꿈처럼, 자취도 없이 사라집니다. 나의 가슴이 쓰리고 심장이 찔린 듯이 아파도, 나는 우둔하여 아무것도 몰랐습니다. 나는 다만, 주님 앞에 있는 한 마리 짐승이었습니다. 그러나 나는 늘 주님과 함께 있으므로, 주님께서 내 오른손을 붙잡아 주십니다. 주님의 교훈으로 나를 인도해 주시고, 마침내 나를 주님의 영광에 참여시켜 주실 줄 믿습니다. 내가 주님과 함께하니, 하늘로 가더라도, 내게 주님 밖에 누가 더 있겠습니까? 땅에서라도, 내가 무엇을 더 바라겠습니까? 내 몸과 마음이 다 시들어가도, 하나님은 언제나 내 마음에 든든한 반석이시요, 내가 받을 몫의 전부이십니다.시 73:17~26

분명한 사실은, 세상에 존재하는 것들은 무한하지 않다는 점이고, 아무리 막강한 권력도 유한하다는 점이다. 반드시 끝이 온다. 피조물은 영원하지 않다. 더욱이 하나님을 떠난 세력들은 하나님의 공의로운 심판 날에 그 끝을 보게 될 것이다. 하나님은 그때에 악한 자들을 심판하고 정의를 바르게 세우실 것이다. 우리는 이 세상 이후에 올 새로운 세상, 악과 불의가 심판받고 정의와 평화가 영원히 세워질 나라를 기다린다. 우리는 절망 중에 한 줄기 소망의 빛을 바라본다. 그리고 이 소망은 현재의 고난과 불의에도 인내할 힘을 준다. 영원하신 하나님이 자신의 성품을 따라 의와 평화의 나라를 세우실 것이기 때문이다.

3. 우리에게 주어진 영원한 생명

(1) 권력이 막강해도, 돈이 많아도, 지혜와 명철이 충만해도, 인간의 노력으로 무한한 삶으로 나아갈 수 없다는 것은 분명하다. 이것이 피조물 된 우리의 한계다. 그러나 유한한 인간이 무한하신 하나님과 연결될 때 유한이 무한으로 변하게 된다. 이것에 대해 예수님은 우리에게 분명한 약속을 주셨다.

> 하나님께서 세상을 이처럼 사랑하셔서 외아들을 주셨으니, 이는 그를 믿는 사람마다 멸망하지 않고 영생을 얻게 하려는 것이다. 요 3:16
>
> 나는 부활이요 생명이니, 나를 믿는 사람은 죽어도 살고, 살아서 나를 믿는 사람은 영원히 죽지 아니할 것이다. 요 11:25~26

우리는 이렇게 영생을 선물로 받은 사람들이다. 그러므로 이 땅의 삶이 끝나도 너무 절망할 필요가 없다. 더 영원하고 더 영광스러운 삶이 기다리고 있기 때문이다. 우리는 이런 확신을 가져야 한다.

(2) 하나님의 백성들이 약속으로 받는 영원한 생명은 하나님의 영원성과는 몇 가지 점에서 차이가 있다. 우선 하나님은 시작도 없고 끝도 없는 영원함이지만, 우리의 영원한 생명은 시작점이 있다는 점이다. 또한, 피조물은 시공간적 존재이므로 시간의 한계를 벗어나지 못하며, 천국에서조차 시간의 흐름 속에 존재한다. 이런 의미에서 인간의 영원한 생명은 시간의 지속성이라는 점에서의 영원을 의미할 뿐이지 시간을 초월하는 의미에서의 영원성이 아니다. 이런 차이에도 불구하고, 앞으로 우리가 누리게 될 '영원한' 생명은 끝이 없이 영원히 지속되는 생명인 것은 분명하다. 하나님이 우리를 자신의 자녀로 삼았기에 아버지의 영원

함의 일부를 주신 것이다. 이제 우리는 피조물의 유한성을 극복하는 길을 찾은 것이다. 권력이나 돈이 아니라 하나님이 우리의 '불로초'가 되는 것이다.

(3) 영생은 죽음 이후의 삶에만 영향을 미치는 것이 아니다. 영생은 지금 우리가 하나님의 자녀가 된 순간부터, 바로 여기서부터 시작되는 것이다. 그렇다면 우리는 인생 설계를 다시 해야 한다. 지금까지는 단기적 관점에서 인생 설계를 했다면, 이제는 장기적 관점, 영원의 관점에서 인생 설계를 다시 해야 한다.

이것은 2002년 월드컵 당시 대한민국 국가대표팀의 히딩크 감독을 생각나게 한다. 한국팀은 대회전까지 여러 경기에서 5대 0이라는 큰 점수 차이로 패배했다. 언론은 난리가 났다. 망했다는 원성이 쏟아졌다. 히딩크 감독에 대한 비난도 빗발쳤다. 그러나 히딩크 감독은 눈 하나 까딱하지 않았다. 꿋꿋하게 자신의 팀을 만들어갔다. 왜 그랬을까? 정말로 중요한 경기는 2002년 6월에 열린다는 것을 알고 있었기 때문이다. 다른 사람들은 2001년 11월 경기나 2002년 3월 경기를 중요하게 여겼을지 몰라도 그는 무엇이 가장 중요한 경기인지 잘 알고 있었던 것이다. 이것이 참된 지혜의 모습이다.

월드컵 전에 아무리 많은 승리를 해도 정작 월드컵에서 패배하면 무슨 의미가 있겠는가? 그런데 많은 사람이 이렇게 살아간다. 장기적 관점을 놓치고 단기적 목표에만 집착하기 때문이다.

지혜로운 사람은 인생의 궁극적 목표와 가장 중요한 것에 맞춰서 자신의 삶을 조정하고 실행한다. 비록 그 과정에서 실패도 맛보고, 패배의 씁쓸함도 경험하고, 비난도 받아야 할지 모르지만, 더 큰 목표를 달성하기 위해서는 그런 것들을 기꺼이 감수할 수 있다고 생각한다. 하나님으로부터 영생을 받은 자도 마찬가지다. 그는 한시적이고 유한한 것들을 가장 중요하다고 생각하지 않는다. 유한한 것이 다 사라져도 영원히 남는 것이야말로 가장 가치 있는 것이라는 점을 잘 알고, 그것에 맞춰서 유한한 이 세상의 삶을 살아간다.

세상 사람들의 눈에 소중하게 보이는 것들이 있다. 돈, 권력, 안락함, 명예, 등등. 그러나 우리가 잘 알듯이 그런 것들은 모두 유한한 것이며, 잠시 있다가 사라질 것들이다. 따라서 세상에서 말하는 것만큼 소중하거나 가치 있는 것이 아니다. 그럼에도 우리는 여전히 그것들을 소중하게 여기며 그것을 위해 한번밖에 살 수 없는 소중한 삶을 투자한다.

그러나 인생을 영원의 관점에서 바라보게 될 때 지금 소중하게 보이는 것들을 영원한 것과 비교하면서 재평가해서 '상대화相對化' 할 수 있게 된다. '상대화' 라는 것은 지금 우리에게 소중하게 보이는 것들을 더 가치 있는 것영원한 하나님과 그와 연결된 가치과 비교해서 그 위치를 다시 잡아주는 것을 의미한다. 그렇게 하면 예전에 그렇게 중요하게 보였던 것이 실제로는 별로 중요한 것이 아니라는 점을 깨닫게 된다. 이런 인식의 전환을 경험했던 사람이 사도 바울이다. 그는 자신의 변화에 대해 이렇게 설명한다.

하기야, 나는 육신에도 신뢰를 둘 만합니다. 다른 어떤 사람이 육신에 신뢰를 둘 만한 것이 있다고 생각하면, 나는 더욱 그러합니다. 나는 난 지 여드레만에 할례를 받았고, 이스라엘 민족 가운데서도 베냐민 지파요, 히브리 사람 가운데서도 히브리 사람이요, 율법으로는 바리새파 사람이요, 열성으로는 교회를 박해한 사람이요, 율법의 의로는 흠 잡힐 데가 없는 사람이었습니다. [그러나] 나는 내게 이로웠던 것은 무엇이든지 그리스도 때문에 해로운 것으로 여기게 되었습니다. 그뿐만 아니라, 내 주 예수 그리스도를 아는 지식이 가장 고귀하므로, 나는 그 밖의 모든 것을 해로 여깁니다. 나는 그리스도 때문에 모든 것을 잃었고, 그 모든 것을 오물로 여깁니다. 나는 그리스도를 얻고, 그리스도 안에 있는 사람으로 인정받으려고 합니다. 나는 율법에서 생기는 나 스스로의 의가 아니라, 그리스도를 믿는 믿음으로 말미암아 오는 의 곧 믿음에 근거하여, 하나님에게서 오는 의를 얻으려고 합니다. 내가 바라는 것은, 그리스도를 알고, 그분의 부활의 능력을 깨닫고, 그분의 고난에 동참하여, 그분의 죽으심을 본받는 것입니다. 빌 3:4~10

예수님을 만나기 전에 소중하게 여겼던 것들이 예수님을 만난 후 영원의 관점에서 바라보니 '오물'처럼 무가치한 것으로 제대로 보게 되었다고 말한다. 그것들이 전혀 필요 없다는 것이 아니다. 하나님 안에 있는 가치들과 비교했을 때 바른 위치를 잡게 되었다는 의미다. 28세에 에콰도르에서 순교했던 짐 엘리엇이 22세였던 1949년 10월 28일에 기록했던 일기에도 비슷한 생각이 담겨 있다. "영원한 것을 위해 영원할 수 없는 것을 버리는 자는 바보가 아니다."

사도 요한은 우리가 이 땅에서 헛된 것을 추구하느라 인생을 허비하지 말라고 권고한다. "여러분은 세상이나 세상에 있는 것들을 사랑하지 마십시오. 누가 세상을 사랑하면, 그 사람 속에는 하늘 아버지에 대한 사랑이 없습니다. 세상에 있는 모든 것, 곧 육체의 욕망과 눈의 욕망과 세상 살림에 대한 자랑은 모두 하늘 아버지에게서 온 것이 아니라, 세상에서 온 것이기 때문입니다. 이 세상도 사라지고, 이 세상의 욕망도 사라지지만, 하나님의 뜻을 행하는 사람은 영원히 남습니다." 요일 2:15~17 "육체의 욕망과 눈의 욕망과 세상 살림에 대한 자랑"은 현재 삶에서 정말로 가치 있고 영원히 중요할 것처럼 보인다. 그래서 그것에 사로잡혀 그것을 위해 모든 것을 쏟아부으면서 인생을 허비한다. 그러다가 인생의 마지막 순간에 허무함을 깨닫지만 이미 시간은 지나간 후다. 돌이킬 수 없다.

그러나 그런 것들에 얽매이지 않고 살 수 있는 길이 있다. 그것들은 금세 사라질 것이라는 사실을 기억하는 것이며, 반대로 하나님의 뜻을 행하는 사람은 영원히 남는다산다는 것을 아는 것이다. 이런 관점으로 인생을 재설계하는 사람들이 그리스도의 제자들이며, 이런 삶은 결코 헛되지 않을 것이다.

변하지 않는 하나님

Immutability

변하는 세상, 변하지 않는 하나님

1. 변하는 세상

사랑하는 사람들이 '백년가약'을 맺을 때 무슨 일이 일어나더라도 사랑의 마음이 변하지 않을 것이라고 서약한다. 진실한 마음의 표현일 것이다, 적어도 그때에는. 그러나 상대방을 향한 마음은 약속과는 달리 세월이 지나감에 따라 변하는 것을 종종 보게 된다. 우리는 급증하는 이혼에서 이런 슬픈 사실을 확인하게 된다. 사랑의 감정이 변하는 것은 본래 사람이 변하는 존재이기에 어찌 보면 자연스러운 현상이다.

사람의 신체는 태어날 때부터 계속해서 변해간다. 아기에서 성인으로, 다시 노인으로, 한순간도 멈추지 않고 변한다. 성격이나 성품도 변화의 풍상에서 예외가 아니다. 좋은 쪽으로든 나쁜 쪽으로든 인생을 살아가면서 한 사람의 성격은 계속 변해간다. 비록 좋은 변화도 있지만, 대부분의 경우 사람들은 변화를 불안정함과 연결해서 생각한다. 안전하게 정박하지 못하고 파도와 바람에 휩쓸려 부유하는 배와 같다고 느끼는 것이다. 생명이 변하고, 인생이 변하고, 신뢰도 변하고, 사랑과 우정과 약속도 변하는 것을 보면서 변화에 대해 부정적인 생각이 강화된 것으로 보인다.

그래서 사람들은 상대적으로 변화의 영향을 덜 받는 것들이나 변하지 않고 한결같은 사람을 좋아하고 칭송하는 경향이 있다. 언제나 한결같은 부모님의 사랑, 죽음도 갈라놓지 못하는 연인의 사랑, 나라가 망해도 이전 국가에 대한 충성심을 버리지 않았던 신하들, 주인이 죽어도 무덤을 지키는 반려견의 충직성, 등등. 그러나 세상에서 변하지 않는 것처럼 보이는 것들 역시 변화의 흐름을 비껴가지 못한다는 것이 사실이다. 그래서 불변에 대한 기대가 깨질 때 더 크게 실망하는 것이다. 그래서 우리는 변화가 피조 세계의 기본적인 존재 양식이라는 것을 인정하지 않을 수 없다.

2. 변하는 하나님?

현대의 몇몇 신학자들은 세상의 기본 존재 법칙이 변화라는 것을 발견하고 이 것을 하나님에게도 적용하여, 하나님도 변하는 존재라고 주장한다. 그들의 이런 주장을 뒷받침해주는 것처럼 보이는 몇 가지 근거들이 있다.

첫째, 구약에 나타난 하나님과 신약에 나타난 하나님의 모습이 너무 다르게 보인다는 점이다. 따라서 이것은 하나님이 진화하면서 변하는 존재라는 것을 증거하는 것이라고 생각한다. 둘째, 하나님이 절대로 변하지 않는다는 생각은 성경의 증거와 맞지 않는다고 생각한다. 성경에는 하나님이 자신의 생각이나 계획을 바꾸셨다는 내용이 많기 때문이다. 셋째, 하나님이 변하지 않는 존재라면 피조물의 아픔과 고통을 보면서도 감정의 변화가 없으리라는 것을 의미한다고 생각한다. 그렇게 되면 하나님은 피조물의 상황과 필요를 공감하지 못하고 따라서 적절한 위로와 도움을 주는 데 한계가 있을 수밖에 없게 된다. 그러나 하나님은 우리의 아픔과 고통을 함께 느끼는 분이라는 것이 분명하므로 하나님은 변화를 받아들일 수밖에 없는 존재라는 것이다.

이와 같은 근거들에 기초해서 그들은 하나님은 지식도 늘어나고, 우리를 위해 계획이나 반응도 바꾸시는 분이며, 세상 만물의 존재 법칙과 동일하게 계속해서 변하시며 과정process 속에 있는 분이라고 주장한다.

3. 변하지 않는 하나님

그러나 성경은 하나님은 절대로 변하지 않는 분이라는 것을 반복해서 강조하고 있다.

하늘과 땅은 모두 사라지더라도, 주님만은 그대로 계십니다. 그것들은 모두 옷처럼 낡겠지만, 주님은 옷을 갈아입듯이 그것들을 바꾸실 것이니, 그것들은 다만, 지나가 버리는 것일 뿐입니다. 주님은 언제나 한결같습니다. 주님의 햇수에는 끝이 없습니다. 시 102:26~27

나 주는 변하지 않는다. 말 3:6

온갖 좋은 선물과 모든 완전한 은사는 위에서, 곧 빛들을 지으신 아버지께로부터 내려옵니다. 아버지께는 이러저러한 변함이나 회전하는 그림자가 없으십니다. 약 1:17

하나님은 피조물의 존재 양식인 변화의 영향을 받는 분이 아니다. 변화라는 것은 완전한 데서 불완전한 데로 가든, 아니면 불완전한 데서 완전한 데로 가든, 불완전이라는 것을 전제할 수밖에 없다. 그러나 하나님은 부족함이 없는 완전한 분이기 때문에 그 완전함에 무언가를 더할 수도 없고 덜어낼 수도 없는 불변하시는 절대적 신이시다. 세상의 모든 것이 변해도 우리가 믿는 하나님은 변하지 않는 분이다. 하나님은 천 년이 지나도 언제나 동일한 분이다. 피조물들은 변하면서 다른 모습이 되지만 하나님은 언제나 한결같이 동일한 모습으로 존재하시는 분이다.

하나님의 불변성의 의미

하나님이 변하지 않는다는 것을 신학적으로 표현하자면, 하나님은 그의 존재, 성품, 목적, 약속에 있어서는 변하지 않지만, 그 원리를 해치지 않는 범위 내에서 피조물의 상황에 따라 다르게 반응하시고 행동하신다는 것을 의미한다. 그

각각에 대해서 좀 더 자세하게 살펴보자.

1. 존재

모든 피조물은 변한다. 유아기에서부터 성인기로 변해간다. 지식과 지혜가 성숙해지면서 본능적으로 행동하던 데서 지성으로 행동하는 사람으로 바뀐다. 그러나 변화는 항상 좋은 방향으로만 일어나는 것은 아니다. 마음이 성숙해지기도 하지만 고집이 세지기도 한다. 순진했던 마음이 세파에 시달리면서 사악한 모습으로 변질되기도 한다.

그러나 하나님은 언제나 그 모습 그대로 존재하신다. 그는 원래부터 성장이 필요 없는 완전히 성숙한 인격이시다. 훈련을 통해서 힘을 키워야 할 필요가 없는 원래부터 완전한 능력의 소유자시다. 그는 세월이 흐름에 따라 늙거나 쇠약해지지 않는다. 그는 "어제나 오늘이나 영원히 한결같은" 분이다. 히 13:8 하나님의 존재의 불변성은 피조물의 가변성과 가장 대조되는 속성이다.

하나님의 존재의 불변성은 전능, 전지, 무소부재와 같은 하나님 속성의 불변성을 포함하는 것이다. 속성은 존재의 한 부분이기 때문이다. 홍해를 갈랐던 모세의 하나님, 골리앗을 죽였던 다윗의 하나님, 죽은 나사로를 살리셨던 전능하신 하나님은 지금도 변하지 않는다. 세월이 지남에 따라 힘을 잃어 가는 것이 아니다. 하나님은 예전에도 전능하셨다면 지금도, 앞으로도 전능하실 것이다. 예전에도 세상의 모든 것, 한 사람 한 사람의 모든 것을 다 알고 계셨던 하나님은 지금도, 앞으로도 모든 것에 관심을 쏟으시며 모든 것을 다 아실 것이다. 이처럼 하나님의 본질과 속성들은 시대가 바뀌어도 전혀 변하지 않는다.

2. 성품

사람들은 끊임없이 변한다. 외적 모습뿐만 아니라 성격과 성품도 변한다. 사람은 다른 사람들과 환경의 영향을 받기에 변화에서 자유롭지 못하다. 그러나 하나님은 세월이 아무리 많이 흘러도, 어떤 상황이 발생해도 성품이 변하지 않는다.

우리는 하나님께 수많은 약속을 하고 나서도 이익을 따라 배반의 길로 쉽게 돌아서지만, 우리를 향한 하나님의 신실하심에는 변함이 없다. "우리는 신실하지 못하더라도, 그분은 언제나 신실하십니다. 그분은 자기를 부인할 수 없으시기 때문입니다."딤후 2:13 하나님은 자신을 신뢰하는 자들에게 은혜를 베풀겠다는 약속을 절대 저버리지 않는다. "이는 앞에 놓인 소망을 붙잡으려고 세상에서 피하여 나온 사람들인 우리가, 이 두 가지 변할 수 없는 사실 곧 하나님의 약속과 맹세를 의지하여 큰 위로를 받게 하려는 것입니다. 하나님께서는 약속하시고 맹세하실 때에 거짓말을 하실 수 없습니다."히 6:18 더 나아가서 하나님은 과거나 현재나 공의의 하나님이시기 때문에 악의 세력의 책임을 반드시 묻고 심판하실 것이다.

이처럼 세상을 사랑하셔서 선을 베풀기를 원하시고, 죄를 미워하여 공의로 심판하기를 원하시고, 도덕적으로 순결하고 거룩하여 어떤 불의와 악도 용납하지 않으시는 하나님의 성품은 영원토록 변함이 없다.

3. 목적과 계획

하나님은 자신이 세우신 목적을 반드시 성취하신다. 이것에 대해 시인은 이렇게 노래한다. "주님의 모략은 영원히 흔들리지 않으며, 마음에 품으신 뜻은 대대로 끊어지지 않는다."시 33:11 이것은 이사야 선지자를 통해서 주신 말씀과 동일하다. "너희는 태초부터 이루어진 일들을 기억하여라. 나는 하나님이다. 나밖에 다른 신은 없다. 나는 하나님이다. 나와 같은 이는 없다. 처음부터 내가 장차일어날 일들을 예고하였고, 내가, 이미 오래전에, 아직 이루어지지 않은 일들을미리 알렸다. '나의 뜻이 반드시 성취될 것이며, 내가 하고자 하는 것은 내가 반드시 이룬다'고 말하였다. 내가 동방에서 독수리를 부르고, 먼 나라에서 나의 뜻을 이룰 사람을 불렀다. 내가 말하였으니, 내가 그것을 곧 이루겠으며, 내가 계획하였으니, 내가 곧 그것을 성취하겠다." 사 46:9~11

하나님의 변하지 않는 계획은 우리를 구원하는 데에도 잘 나타난다. "하나님은 세상 창조 전에 그리스도 안에서 우리를 택하시고 사랑해 주셔서, 하나님 앞에서 거룩하고 흠이 없는 사람이 되게 하셨습니다. 하나님은 하나님의 기뻐하시는 뜻을 따라 예수 그리스도를 통하여 우리를 하나님의 자녀로 삼으시기로 예정하신 것입니다." 엡 1:4~5 "이 일은, 하나님께서 우리 주 그리스도 예수 안에서 성취하신 영원한 뜻을 따른 것입니다." 엡 3:11 창세 전부터 우리를 구원하기로 계획하신 것은 오랜 세월이 흘러도 변하지 않고 반드시 그대로 이루신다.

4. 말씀약속

하나님의 불변성은 그가 하신 말씀에도 그대로 적용된다. 3천 년 전에 이스라엘 백성들에게 주셨던 하나님의 말씀에 담긴 진리는 오늘날에도 변함없이 살아있다. 그것은 시대가 바뀌고 문화가 바뀌었다고 해서 변하는 것이 아니다. 그렇기에 우리가 지금도 2~3천 년 전에 기록된 성경을 금과옥조처럼 중히 여기고 매일 묵상하면서 우리 삶의 지침으로 삼고 있는 것이다.

만약 하나님의 진리가 가변적이라면 우리는 매일 하나님의 말씀을 새로 받아야 할 것이다. 또는 다른 상황에 있는 사람들은 다른 말씀을 받아야 할 것이다. 그러나 하나님이 변하지 않는 것처럼 세월이 아무리 흘러도 하나님의 진리 역시 변하지 않는다. 그래서 모든 시대, 모든 민족에게 하나님의 말씀은 동일하게 적용되는 진리인 것이다.

사람은 일구이언할 때가 많다. 상황이 불리해지면 손쉽게 자신이 한 말을 뒤집는다. 이것은 정치가에게만 해당하는 것이 아니라 모든 사람에게 다 해당한다. 또한, 때때로 우리는 과거에 부정확한 정보에 근거해서 했던 말을 취소해야 할 경우도 많다. 혹은 과거에 했던 약속들을 취소해야 할 경우도 많다. 나 자신의 무능력이나 불가항력적인 상황으로 인해 약속을 지킬 수 없는 경우가 많기 때문이다.

그러나 하나님은 결코 자신의 말씀을 취소하거나 수정하지 않으신다. 선지자 이사야는 하나님 말씀의 불변함을 인간의 나약함과 비교하고 있다. "한소리가 외친다. '너는 외쳐라.' 그래서 내가 '무엇이라고 외쳐야 합니까?' 하고 물었다. '모든 육체는 풀이요, 그의 모든 아름다움은 들의 꽃과 같을 뿐이다. 주님께서 그 위에 입김을 부시면, 풀은 마르고 꽃은 시든다. 그렇다. 이 백성은 풀에 지나지 않는다. 풀은 마르고 꽃은 시드나, 우리 하나님의 말씀은 영원히 서 있다.'"사 40:6~8

하나님의 말씀은 변하지 않기 때문에 그가 한 말은 이미 이루어진 것이나 마찬가지다. 그의 말에 그의 존재와 성품이 담겨 있어서 하나님 자신이 보증이 되기 때문이다. "하나님은 사람이 아니시다. 거짓말을 하지 아니하신다. 사람의 아들이 아니시니, 변덕을 부리지도 아니하신다. 어찌 말씀하신 대로 하지 아니하시랴? 어찌 약속하신 것을 이루지 아니하시랴?"민 23:19 시 89:34 그러므로 하나님이 자기 백성들에게 주신 약속은 절대로 변하지 않는다. "하나님께서는, 그 약속을 상속받는 사람들에게 하나님의 뜻이 변하지 않는다는 것을 더욱 환히 나타내 보이시려고, 맹세로써 보증하여 주셨습니다."히 6:17

하나님의 불변성에 대한 오해

하나님이 변하지 않는다고 할 때 제기되는 반론과 오해가 있다.

1. 부동성不動性으로 오해하는 것

하나님이 변하지 않는 분이라고 할 때 어떤 사람들은 하나님이 아무런 움직임도 없고, 아무런 느낌도 없으며, 감정의 변화도 없다고 생각한다. 이것을 '부동성' immobility 또는 '무감각' impassibility이라고 한다. 그러나 이것은 잘못된 생각이다. 이런 것은 무생물이거나 죽은 상태일 것이다. 그러나 하나님은 살아있는 인격체이기 때문에 이럴 수 없다.

성경에서 묘사되는 하나님은 끊임없이 활동하시며 피조물과 관계를 맺는 분이시다. 또한, 세상을 구원하기 위해 계획을 세우고 열정적으로 활동하시는 분이다. "주님, 주님은 나의 하나님이십니다. 내가 주님을 높이며, 주님의 이름을 찬양하겠습니다. 주님께서는 놀라운 일들을 이루시고, 예전에 세우신 계획대로 신실하고 진실하게 이루셨습니다." 사25:1, 46:9~11

또한, 하나님은 인간의 죄를 슬퍼하시고, 반역에 대해 진노하시며, 사랑하는 자들을 향해 애틋한 마음을 표현하는 등, 다양한 감정을 가지신 분이다. 하나님은 우리의 잘못된 행동에 대해 슬퍼하신다. "하나님의 성령을 슬프게 하지 마십시오. 여러분은 성령 안에서 구속의 날을 위하여 인치심을 받았습니다." 엡4:30 또한 하나님은 하나님께 반역하는 자들을 향해 진노하신다. "이제 너는 나를 말리지 말아라. 내가 노하였다. 내가 그들을 쳐서 완전히 없애 버리겠다. 그러나 너는, 내가 큰 민족으로 만들어 주겠다." 출32:10 하지만 하나님께 돌아오는 자들에게는 다시 긍휼을 베풀어주신다. "분노가 북받쳐서 나의 얼굴을 너에게서 잠시 가렸으나 나의 영원한 사랑으로 너에게 긍휼을 베풀겠다. 너의 속량자인 나

주의 말이다."^{사 54:8}

하나님은 자기 백성의 간절한 간구에 무반응을 보이는 것이 아니라 응답하고 행동하시는 분이다. "어느 고을에, 하나님도 두려워하지 않고, 사람도 존중하지 않는, 한 재판관이 있었다. 그 고을에 과부가 한 사람 있었는데, 그는 그 재판관에게 줄곧 찾아가서, '내 적대자에게서 내 권리를 찾아 주십시오' 하고 졸랐다. 그 재판관은 한동안 들어주려고 하지 않다가, 얼마 뒤에 이렇게 혼자 말하였다. '내가 정말 하나님도 두려워하지 않고, 사람도 존중하지 않지만, 이 과부가 나를 이렇게 귀찮게 하니, 그의 권리를 찾아 주어야 하겠다. 그렇게 하지 않으면, 그가 자꾸만 찾아와서 나를 못 견디게 할 것이다.' 주님께서 말씀하셨다. '너희는 이 불의한 재판관이 하는 말을 귀담아 들어라. 하나님께서 자기에게 밤낮으로 부르짖는, 택하신 백성의 권리를 찾아주시지 않으시고, 모른 체하고 오래 그들을 내버려 두시겠느냐? 내가 너희에게 말한다. 하나님께서는 얼른 그들의 권리를 찾아 주실 것이다. 그러나 인자가 올 때에, 세상에서 믿음을 찾아 볼 수 있겠느냐?"^{눅 18:2~8}

그러므로 하나님의 불변성을 움직임이 전혀 없는 부동성이나 어떠한 감정도 없어서 인간의 고통과 슬픔조차 함께 느낄 수 없는 무감각으로 오해하면 안 된다. 하나님은 자신의 계획을 이루기 위해 부지런히 움직이시는 분이며, 또한 사랑하는 세상과 인간들의 고통을 함께 느끼시고 그들의 죄악을 슬퍼하시는 분이다.

2. 하나님이 변하신 것처럼 보이는 성경 구절들

(1) 하나님은 변하지 않는다고 하지만 성경에는 하나님이 이전에 했던 행동에 대해 후회하시고 계획까지도 변경하는 것처럼 보이는 경우들을 볼 수 있다. 어

떻게 된 것인가? 하나님의 계획은 변함이 없다고 말한 것과 모순되지 않는가? 전통적인 하나님의 불변성에 반대하는 과정신학Process Theology과 열린 신론Open Theism을 따르는 사람들은 이런 것들을 근거로 하나님이 변하는 존재라고 주장한다. 그들은 하나님을 피조물과 관계를 맺으면서 피조물에 의해 영향을 받으면서 그 존재와 목적과 계획을 계속해서 변화시키는 존재로 생각한다.21 하지만 하나님이 변한 것처럼 보이는 내용을 잘 살펴보면 하나님의 본성과 계획이 변한 것이 아니라는 것을 알 수 있다.

(2) 출 32:9~14 금송아지 사건

이스라엘 백성이 금송아지를 만들고 숭배하자 하나님은 그들을 멸하겠다고 말씀하셨다. 그러나 모세가 중재하면서 간청하자 그 기도를 들어주셔서 자신의 계획을 철회하셨다. 이것은 하나님이 변한다는 것을 보여주는 것이 아닌가? 얼핏 보면 그렇게 보일 수도 있지만, 우리는 상황을 잘 살펴보고 결론을 내려야 한다.

하나님은 이스라엘 백성과 언약을 맺었다. 그 언약은 아브라함과 이삭과 야곱과 맺은 것으로 그들의 자손들에게 기업을 주리라는 것이었다. 이 약속은 변하지 않는 것이다. 그러므로 하나님이 지금 이스라엘 백성들을 멸하시겠다는 것은 진심이라기보다는 진노의 표현으로 보는 것이 옳으며, 모세의 기도가 기존에 하나님이 약속하신 것에 대해 다시 언급하자 하나님은 자신의 약속을 기억하고 진노를 누그러뜨리신 것이다. 그러므로 마음이 변한 것이 아니라 오히려 자신의 약속에 충실하신 것이다.

또한, 이스라엘 백성들은 모세의 중재를 통해 자신의 잘못을 회개하고 다시 하나님께로 돌아왔다. 그럴 때 하나님은 그들을 용서하시는 것이 원래의 약속에 충실한 것이다. 이것은 신명기에서 약속하신 대로 행하신 것이다. "당신들이 주 당신들의 하나님의 말씀을 귀담아 듣고, 내가 오늘 당신들에게 명한 그 모든 명령을 주의 깊게 지키면, 주 당신들의 하나님이 당신들을 세상의 모든 민족 위에 뛰어나게 하실 것입니다. 당신들이 주 당신들의 하나님의 말씀에 순종하면, 이 모든 복이 당신들에게 찾아와서 당신들을 따를 것입니다."28:1~2 "그러나 당신들이 주 당신들의 하나님의 말씀을 듣지 않고, 또 내가 오늘 당신들에게 명한 모든 명령과 규례를 지키지 않으면, 다음과 같은 온갖 저주가 당신들에게 닥쳐올 것입니다."28:15

이러한 조건적인 약속은 이미 하나님이 정하신 원리다. 이것은 "네가 만약 A를 하면, 내가 B를 행할 것이고, 네가 만약 C를 하면 내가 D를 행할 것이다"는 약속과 같다. 그러므로 백성들이 어떤 행동을 하느냐에 따라 하나님의 행동이 달라지는 것이다. 이것은 하나님이 변한 것이 아니라 백성들의 행동에 따라 반응을 달리하는 것이다. 그것은 이미 하나님이 주신 약속에 명확하게 나와 있는 것이고, 하나님은 그 약속대로 정확하게 행하시는 것에 불과하다.

(3) 니느웨와 히스기야

하나님은 니느웨를 멸망시키겠다고 요나를 통해 선언하셨으나, 그들이 회개하자 재앙을 철회하셨다.욘 3:4, 10 이것도 하나님이 자신의 계획을 변경한 것으로 볼 수 있지 않을까? 하지만 그렇지 않다. 하나님의 본래 뜻은 사람들이 죄의 길을 버리고 다시 하나님께로 돌아오게 하는 것이다. 아무리 큰 죄를 범한 자라 할지라도 다시 돌아오기를 원하시는 마음은 변함이 없다. "너는 그들에게 전하여라. '나 주 하나님의 말이다. 내가 내 삶을 두고 맹세한다. 나는, 악인이 죽는 것을 기뻐하지 않고, 오히려 악인이 그의 길에서 돌이켜 떠나 사는 것을 기뻐한다. 너희는 돌이켜라. 너희는 그 악한 길에서 돌이켜 떠나거라. 이스라엘 족속아, 너희는 왜 죽으려고 하느냐?' 하여라."겔 33:11

만약 죄인들이 이러한 하나님의 마음을 뒤늦게라도 이해하고 죄에서 돌이켜 다시 하나님께로 돌아오면 하나님은 은혜를 베풀겠다고 약속하셨다. "내가 어떤 민족이나 나라의 뿌리를 뽑아내거나, 그들을 부수거나 멸망시키겠다고 말을 하였더라도, 그 민족이 내가 경고한 죄악에서 돌이키기만 하면 나는 그들에게 내리려고 생각한 재앙을 거둔다. 그러나 내가 어떤 민족이나 나라를 세우고 심겠다고 말을 하였더라도, 그 백성이 나의 말을 순종하지 않고, 내가 보기에 악한 일을 하기만 하면, 나는 그들에게 내리기로 약속한 복을 거둔다."렘18:7~10

그렇다면 니느웨 백성들에게 처음에 준 경고는 조건이 붙은 것이라고 보는 것이 합당하다. 즉 이런 선포다. "너희가 회개하고 돌이키지 않으면 멸망할 것이다." 그러므로 니느웨 백성들이 요나의 경고를 듣고 자신들의 죄를 회개하면서 하나님께로 돌이켰을 때 하나님이 심판을 철회하고 은혜를 베푼 것은 하나님이 약속을 지킨 행동이다. 하나님의 계획은 변한 것이 없다. 그의 존재나 성품, 계획, 원래 주신 약속도 변한 것이 아니다. 따라서 니느웨의 경우는 오히려 하나님이 변하지 않고 약속을 지키시는 분이라는 것을 잘 보여주는 예다. 하나님은 언약을 지키는 자들에게 은혜를 베풀고, 언약을 어기는 자들에게는 심판을 내리는 분이다. 이런 점에서 하나님의 성품은 변함이 없고, 또한 자신이 약속한 원칙을 지키는 데 있어서도 변함이 없다.

니느웨가 회개하자 심판을 철회한 것과 마찬가지로 히스기야가 죽을 것이라고 말씀하셨지만 그의 간절한 기도를 들어주셔서 수명을 15년 연장해주신 것은 사38:1~6 하나님은 신실한 자들의 기도에 응답하는 분이라는 속성에서 벗어난 것이 아니다. 오히려 하나님의 성품에 잘 맞는 행동인 것이다.

(4) 하나님이 후회하신다는 표현
다음 구절들에는 하나님이 자신의 과거 행동을 후회하는 표현이 나온다.

주님께서는, 사람의 죄악이 세상에 가득 차고, 마음에 생각하는 모든 계획이 언제나 악한 것뿐임을 보시고서, 땅 위에 사람 지으셨음을 후회하시며 마음 아파하셨다. 주님께서는 탄식하셨다. '내가 창조한 것이지만, 사람을 이 땅 위에서 쓸어버리겠다. 사람뿐 아니라, 짐승과 땅 위를 기어 다니는 것과 공중의 새까지 그렇게 하겠다. 그것들을 만든 것이 후회되는구나.' 창 6:5~7

사울을 왕으로 세운 것이 후회된다. 그가 나에게서 등을 돌리고, 나의 명령을 따르지 않는다. 삼상 15:11

이것은 하나님의 계획이 의도대로 실행되지 않았기에 하나님이 계획을 변경하고 새로운 계획을 수립하는 것이 아닌가? 따라서 하나님이 변했다는 것을 보여주는 것이 아닌가?

하지만 하나님이 후회하신다는 표현은 인간의 죄에 대한 하나님의 슬픈 마음을 표현한 것이다. 인간이 하나님의 의도에 반하여 잘못한 것에 대해 하나님은 슬퍼하시고 한탄하시면서 한숨을 쉬는 것과 같다. 이런 반응은 오히려 하나님의 성품과 일치하는 것이다. 하나님은 사람들의 잘못에 대해 슬퍼하시고 그들이 돌이키기를 원하시는 분이기 때문이다. 사 63:10 그러나 그들은 반역하고, 그의 거룩하신 영을 근심하게 했습니다. 이런 마음의 상태가 '후회'라는 '신인동형적 표현' anthropomorphism 으로 나타나는 것이다. 그러므로 하나님의 슬픈 마음은 오히려 하나님의 변하지 않는 성품과 계획을 잘 드러낸다. 하나님은 사람들이 자신의 뜻을 따라 행하기를 원하신다. 사람들이 그렇게 할 때 하나님은 은혜를 베풀지만, 그렇게 하지 않을 때는 심판을 내리신다. 이러한 하나님의 뜻은 변하지 않는다.

이런 조건이 사울왕의 불순종한 행동에 대한 하나님의 반응을 나타내는 사무엘상 15장 11절에도 이미 포함되어 있다. "그가 나에게서 등을 돌리고 나의 명령을 따르지 않는다." 그래서 사무엘은 하나님의 변치 않는 의도에 대해 사무엘상 15장 28~29절에서 분명하게 언급하는 것이다. "사무엘이 그에게 말하였다. '주님께서 오늘 이스라엘 나라를 이 옷자락처럼 찢어서 임금님에게서 빼앗아, 임금님보다 더 나은 다른 사람에게 주셨습니다. 이스라엘의 영광이신 하나님은 거짓말도 안 하시거니와, 뜻을 바꾸지도 않으십니다. 하나님은 사람이 아니십니다. 그러므로 하나님은 뜻을 바꾸지 않으십니다.'"

3. 하나님이 변하는 존재라면?

하나님이 인간처럼 변하는 존재라면 매우 심각한 문제가 발생한다. 한마디로 말해서, 우리는 하나님을 신뢰할 수 없게 된다. 하나님이 변한다면 어떻게 그의 약속이나 계획을 신뢰할 수 있겠는가? 예를 들어보자. 전에는 예수 그리스도를 믿는 자만이 구원을 얻을 수 있다고 말했다가 나중에는 그것 말고 다른 방법으로 구원하겠다고 하신다면 어떻게 될까? 또한, 하나님의 심판 방식이나 상급의 기준이 변한다면, 즉 여호와의 증인처럼 전도한 사람들의 숫자가 심판의 중요한 기준이 되고, 헌금 액수가 상급의 중요한 기준이 되는 것으로 바꾼다면 당황스럽지 않겠는가? 더욱이 나중에 기준이 다시 바뀌지 않으리라는 보장이 어디 있겠는가?

이처럼 만약 하나님이 변하는 존재라면 우리가 결코 하나님을 신뢰할 수 없을 것이다. 그가 오늘 약속한 것을 내일 뒤집는다면, 오늘 중요하다고 말하는 것이 내일 전혀 중요하지 않은 것으로 취급된다면, 우리가 어떻게 그런 존재를 신뢰하고 믿을 수 있겠는가? 그러므로 하나님의 불변성은 하나님의 신뢰성에 관한 문제이며, 우리 신앙의 기초에 관한 문제다.

변하지 않는 하나님과 우리들

이제 하나님이 변하지 않는다는 것이 우리에게 어떤 의미가 있는지 생각해보자.

1. 하나님의 구원 계획

(1) 하나님이 본래부터 죄를 미워하고 공의로 심판하는 분이라면 지금도 여전히 그렇다. 우리의 죄에 대해 하나님은 아무 일이 없었던 것처럼 그냥 넘어가지 않으신다. 그것은 그의 존재 본질에 어긋나기 때문이다. 옛 시대 사람들이 죄로 인해 하나님의 진노를 받아 저주와 죽음에 이르렀다면, 지금 우리도 마찬가지다. 그러므로 하나님의 진노를 피하기 위해서는 죄 문제를 해결해야 한다. 이것은 시대가 바뀐다고 변하는 것이 아니다. 따라서 현대인들이 하나님이 죄라고 하신 것을 죄가 아닌 것으로 재정의再定義하거나, 죄를 단지 병리 현상으로 재해석하는 시도를 한다고 해서 하나님의 변함없는 공의의 눈을 피할 수 없다.

(2) 십자가에 달리신 예수 그리스도를 바라보고 믿는 것을 통해서 구원받을 수 있다고 하셨던 하나님의 약속은 지금도 변함이 없다. 아무리 많은 사람이 다른 구원의 길을 제시하거나, 다른 종교를 통해서도 구원에 이를 수 있다는 종교다원주의를 주장한다고 해도, 오직 예수 그리스도의 십자가를 통한 하나님의 구원 방법은 예나 지금이나 변함이 없다. 그것이 유대인들에게는 거리끼는 것이고 헬라인에게는 미련한 것처럼 보여도, 그것이 하나님의 가장 지혜로운 방법인 것에는 변함이 없다. 인간들이 자신의 지혜를 뽐내고 과학기술을 자랑하면서, 그것을 통해서 인간의 구원을 이룰 수 있다고 주장할지라도, 하나님의 가장 미련한 것이 인간의 가장 지혜로운 것보다 지혜롭다는 사실은 변함이 없으며, 그래서 십자가를 통한 하나님의 구원 방법은 지금도 변함이 없는 것이다. "주님의 모략은 영원히 흔들리지 않으며, 마음에 품으신 뜻은 대대로 끊어지지 않는다."시33:11

(3) 하나님과 사람에게 죄를 지어 외톨이가 되었지만, 예수님을 영접하고 회개하는 삭개오에게 "오늘 구원이 이 집에 이르렀다"고 선언하신 하나님의 은혜

는 지금도 동일하다. 눅 19:9 아무리 큰 죄인이라도 예수님이 나의 구세주savior라는 것을 인정하고 회개하면서 돌아오면 주님은 구원의 은혜를 베풀어주실 것이다. 하나님의 사랑과 은혜는 언제나 누구에게나 변함이 없기 때문이다.

(4) 하나님께서 택하신 백성들에게 영원토록 신실하겠다고 하신 약속은 지금도 여전히 유효하다. 탕자는 자신이 누렸던 아버지의 사랑과 은혜를 저버리고 세상으로 나갔다. 하지만 아버지는 그를 잊지 않고 돌아오기를 기다렸다. 마침내 그가 돌아오자 기쁨으로 맞이하고 잔치를 베풀었다. 눅 15:11~24 우리의 불신으로 인해 잠시 하나님을 버리고 떠난다고 해도, 신실하신 하나님은 우리의 회복을 기대하면서 지속적으로 은혜를 베풀어주실 것이다. 그리고 우리가 다시 하나님께로 돌이킬 때 하나님은 마치 잃었던 자녀를 되찾은 것처럼 기쁨으로 맞아주실 것이다. 세월이 흐르고 상황이 변해도 하나님의 신실하심은 변하지 않기 때문이다.

우리는 하나님이 변하지 않는다는 사실로 인해 하나님의 구원의 은혜를 믿을 수 있고, 그 안에서 안심할 수 있다. 하나님은 어제나 오늘이나 동일한 분이기 때문이다.

2. 두려움

하나님이 변하지 않는다는 사실은 어떤 사람들에게는 두려움으로 다가올 것이다.

(1) 하나님이 점차 주권과 능력을 잃게 되고, 사람이 하나님처럼 되어 자신의 운명을 스스로 결정하게 될 날이 온다면 우리는 하나님 앞에서 두려워할 필요가

없을 것이다. 또한, 만일 하나님께서 시간이 지나면서 기억력이 쇠퇴하여 우리가 행한 악을 잘 기억하지 못한다면 우리는 하나님의 공의의 심판을 두려워할 필요가 없을지 모른다. 그러나 하나님은 변하지 않는 분이며, 그분의 능력과 주권은 달라지지 않을 것이다. 따라서 우리가 저지른 범죄와 악행을 결코 잊어버리지 않을 것이다. 이것은 죄를 범하는 자들에게 두려움의 소식이다.

　(2) 사람들은 처음에 죄를 지을 때는 마치 큰 벌을 받을 것처럼 두려워하고 근심하고 염려한다. 하지만 그런 일을 반복하면 점점 무뎌지게 된다. 죄책감이 약해진다. 그래서 죄가 별로 심각한 결과를 가져오지 않을 것처럼 생각하게 된다. 하지만 그것은 내 생각일 뿐이다. 내 마음과 양심과 감정은 쉽게 변해서 죄에 대한 민감성도 그것에 따라 좌우된다. 그러나 죄에 대한 하나님의 증오와 심판의 결정은 변함이 없다. 하나님을 거역하고 그를 믿지 않는 자들에게 심판을 선언하신 하나님은 앞으로도 영원히 그 심판을 그대로 견지하실 것이다. "나는 죄를 벌하지 않은 채 그냥 넘기지는 아니한다."출 34:7 "하늘과 땅은 없어질지라도, 나의 말은 결코 없어지지 않을 것이다."마 24:35 그러므로 우리가 죄악을 버리고 하나님께로 돌아오지 않는 한 하나님의 심판을 피할 길은 없다.

　(3) 그러므로 하나님이 변하지 않는다는 것은 여전히 죄 가운데 사는 자들에게는 두려운 소식이다. 하나님이 심판을 면제하거나 심판의 계획을 변경하지 않으실 것이기 때문이다. 따라서 가장 현명한 대책은 빨리 회개하고 하나님께 돌아오는 것이다. 하나님이 변하지 않는다면, 그분의 심판 기준과 심판의 의지가 변하지 않는다면, 하나님을 거부하고 자신이 하고 싶은 일을 마음껏 하면서 하나님 앞에서 죄를 범하는 삶에서 빨리 돌아서는 것이 심판을 면할 수 있는 유일한 길이다.

3. 위로

하나님이 변하지 않는다는 것은 죄인들에게는 두려움의 소식이기도 하지만, 하나님을 믿고 따르는 자들에게는 위로의 소식이다.

(1) 우리에게 주신 하나님의 약속은 변하지 않는다.
하나님은 우리에게 다양한 약속을 해주셨다.

> 여러분의 걱정을 모두 하나님께 맡기십시오. 하나님께서는 여러분을 돌보고 계십니다. 벧전 5:7
>
> 모든 은혜를 주시는 하나님, 곧 그리스도 안에서 여러분을 자기의 영원한 영광에 불러들이신 분께서, 잠시 동안 고난을 받은 여러분을 친히 온전하게 하시고, 굳게 세워 주시고, 강하게 하시고, 기초를 튼튼하게 하여 주실 것입니다. 벧전 5:10
>
> 아무것도 염려하지 말고, 모든 일을 오직 기도와 간구로 하고, 여러분이 바라는 것을 감사하는 마음으로 하나님께 아뢰십시오. 그리하면 사람의 헤아림을 뛰어넘는 하나님의 평화가 여러분의 마음과 생각을 그리스도 예수 안에서 지켜 줄 것입니다. 빌 4:6~7

야고보는 "의인이 간절히 비는 기도는 큰 효력을 냅니다"라고 말한 후에 그 근거를 엘리야의 기도를 들어주셨던 하나님은 지금도 동일하기 때문에 우리의 간구에도 응답하실 것이라는 데에서 찾는다. "엘리야는 우리와 같은 본성을 가진 사람이었지만, 비가 오지 않도록 해 달라고 간절히 기도하니, 삼 년 육 개월 동안이나 땅에 비가 내리지 않았으며." 약 5:16~17

하나님은 성경 시대에 믿음의 사람들의 기도에 응답하신 것처럼 지금도 우리의 기도에 응답하시는 분인데, 이것 역시 과거의 하나님이 지금도 변하지 않는 분이기 때문이다.

그러나 어떤 사람들은 하나님이 우리의 기도에 응답하려면 하나님이 변하는 분이어야 한다고 주장한다. 즉, 우리의 기도에 따라 자신의 생각과 계획을 바꿀 수 있어야 한다는 것이며, 이것이 하나님이 변한다는 증거라는 것이다. 그럴듯하게 들린다. 하지만 이것은 기도에 대해 오해하기 때문에 나오는 생각이다. 하나님은 우리가 하는 '모든' 기도에 다 응답하겠다고 약속하지 않으셨다. 여러 성경 구절이나 기도 응답을 받은 사람들의 사례를 살펴보면 하나님이 우리의 기도에 응답하기 위한 중요한 조건이 있다는 것을 알 수 있다. 그것이 요 15:7에 잘 표현되어 있다. "너희가 내 안에 머물러 있고, 내 말이 너희 안에 머물러 있으면, 너희가 무엇을 구하든지 다 그대로 이루어질 것이다." 우리가 하나님의 뜻에 맞게 기도하면 우리의 기도가 응답될 것이다. 그러나 하나님이 기도에 응답하시는 것이 원래의 계획을 바꾼다는 의미가 아니다. 처음부터 하나님은 우리의 기도를 도구로 삼아 일을 이루기를 원하셨던 것이다. 그렇다면, 만일 동일한 상황에서 우리가 기도하면 하나님이 응답해서 일이 이루어지지만, 우리가 기도하지 않는다면 일이 이루어지지 않을 것이다. 이것은 하나님이 변한다는 것이 아니라 원래 약속대로 신실하게 반응하시는 것이다. 따라서 하나님이 이미 조건을 정하셨고, 그 조건에 부합하는대로 행동하기로 정하셨기 때문에 우리가 기도하는지 여부에 따라 다르게 반응하시는 것은 하나님이 변하는 증거가 될 수 없다.

반대로, 우리가 하나님의 뜻과 다르게 기도한다면 대부분 응답하지 않거나 다르게 응답하실 것이다. 이 경우에도 하나님은 자신의 뜻과 계획을 바꾸지 않는 것이다. 하나님은 자신의 뜻에 맞게 드리는 우리의 기도에 응답하면서 일을 시행하기로 정한 원리를 바꾸신 적이 없고, 그래서 지금도 하나님의 뜻을 따라 드리는 우리의 기도에 응답하시는 것이다.

그런데 또 다른 실제적인 문제가 있다. 하나님의 약속과 우리의 경험 사이의 괴리 문제다. 성경 시대의 사람들은 하나님의 응답을 잘 받는 것 같은데 왜 우리는 그런 경험을 잘하지 못할까? 혹시 성경 시대의 하나님과 지금의 하나님이 달라진 것은 아닐까? 하나님이 변한 것이 아닐까?

이스라엘 백성의 부르짖음에 응답하여 그들을 이집트의 노예에서 구원해주셨던 하나님, 국가 멸망의 위기 상황에서 다윗을 통해서 골리앗을 죽이고 이스라엘 백성을 구원하셨던 하나님, 한나의 애처로운 기도에 응답하여 사무엘을 주셨던 하나님이 왜 지금은 우리의 간절한 기도에 응답하지 않는 것처럼 보일까? 하나님이 변한 것인가? 하나님은 과거나 현재나 동일하신 분이라고 하는데, 우리가 하나님의 능력이 쇠퇴했다고 느끼는 이유는 무엇일까? 우리가 하나님의 능력을 성경 시대 사람들처럼 잘 누리지 못하는 이유는 무엇일까? 무엇이 문제인가?

먼저 우리는 성경의 하나님이 보여주신 능력은 자신의 뜻과 계획 속에서 하신 일들이라는 점을 기억해야 한다. 뜬금없이, 아무 목적 없이, 자신의 능력을 과시하려고, 우리의 호기심이나 욕심을 채워주기 위해서 하신 일들이 아니다. 그래서 지금도 지구 곳곳에서 하나님의 뜻과 계획을 따르는 사람들의 간절한 간구에 응답하셔서 놀라운 기적과 능력을 보여주시는 일들이 계속 일어나고 있다.

또한, 성경은 수천 년에 걸쳐서 여러 곳에서 여러 사람이 경험한 일들을 집약해서 기록한 것이기 때문에 마치 우리 눈에 하나님의 능력과 응답이 일상적으로 일어난 것처럼 보인다. 그러나 이것은 착시 현상이다. 그 시대에도 하나님의 능력이 자주 나타날 때도 있었고, 그렇지 않을 때도 있었다. 삼상 3:1 "어린 사무엘이 엘리 곁에서 주님을 섬기고 있을 때이다. 그 때에는 주님께서 말씀을 해주시는 일이 드물었고, 환상도 자주 나타나지 않았다." 따라서 지금 하나님의 능력이 자주 나타나지 않는 것처럼 보인다고 해서 하나님의 능력이 사라졌거나 변했다고 생각해서는 안 된다. 지금도 세계 여러 곳에서 하나님을 신실하게 따르는 자들의 간절한 기도에 하나님이 응답하셔서 자신의 능력을 보여주시는 일들이 발생하고 있다. 다만 우리가 잘 모를 뿐이다. 자주 일어나든 간헐적으로 일어나든 하나님이 우리의 기도에 응답하시고 능력을 보여주신다는 기본적인 사실은 변함이 없다.

그러므로 지금 우리가 하나님의 능력을 체험하지 못하고 있다면 그것은 하나님의 문제가 아니라 우리의 문제일 수 있다. 우리가 하나님의 뜻을 잘 따르지 않거나, 하나님의 뜻을 따라 간구하지 않거나, 하나님의 나라와 의를 간절한 마음으로 구하지 않기 때문일 수 있다. 따라서 우리는 하나님의 뜻과 계획을 잘 이해하고 그것을 따르고 실천하기 위해 담대하게 나아가면서 하나님의 도움을 간절히 간구해야 한다. 그럴 때 우리는 하나님의 능력을 체험하게 될 것이다. 하나님은 성경 시대나 지금이나 변함없는 분이기 때문이다.

(2) 우리를 향한 하나님의 계획은 변하지 않는다.

베드로는 우리를 향한 하나님의 계획과 뜻에 대해 이렇게 말한다. "갓난아기들처럼 순수하고 신령한 젖을 그리워하십시오. 여러분은 그것을 먹고 자라서 구원에 이르러야 합니다."벧전 2:2 하나님의 말씀 "순수하고 신령한 젖"을 통하여 우리를 양육하시고 완전한 구원으로 이끌려는 하나님의 계획은 2천 년 전이나 지금이나 변함이 없다. "그것은 그리스도께 맨 먼저 소망을 둔 우리로 하여금 하나님의 영광을 찬미하는 사람이 되게 하시려는 것이었습니다."엡 1:12 우리를 하나님의 영광을 드러내는 자로 만들려는 하나님의 계획과 뜻은 변함이 없다. 구체적으로 우리가 어떻게 되는 것이 하나님의 계획인가? 우리의 사랑이 지식과 모든 통찰력으로 더욱더 풍성하게 되어서, 가장 좋은 것이 무엇인가를 분별할 줄 알게 되고, 그리스도의 날까지 순결하고 흠이 없이 지내며, 예수 그리스도께서 주시는 의의 열매로 가득 차서 하나님께 영광과 찬양을 드리게 되는 것이다. 빌 1:9~10 이러한 하나님의 계획은 주님이 다시 오실 날까지, 우리가 하나님 품에 안길 때까지 중단되지 않고 계속될 것이다. "선한 일을 여러분 가운데서 시작하신 분께서 그리스도 예수의 날까지 그 일을 완성하시리라고, 나는 확신합니다."빌 1:6

(3) 우리를 향한 하나님의 태도는 변하지 않는다.

우리가 한 일 때문에 고마워하고 애정을 보이다가도, 시간이 지나면 다 잊어 버리거나 상황이 바뀌면 태도를 바꿔서 우리를 적대시하는 사람들이 종종 있다. 정말로 사랑해서 결혼한 사람들도 서로를 증오하면서 관계를 끝내는 경우가 많다. 우리라고 별로 다르지 않다. 내가 언제 어떻게 변할지 나도 잘 모른다. 이런 것이 인간의 모습이다.

그러나 부모 대부분이 자식들을 향해서 변하지 않는 애정을 지닌 것처럼 하나님도 우리에 대해 변함없는 사랑으로 대하신다. 자식들은 자신이 더 잘하면 부모님이 더 사랑하시고 잘못하면 미워하실 것으로 생각하지만, 이것은 부모를 잘 모르는 것이다. 자식이 잘못해서 야단칠 수 있다. 그러나 그렇게 하는 것이 자식을 미워하기 때문이 아니다. 부모는 자신이 자녀들을 언제나 사랑한다는 것을 자녀들이 알기를 원한다. 조금 야단쳤다고 사랑하지 않거나, 원하는 것을 해주지 않았다고 미워하는 것이 아니라는 것을 알기를 원한다. 하나님께서 우리에게 원하시는 것이 바로 이것이다. 우리를 향한 하나님의 사랑과 관심과 돌보심은 변하지 않는다는 사실을 기억하는 것이다. 자식을 향한 부모의 사랑이 변하지 않는 것 이상으로 우리를 향한 하나님의 사랑은 변하지 않는다.

그럼에도 불구하고 우리는 종종 하나님의 사랑을 의심한다. 특히 어렵고 힘들 때는 더욱 그렇다. 그러나 심지어 우리가 하나님을 거역한 죄인이었을 때에도 우리를 사랑하셔서 가장 귀한 독생자를 죽음에 내어준 분이 우리를 사랑하지 않을 때가 있겠는가? "우리가 아직 죄인이었을 때에, 그리스도께서 우리를 위하여 죽으셨습니다. 이리하여 하나님께서는 우리들에 대한 자기의 사랑을 실증하셨습니다." 롬 5:8 그러므로 우리는 의심이 생길 때 하나님은 변하지 않는다는 것을 기억해야 한다. 그리고 나의 감정과 상황에 휘둘리지 말고 눈을 돌려서 하나님을 바라보아야 한다.

심지어 우리가 아무리 큰 죄를 지었다 할지라도 다시 하나님께로 돌아갈 마음만 있다면, 그리고 하나님 앞에 회개하면서 용서를 구할 마음만 있다면, 우리는 하나님이 나를 다시 받아주실지 염려할 필요가 없다. 자기 자녀를 향한 하나님의 태도에는 변함이 없기 때문이다. 예수님이 자신을 십자가에 못 박은 자들을 위해서 용서의 기도를 드리신 것처럼 우리가 아무리 큰 죄를 지었다 할지라도 하나님은 자기에게 돌아오는 자를 외면하지 않으실 것이다. "나는 확신합니다. 죽음도, 삶도, 천사들도, 권세자들도, 현재 일도, 장래 일도, 능력도, 높음도, 깊음도, 그밖에 어떤 피조물도, 우리를 우리 주 예수 그리스도 안에 있는 하나님의 사랑에서 끊을 수 없습니다."롬 8:38~39

하나님이 변하지 않는다는 것은 어떤 사람들에게는 두려움의 소식이 될 수 있겠지만, 하나님의 자녀인 우리에게는 큰 축복의 소식이다. 우리에게 주신 하나님의 약속, 우리를 향한 하나님의 계획, 우리를 향하신 하나님의 애정의 태도는 변함이 없기 때문이다. 이 얼마나 큰 은혜인가?

변하지 않는 하나님을 믿는 우리들

변하지 않는 하나님을 믿고 섬기는 우리는 어떤 반응을 보여야 할까?

1. 변하는 것에 우리의 소망을 두지 말자.

시편 102편 26절에서 시인은 변하지 않는 하나님과 변하는 세상을 비교한다. "하늘과 땅은 모두 사라지더라도, 주님만은 그대로 계십니다. 그것들은 모두 옷처럼 낡겠지만, 주님은 옷을 갈아입듯이 그것들을 바꾸실 것이니, 그것들은 다만 지나가 버리는 것일 뿐입니다." 세상에 있는 모든 것들은 세월이 흐름에 따라

낡아지고 약해진다. 그것은 안정감이 없다는 것을 의미하고, 따라서 의지할 대상이 못 된다는 것을 의미한다. 시간이 지나면 썩어질 나무를 기초로 삼아 누가 집을 짓겠는가? 험한 산을 올라갈 때 누가 흔들리는 난간을 붙잡고 그것에 의지해서 오르겠는가? 그런 것들에 의지하다가 결국 무너지면 우리의 삶도 함께 무너져 내릴 것이다.

  돈이 많으면 삶에 부족한 것이 없을 것 같지만, 세월이 흘러 인생의 종착역에 다다랐을 때 비로소 그것이 인생의 전부가 아니며 그것보다 더 중요한 것이 있다는 것을 깨닫게 된다. 결국, 인생은 공수래공수거空手來空手去라는 말을 실감하게 된다. 안락한 집과 좋은 직업, 명예와 권세, 건강과 가족과 같은 것들이 우리의 삶을 성공적으로 만들어 줄 것으로 생각하고 그것들을 얻기 위해 모든 것을 투자하지만, 세월이 지나면서 그것들도 옷처럼 낡아지고 다 지나가 버린다는 것을 깨닫게 된다. 그런 것들은 있으면 잠시는 좋겠지만 일시적일 뿐이다. 결코, 우리의 인생 전체, 우리의 영혼까지 걸만한 것이 못 된다. 그러므로 마치 그런 것들이 없으면 못 살 것처럼 생각하지 말아야 한다. 마치 그러한 것들을 소유하는 것이 삶의 궁극적인 목표인 양 살지 말아야 한다. 그것들은 다 변하는 것들이기 때문이다. 그것들은 왔다가 가는 것들이다. 우리에게 참된 생명, 흔들리지 않는 영원한 생명을 주지 않는다.

  어느 부자가 성공을 거둔 후에 만족하면서 이렇게 말했다. "내 영혼아, 여러 해 동안 쓸 많은 물건을 쌓아 두었으니, 너는 마음 놓고, 먹고 마시고 즐겨라."눅 12:19 인생에 더 이상 부족할 것이 없다고 생각한 것이다. 그러나 그가 놓친 것이 있었다. "하나님께서 말씀하셨다. '어리석은 사람아, 오늘 밤에 네 영혼을 네게서 도로 찾을 것이다. 그러면 네가 장만한 것들이 누구의 것이 되겠느냐?' 자기를 위해서는 재물을 쌓아 두면서도, 하나님께 대하여는 부요하지 못한 사람은 이와 같다."눅 12:20~21 그는 변하는 것에 인생을 걸었고 변하지 않는 하나님을 잊어버린 것이다. 그 결과는 인생의 멸망뿐이다.

변하는 세상에서 진정으로 지혜로운 사람이 누구인가? 오직 영원히 변하지 않는 기둥, 잠깐 있다가 없어지는 것이 아니라 영원히 존재하시는 하나님, 우리의 기도에 변함없이 응답하시는 하나님, 우리를 거룩한 사람으로 빚으시려는 계획을 변함없이 추진하시고 계신 하나님, 우리의 거역하고 반항하는 모습에도 불구하고 한없는 사랑과 긍휼의 눈으로 보시고 변함없이 동행해 주시는 하나님, 바로 이 하나님께 소망을 두고 그를 의지하고 그에게 붙어있는 사람, 이 사람이 지혜 있는 사람이다.

2. 하나님을 향한 마음을 굳건하게 하자.

우리를 향해 변하지 않는 사랑을 보여주신 하나님은 우리도 하나님을 향해서 변함없는 사랑으로 반응하기를 원하신다.

나사렛 예수가 주님이 아니라 가이사가 주님이라고 고백하기만 하면 살려주 겠다는 총독의 회유 앞에서 폴리갑은 이렇게 외쳤다. "86년의 세월을 살아오는 동안 나의 주님은 나를 한 번도 부인한 적이 없었소. 그런데 어찌 내가 이 나이에 나의 주님을 부인할 수 있겠소."

인도 오디사Odisha 지방에서 한센병 환자들과 가난한 사람들을 도우면서 선교 사역을 하던 호주 출신 선교사 그레이엄 스테인즈Graham Staines는 1999년 1월 22 일 기독교 캠프에 참석해서 6살, 10살 된 두 아들과 함께 차 안에서 잠자고 있었 다. 그러나 한밤중에 힌두교 민족주의 광신도들이 갑자기 들이닥쳐 세 사람을 차 안에 감금한 채 불을 질러 버렸다. 결국 세 사람은 아무런 저항도 못하고 죽었다. 고국의 친지와 친구들은 이 참화 소식을 듣고 남편과 아들을 잃은 글래디스 스테 인즈Gladys Staines 선교사에게 귀국을 권고하였다. 인도에 계속 남아 있으면 본인 도 위험하다는 것을 안 글래디스는 고민을 하면서 하나님의 인도하심을 간구했 다. 결국, 그녀는 60명의 한센병 환자들을 버려두고 떠나는 것이 남편의 뜻도 아니고 하나님의 뜻도 아니라고 생각하고 인도에 남아 병원 사역을 계속하기로 결심했다. 그녀는 자신의 결심에 대해 이렇게 말했다. "나는 우리를 사랑하고 신뢰하는 사람들을 버리고 떠날 수 없습니다." 오히려 그녀는 순교한 남편을 기념하여 40병상 규모의 병원을 새로 건립하였다. 그녀는 자신을 향한 하나님의 변함없는 사랑을 본받아 하나님과 사람들을 향해 변하지 않는 사랑을 보여주기를 원한 것이다.22

참된 제자는 많은 어려움에도 불구하고 주님을 따르는 길을 계속해서 묵묵히 걸어가는 사람이다. 하나님 나라의 가치를 따라 사는 것이 힘들다고 포기하고, 사람들과 갈등이 생기고 상처를 받았다고 떠나고, 기도해도 하나님의 응답이 없다고 원망하면서 섬기던 일들을 팽개치고, 일이 잘 풀리지 않는다고 하나님 경배하는 일을 중단하고, 나를 알아주고 인정해주지 않는다고 불평하면서 주저앉는 것은 우리를 위해 십자가의 길을 걸어가신 주님을 따르는 길이 아니다.

예수님은 에베소 교회의 변한 모습을 보시고 이렇게 책망하신다. "너에게 나무랄 것이 있다. 그것은 네가 처음 사랑을 버린 것이다. 그러므로 네가 어디에서 떨어졌는지를 생각해 내서 회개하고, 처음에 하던 일을 하여라. 네가 그렇게 하지 않고, 회개하지 않으면, 내가 가서 네 촛대를 그 자리에서 옮기겠다." 계2:4~5 하나님은 처음 사랑을 변하지 않게 굳건히 지키면서 하나님을 따르는 사람을 귀하게 여기신다. 그리고 그들을 통해서 자신을 나타내 보이시고 자신의 능력을 펼치기를 원하신다. 그들이 하나님의 불변하시는 성품을 드러내기에 적당한 사람들이기 때문이다. 그리고 마지막 날에 그들은 승리자가 되어 하나님의 선물을 받게 될 것이다. "이기는 사람에게는, 내가 하나님의 낙원에 있는 생명나무의 열매를 주어서 먹게 하겠다." 계2:7

오 신실하신 주 내 아버지여, 늘 함께 계시니 두려움 없네.

그 사랑 변찮고 날 지키시며, 어제나 오늘이 한결같네.

오 신실 하신 주 오 신실 하신 주, 날마다 자비를 베푸시며

일용할 모든 것 내려주시니, 오 신실 하신 주 나의 구주. 찬송가 447장

모든 것을 아시는 하나님

Omniscience

인간의 한계와 하나님의 전지하심

1. 전지全知의 중요성

(1) 인간 지식의 대단함과 한계

인류의 역사는 지식의 확장사와도 같다. 지구가 평평하다고 생각했던 때가 불과 몇 백 년 전의 일인데 지금은 지구의 구조뿐만 아니라 우주의 구조까지 꽤 상세히 아는데 까지 왔다. 토끼가 방아를 찧고 있다고 생각하던 시절을 뒤로 하고 이제는 태양계 바깥까지 탐사의 손길이 미치고 있다. 탐사위성을 통해서 전해지는 새로운 지식들은 지구에 갇혀 사는 평범한 인간들에게는 경이로운 일이라고 할 수밖에 없다. 매일 매일 진행되는 지식의 확장을 보면 현기증이 느껴질 정도다.

그러나 지식 혁명이 인간의 지식을 크게 확장시켰다고 해도, 여전히 인간의 지식에는 한계가 있다는 것을 인정할 수밖에 없다. 아직도 우주 생성의 상세한 지식은 얻지 못하고 있다. 인간 복제가 가능한 수준까지 왔지만, 인간의 생각과 마음이 어디에서부터 나오는지 의견이 분분하며, 영혼의 실체에 대해서도 여전히 잘 모른다.

인간 지식의 한계를 인식했던 자는 우리만이 아니었다. 구약 시대 이사야 선지자도 이미 이것을 깨닫고 있었다. 그와 동시에 지식의 한계를 뛰어넘는 존재가 있다는 것도 깨달았다. 바로 그를 불러서 선지자로 세우신 하나님이었다. 그는 성전에서 하나님의 영광을 보고 난 후 하나님에 대해 깊은 지식을 얻게 되었다. 하나님의 거룩하심과 공의를 깨달았을 뿐만 아니라 하나님의 지식의 무한함에 대해서도 알게 된 것이다. 그래서 그는 하나님은 우리 인간의 지식을 훨씬 뛰어넘는 지식을 소유하고 있다고 선포한다.

그는 먼저 수사적 질문을 던진다. "누가 주님의 영을 헤아릴 수 있겠으며, 주님의 조언자가 되어 그를 가르칠 수 있겠느냐? 그가 누구와 의논하시는가? 누가 그를 깨우쳐 드리며, 공평의 도리를 가르쳐 드리는가? 누가 그에게 지식을 가르쳐 드리며, 슬기로운 처세술을 가르쳐 드리는가?" 사 40:13~14 대답은 아무도 없다는 것이다. 하나님보다 더 나은 지식을 가지고 있는 자가 없을 뿐만 아니라, 하나님은 더 알기 위해 배울 필요가 없다는 것이다. 하나님은 세상의 창조자이기에 이미 세상 만물에 대해 완벽한 지식을 가지고 있기 때문이다.

(2) 모든 것을 아시는 하나님

하나님이 세상의 창조자요 주권자라는 것은 하나님의 전지하심을 전제로 하는 것이다. 그의 능력은 완벽한 지식과 결합되어야만 그 기능을 발휘할 수 있기 때문이다. 만약 하나님이 자신의 전능한 능력으로 사람들의 모든 소원을 다 들어준다면 어떻게 될까? 얼핏 생각하면 우리가 꿈꾸는 환상적인 상황이 펼쳐질 것 같지만, 실제로 하나님이 인간의 모든 소원을 다 들어주면 오히려 세상은 엄청난 혼란에 빠지게 될 것이다. 이것을 잘 보여주는 것이 '브루스 올마이티' Bruce Almighty라는 영화다.

영화에는 신적인 능력을 잠시 동안 부여받은 인간인 브루스Bruce가 등장한다. 그는 자신이 얻은 능력을 발휘하여 악당들을 혼내주기도 하고, 연인들을 위해 달을 움직이기도 하고, 자신이 리포터로서 능력을 인정받는 특종들을 만들어 내기도 한다. 마지막으로 자신이 책임 맡은 지역을 돌보라는 사명을 억지로 감당하기 위해 신에게 드려지는 모든 기도에 Yes로 응답한다. 그렇게 하면 모든 사람들이 행복해질 것이라고 생각한 것이다. 그러나 이러한 선의에 한 가지가 결핍되어 있었다. 그것은 기도를 드리는 사람들과 그들의 기도를 들어주었을 때에 어떤 일이 벌어질지에 대해서 미처 '알지 못했다'는 점이다. 결국 그가 응답한 모든 Yes로 인해 세상은 대 혼란에 빠지게 된다. 복권 1등 당첨자가 수만 명에 이르고,

모든 주식이 오르고, 달을 움직인 것 때문에 중국에서 해일이 일어나는 등, 걷잡을 수 없는 '사태'가 발생한다. 브루스가 아무리 전능한 능력을 가지고 있다고 해도 세상이 돌아가는 상황에 대한 지식이 없었기에 그 능력은 엄청난 재앙의 씨앗이 된 것이다. 이처럼 능력이 온전하게 사용되기 위해서는 지식이 결합되어야 한다. 지식 없는 능력은 큰 재앙을 초래할 수 있기 때문이다.

이것은 전능하신 하나님께도 동일하게 적용될 수 있다. 예를 들어, 만약 하나님의 지식이 제한되어 있다면 누가 진짜 죄인인지 모르는 채 심판을 내릴 수도 있을 것이다. 축구 심판이 종종 잘못된 판정을 하고, 재판관이 오심을 내리는 것처럼 하나님도 그러지 말라는 법이 없을 것이다. 그런 하나님께 우리의 운명을 맡기는 것은 매우 위험한 일이 될 것이다. 또한 하나님이 세상의 모든 상황을 알지 못한다면 우리의 기도에도 확신이 사라질 것이다. 하나님이 모든 상황을 다 알고 계시고, 나의 형편도 잘 알고 계시며, 하나님이 가장 선한 것이 무엇인지도 알고 계시다고 믿기에 우리가 그를 신뢰하면서 기도할 수 있는 것이다.

물론 성경에는 "전지"omniscience를 직접적으로 의미하는 헬라어나 히브리어 단어는 나오지 않는다. 그렇다고 해서 하나님의 전지하심이 비성경적인 것은 아니다. 성경에서 서술하고 있는 것들을 잘 살펴보면 하나님이 모든 것을 아시는 분이라는 결론을 내리는 것이 옳기 때문이다.

2. 하나님이 아시는 것

하나님이 전지하다는 것은 무슨 뜻인가? 그의 지식은 무엇을 포함하는 것일까? 하나님의 계시인 성경은 이에 대해 많은 정보를 제공해주고 있다.

(1) 우선 하나님은 세상 만물에 대해 완벽한 지식을 가지고 있다.

하나님 앞에는 아무 피조물도 숨겨진 것이 없고, 모든 것이 그의 눈앞에 벌거숭이로 드러나 있습니다. 우리는 그의 앞에 모든 것을 드러내 놓아야 합니다.히 4:13

하나님이 만물의 창조자이기 때문에 만물에 대해 완벽한 지식을 가지고 있는 것은 당연한 일이다. 하나님은 "권능으로 땅을 만드시고, 지혜로 땅덩어리를 고정시키시고, 명철로 하늘을 펼치신 분"이다.렘51:15

그뿐 아니라 하나님은 우주가 움직이는 원리를 스스로 정하신 분이기에 우주에 존재하는 모든 것들의 원리까지 다 아는 것이 당연하다. 이것을 시인은 이렇게 표현한다. "주님께서 때를 가늠하도록 달을 지으시고, 해에게는 그 지는 때를 알려 주셨습니다."시 104:19 우주의 원리를 정했다는 뜻이다. 그래서 그에게는 인간의 모든 학문물리학, 화학, 천체과학, 지질학, 고고학, 등등으로도 풀리지 않는 미스터리들이 태양 아래 사물처럼 분명하게 인지되고 있을 것이다.

(2) 또한 하나님은 이 세상 역사의 흐름과 그 안에 존재하는 인간들의 생각과 행동까지도 모두 알고 있다. 눅16:15, 요2:25, 행15:8, 살전2:4, 히 4:12~13

주님은 하늘에서 굽어보시며, 사람들을 낱낱이 살펴보신다. 계시는 그곳에서 땅 위에 사는 사람을 지켜보신다. 주님은 사람의 마음을 지으신 분, 사람의 행위를 모두 아시는 분이시다.시 33:13~15

주님, 주님께서 나를 샅샅이 살펴보셨으니, 나를 환히 알고 계십니다. 내가 앉아 있거나 서 있거나 주님께서는 다 아십니다. 멀리서도 내 생각을 다 알고 계십니다. 내가 길을 가거나 누워 있거나, 주님께서는 다 살피고 계시니, 내 모든 행실을 다 알고 계십니다. 내가 혀를 놀려 아무 말 하지 않아도 주님께서는 내가 하려는 말을 이미 다 알고 계십니다.시 139:1~4

그 때에 주님의 영이 내 위에 내리셔서, 내게 말씀하셨다. "너는 이스라엘 족속에게 일러라. '나 주가 이렇게 말한다. 이스라엘 족속아, 너희가 하는 말과 너희 마음속에 품은 생각을 나는 잘 안다.'" 겔 11:5

(3) 하나님은 과거와 현재의 일들뿐만 아니라 미래에 일어날 모든 일들에 대해서도 알고 있다. 사 7:14, 미 5:2

처음부터 내가 장차 일어날 일들을 예고하였고, 내가 이미 오래 전에 아직 이루어지지 않은 일들을 미리 알렸다. '나의 뜻이 반드시 성취될 것이며, 내가 하고자 하는 것은 내가 반드시 이룬다'고 말하였다. 사 46:10

고레스를 보시고는 '너는 내가 세운 목자다. 나의 뜻을 모두 네가 이룰 것이다' 하시며, 예루살렘을 보시고는 '네가 재건될 것이다' 하시며, 성전을 보시고는 '너의 기초가 놓일 것이다' 하신다. 사 44:28

(4) 하나님은 미래에 일어날 일들을 아실뿐만 아니라, 미래에 실제로는 일어나지 않았지만 어떤 조건에서는 일어날 '가능성'이 있는 일들까지도 모두 아신다.

사무엘상 23장 7~13절에서 사울을 피해 도망 다니다가 그일라에 머물고 있었던 다윗은 하나님께 "그일라 주민이 나를 사울의 손에 넘겨주겠습니까? 이 종이 들은 소문 그대로 사울이 내려오겠습니까?" 하고 묻는다. 이 질문에 하나님은 사울이 내려올 것이고 주민들이 다윗을 그에게 넘겨줄 것이라고 대답해주셨다. 이 대답을 들은 다윗은 그일라를 떠났고, 사울은 그 소식을 듣고 그일라로 오지 않았다. 실제로는 사울이 그일라에 오지 않았지만, 하나님은 다윗이 그일라에 계속 머물러 있었다면 일어날 가능성이 있는 일에 대해서도 알고 있었다는 것을 보여준다. 또한 이스라엘이 불순종한 결과 멸망의 길을 걷게 되었을 때 하나님은 자신에게 순종했다면 약속의 땅에서 복을 받으며 살게 되었을 것이라고 자주 한탄하셨는데, 이 말씀에도 하나님의 미래의 가능성에 대한 지식이 포함되어 있다.

이것이 보여주는 것이 무엇인가? 하나님은 실제로는 일어나지 않았지만, 어떤 조건에서 일어날 가능성이 있는 일들도 아신다는 것이다. 그런데 이것은 우리 인간들도 추정을 통해서 어느 정도 알 수 있는 지식에 속한다. 우리도 현재 우리가 선택할 수 있는 여러 선택지를 살펴보면서, 어떤 조건에서 어떤 선택을 하면 어떤 결과가 나올 것이라고 예측하면서 선택을 한다. 그래서 어떤 결과를 얻는다. 그 결과에 대해 미리 안다는 것은 단순한 '미래의 지식'에 속하지만, 다른 선택을 했을 때 나올 결과에 대해서 미리 아는 것을 '미래 가능성에 대한 지식'이라고 한다. knowledge of possibilities

이것을 좀 더 자세하게 설명해보자. 우리가 X라는 사람을 잘 알고 있다고 가정해보자. 그러면 그가 A와 B 두 개의 선택지 중에서 어느 쪽을 선택할지 100% 명확하게 알지는 못하지만 각각의 선택이 가져오는 결과에 대해 추정할 수는 있을 것이다. 그래서 그가 A라는 선택을 하면 B라는 결과가 나올 것으로 추정하고, C라는 선택을 하면 D라는 결과가 나올 것으로 추정한다. 그러나 이것은 순전히 추정일 뿐이다. 반드시 그렇게 된다는 확신은 없다. 시간이 지나 그 사람이 실제로 A라는 선택을 했고 결과도 B로 나왔다면 우리의 추정 또는 예측이 맞았다고 말할 것이다. 그러나 이것도 늘 맞는다는 보장은 없다. 인간은 전지하지 않기 때문이다. 그런데 그가 A라는 선택을 했다면 C라는 선택을 하지는 않은 것이다. 그러므로 그가 A를 선택했다면 C라는 선택지는 가능성으로만 남게 된다. 그래서 C를 선택할 때 D라는 결과가 나올지 확인 불가능하며 우리의 예측이 맞는다는 확신도 할 수 없게 된다. 실제로 일어난 일이 아니기 때문이다. 그러나 하나님은 C라는 행동의 결과가 반드시 D로 나타날지에 대해서도 정확한 지식을 가지고 있다는 것이다.

그래서 인간은 여러 조건들을 살펴보면서 미래 예측을 할 수 있지만 그 정확성은 보장할 수 없다. 우리의 예측은 추정일 뿐이기 때문이다. 그러나 하나님의 예측은 정확한 지식이다. 그래서 어떤 조건이 충족되면 반드시 그런 일이 일어난다는 것을 정확하게 아시는 것이다. 하나님은 이런 지식이 있기에 우리에게 순종을 원하시는 것이다. 순종의 결과가 무엇이고, 불순종의 결과가 무엇인지 정확히 알고 계시기 때문이다.

(5) 하나님의 지식은 그의 존재가 영원한 것과 같이 영원한 지식이다.

이 말은 하나님의 지식은 변하거나 자라는 것이 아니라는 뜻이다. 우리 인간처럼 몰랐던 때가 있었고 시간이 지나면서 점차 배워서 알게 되는 것이 아니라는 뜻이다. 하나님은 처음부터 완전한 지식을 가지고 있었고 앞으로도 계속 그러할 것이다. 이러한 하나님의 지식의 광대하심을 깨달은 바울은 이렇게 외칠 수밖에 없었다. "하나님의 지혜와 지식은 어찌 그리 깊고 깊으십니까? 그 어느 누가 하나님의 판단을 헤아려 알 수 있으며, 그 어느 누가 하나님의 길을 더듬어 찾아낼 수 있겠습니까?" 롬 11:33

하나님의 전지하심에 대해 제기되는 문제들

근래에 몇몇 신학자들은 하나님의 전지하심이 미래에 관한 지식까지 포함하는 것은 아니라고 주장하면서 하나님의 전지하심에 제한을 가하려고 한다. 이것은 과거에 소시누스Socinus가 주장했고, 현대에 자유의지 신론주의자free will theist와 열린 신론주의자open theist가 주장하는 것이다. 23

하나님이 미래의 모든 일들을 안다는 것이 인간의 이성으로는 받아들이기 쉽지 않다. 더욱이 인간의 자유의지를 강조하는 사람들에게는 하나님의 미래에 관한 지식이 미래의 모든 사건을 미리 결정하고 있는 것처럼 보일 수 있기 때문에 더욱 그렇다. 그래서 이들은 하나님의 미래에 관한 지식과 인간의 자유로운 행동이 양립하는 것이 논리적으로 불가능하다고 생각하며, 성경에서도 하나님의 완전한 미래 지식을 말하고 있지 않다고 주장한다. 그러므로 하나님의 전지하심을 이해하기 위해서는 이들이 제기하는 문제를 정직하게 다뤄야 한다.

하나님의 미래적 지식과 관련된 문제는 두 가지 방향에서 제기된다. 하나는, 하나님의 미래에 관한 지식과 인간의 자유의지의 충돌에 관한 문제이고, 다른 하나는, 하나님이 미래의 일을 몰랐던 것처럼 보이는 성경구절과 관련된 것이다.

1. 하나님의 미래에 관한 지식과 우리의 자유로운 행동

(1) 하나님의 전지하심에 제한을 가하려는 사람들은 하나님의 전지하심이 인간의 자유로운 행동과 필연적으로 충돌하게 된다고 주장한다.

그들의 주장은 다음과 같은 논리적 순서를 따른다.

① 만약 하나님이 전지하시다면 그는 미래를 포함한 모든 일들을 완전하게 아실 것이다.

② 이 지식에는 인간이 하는 미래의 모든 행동도 포함될 것이다.

③ 그렇다면 하나님은 T라는 시점에서 A라는 사람이 B라는 행동을 할 것도 미리 알고 계실 것이고, 하나님의 지식이 틀림없다면 A는 반드시 B라는 행동을 하게 될 것이다.

④ 그러나 만약 A가 B라는 행동을 하지 않는다면 하나님의 지식은 틀린 것이 될 것이다. 그러나 하나님의 전지하심이 성립되려면 A는 반드시 B라는 행동을 해야 할 것이고, 이것이 의미하는 것은 그가 다른 행동을 할 자유가 없다는 것이다.

⑤ 결론적으로 두 가지 가능성이 생긴다. 첫째, 만약 A라는 사람이 B라는 행동을 할 수밖에 없다면 A는 행동의 자유가 없는 것이다. 둘째, 만약 A라는 사람

이 자유의지가 있어서 B라는 행동이 아니라 다른 행동을 한다면 하나님은 미래의 모든 일들을 다 아는 것이 아니다.

⑥ 요약한다면, 만약 하나님이 미래에 일어날 모든 일을 다 아신다면 미래는 고정되는 것이고, 그러면 우리의 선택은 자유로울 수 없다. 그래서 인간에게 자유의지가 있어서 그 의지대로 자유롭게 선택하고 행동할 수 있으려면 하나님이 인간의 선택을 포함해서 미래에 일어날 모든 일들을 알 수 없어야 한다.

⑦ 결론적으로, 아직 일어나지 않은 일들은 하나님이 알지 못한다. 하나님은 미래의 우리의 선택을 존중하시고, 그것에 따라 펼쳐질 미래를 열어놓으셨으며, 따라서 미래에 어떤 일이 일어날지 모른다.

그래서 이들이 생각하는 하나님을 'Open God' 열린 하나님이라고 하고, 이들의 주장을 Open Theism 열린 신론이라고 한다. 하나님은 미래를 열어 놓았다는 뜻이다.

(2) 그렇다면 이들은 하나님이 미래에 어떤 일이 일어날 것이라고 예언하신 성경의 수많은 예언들과 그것들의 성취에 대한 기록에 대해서는 어떻게 생각할까?

'열린 신론'은 예언의 성취는 하나님의 전지하심을 반드시 전제할 필요가 없으며, 다만 하나님이 자신이 생각한대로 일을 진행시켜나갈 것이라는 의지를 나타낼 뿐이라고 말한다. 그래서 예언은 다양한 방식으로 성취될 수도 있으며, 실제로 하나님께서 어떤 조건만 조성하실 뿐이고 나머지는 인간의 자유의지의 선택에 달린 문제라고 주장한다.

이런 주장을 하는 근본적인 이유는 두 가지인데, 첫째, 인간의 자유의지와 하나님의 미래에 대한 지식이 충돌된다고 생각하며, 둘째, 이 충돌을 해결하기 위해서 이들은 인간의 자유의지를 훼손하지 않는 것을 더 중요하게 여겨서 하나님의 미래적 지식을 제한하는 쪽을 선택한 것이다.

(3) 그러나 '열린 신론'의 주장처럼, 하나님이 예언하신대로 일이 진행된다고 해서 반드시 인간의 자유로운 선택이 제한되는 것은 아니다. 하나님의 미래적 지식이 의미하는 것은, 하나님은 인간이 자신의 자유의지를 사용해서 어떤 결정을 하고, 그러한 결정들이 모여서 어떤 결과를 가져올지를 미리 안다는 것뿐이다. 그러므로 미리 안다는 것이 반드시 행위 주체인간의 결정권을 속박하게 되는 것은 아니다.

몇 가지 예를 생각해보자.

예수님은 베드로가 닭 울기 전에 세 번 부인할 것을 예언하셨다.마 26:34 얼마 후에 베드로는 위험한 상황을 모면하기 위해 실제로 예수님을 세 번 부인하였다.마 26:69~75 예수님의 예언이 그대로 이루어진 것이다. 베드로는 자신의 의지와는 상관없이 강압에 의해 행동한 것이 아니다. 왜냐하면 세 번 부인한 후에 그는 자신의 잘못을 깨닫고 회개했기 때문이다. 만약 자유의지가 아니라 강압에 의한 행동이었다면 그 책임이 베드로에게 있는 것이 아니라 강압적으로 시킨 주체에게 있기 때문에 베드로가 회개할 필요가 없었을 것이다.

또한 예수님은 가룟 유다가 자신을 배신할 것을 미리 아셨다.요 13:18 그렇다고 해서 가룟 유다가 자유의지로 행동하지 않았고, 따라서 아무런 잘못이 없는 것이 아니다. 예수님은 배신의 책임을 그에게 물었다. 즉 예수님도 결코 가룟 유다가 자신의 의지와는 무관하게 꼭두각시처럼 행동했다고 생각하지 않았다는 것이다. 예수님의 미리 아심이 가룟 유다의 자유로운 행동을 제한하는 것이 아니라는 뜻이다.

또한 예수님의 구속 사역에 대한 예언도 그것이 성취되는 과정에서 수많은 사람들의 자율적인 행동이 필요했다. 하나님이 이 예언이 미래에 성취될 것을 안다고 해서 그 과정에 포함된 사람들의 모든 행동을 구속하거나 꼭두각시처럼 움직이게 했다는 뜻은 아닐 것이다. 예를 들어, 베드로는 행 2:23에서 예수님의 죽음을 "하나님이 정하신 계획을 따라 미리 알고 계신 대로 된 일"이라고 말하지만, 그와 동시에 예수님을 죽인 자들이 아무런 책임이 없다고 말하지 않는다. 행 4:27~28

창세기 15장 13~16절에서 하나님은 아브라함의 후손들이 타국에서 노예가 되었다가 다시 가나안으로 돌아올 것이라고 예언한다. 이 예언이 성취되는 과정에는 수많은 사람들의 행동이 필요했다. 요셉을 애굽으로 팔아버린 형들의 행동, 보디발 아내가 요셉을 유혹하는 행동, 바로 왕이 자신의 신하들을 감옥에 가두는 행동, 바로가 요셉을 총리로 세우는 행동, 기근으로 양식을 구하러 애굽으로 아들들을 보내는 야곱의 행동, 요셉을 모르는 바로의 이스라엘 핍박 행동, 모세와 아론이 애굽으로 가서 이스라엘을 구원하려는 행동, 등등. 만약 미래에 어떤 일이 이루어진다는 것을 아는 하나님의 지식이 인간의 자유로운 행동을 불가능하게 하는 것이라면, 이스라엘 백성이 출애굽해서 다시 가나안으로 돌아오는 과정에서 필요했던 수많은 사람들의 행동 모두가 전혀 자유로운 것이 아니라는 뜻이 될 것이다. 마치 사람들이 하나님의 꼭두각시처럼 움직였다는 말이 될 것이다. 그러나 하나님이나 성경은 이 사람들이 꼭두각시처럼 움직였다고 전혀 암시하지 않고, 오히려 그들이 자신의 의지를 사용해서 자율적으로 결정하여 행동했다고 본다. 그래서 그들의 행동에 대해 책임을 묻는 것이다.

이처럼 성경에는 하나님이 미래의 일을 예언하고 그 일이 성취되는 경우가 많이 기록되어 있는데, 그 모든 것을 인간의 자유의지를 구속하는 것으로 이해하면 인간의 어떤 행동도 자유롭다고 말하기 어려울 것이다. 그러므로 하나님이 미리 안다는 것은 어떤 인간이 자유로운 의지를 사용하여 어떤 행동을 할지를 미리 알고 있다는 뜻일 뿐, 그 인간의 행동을 미리 규정하는 것은 아니다. 그 사람은 순전히 자유로운 의지에 의해 결정하고 행동을 할 수 있기 때문이다. 24

(4) 하나님은 참된 신과 거짓 신을 구별하는 중요한 잣대가 미래의 일을 정확

하게 예언하는지 여부라고 말씀하신다.^{사 41:21~23} 미래 일에 대한 정확한 지식은 선지자의 진위를 판별하는 데에도 동일하게 사용된다.^{신 18:21~22} 그래서 성경은 하나님의 예언이 성취되었다는 것을 여러 차례 기록하면서 여호와 하나님이 참된 신이며, 예수 그리스도도 참된 메시아라는 것을 보여주려고 한다.

> 전에 예고한 일들이 다 이루어졌다. 이제 내가 새로 일어날 일들을 예고한다. 그 일들이 일어나기 전에, 내가 너희에게 일러준다.^{사 42:9}
>
> 예수께서 그에게 말씀하셨다. '내가 진정으로 네게 말한다. 오늘 밤에 닭이 울기 전에, 네가 세 번 나를 모른다고 할 것이다.'^{마 26:34}

이처럼 성경은 하나님이 미래의 모든 일들을 정확하게 알고 계시다고 분명하게 말하고 있고, 동시에 인간도 자신의 의지에 따라 스스로 판단하여 행동하고 있다고 말한다. 그래서 그 행위에 대해 인간에게 책임을 묻는 것이다. 따라서 이 두 가지가 양립 불가능하다고 볼 필요는 전혀 없다.

2. 하나님이 알지 못한다고 말하는 것처럼 보이는 구절들

하나님의 미래에 관한 완전한 지식이 인간의 자유로운 행동과 양립 가능하다고 논리적으로 신학적으로 설명할 수 있지만, 성경에는 하나님이 미래의 일을 몰랐다가 나중에야 알게 된 것처럼 말하는 구절들이 나온다. 그래서 '열린 신론'은 이런 구절들을 근거로 하나님의 미래 지식에 제한을 가하려고 한다.

(1) "주님께서 사람들이 짓고 있는 도시와 탑을 보려고 내려오셨다."^{창 11:5}
이것은 하나님이 바벨탑을 쌓은 인간의 행동을 몰라서 내려오신다는 뜻인가?

그렇지 않다. 이것은 하나님이 새로운 지식을 얻겠다는 것이라기보다는 심판의 행동이 임박했다는 것을 의미하는 것일 뿐이다.

소돔과 고모라에 관한 것도 비슷한 경우다. 창 18:20~21 "주님께서 또 말씀하셨다. '소돔과 고모라에서 들려오는 저 울부짖는 소리가 너무 크다. 그 안에서 사람들이 엄청난 죄를 저지르고 있다. 이제 내가 내려가서, 거기에서 벌어지는 모든 악한 일이 정말 나에게까지 들려 온 울부짖음과 같은 것인지를 알아보겠다.'"

하나님이 인간과의 관계 속에서 인간이 경험하는 시간의 흐름을 따라 마치 새로운 지식을 얻는 것처럼 표현하는 것은 신인동형적 표현anthropomorphism, 즉 인간의 관점에서 표현하는 눈높이 표현법이다. 하나님이 정말로 모른다는 뜻이 아니라, 위에서 언급했듯이, 심판의 임박성이나 하나님의 깊은 관심을 표현하는 것에 불과하다.

(2) 믿음을 테스트한 후에야 진정한 믿음 여부를 알 수 있다고 말하는 구절들
욥 31:6, 시 139:23

대표적인 장면이 아브라함이 이삭을 제물로 바치려는 순간이었다. "천사가 말하였다. '그 아이에게 손을 대지 말아라! 그 아이에게 아무 일도 하지 말아라! 네가 너의 아들, 너의 외아들까지도 나에게 아끼지 아니하니, 네가 하나님 두려워하는 줄을 내가 이제 알았다.'" 창 22:12 이것은 아브라함을 테스트하기 전까지는 하나님께서 그의 진실한 믿음을 알 수 없었다는 뜻인가? 여기서 초점은 하나님의 지식에 있는 것이 아니라 아브라함의 믿음에 대한 확인에 있다. 약 2:21에서 야고보가 말했듯이 "우리 조상 아브라함이 자기 아들 이삭을 제단에 바치고서 행함으로 의롭게 된 것이 아닙니까?" 하나님은 자신을 향한 아브라함의 믿음이 구체적인 행동을 통해 실증되기를 원했다. 그러므로 "네가 하나님 두려워하는 줄을 내가 이제 알았다"라는 표현은 하나님의 무지를 나타내는 것이 아니라 아브라함의 믿음이 증명된 것에 대한 하나님의 만족감의 표현으로 이해해야 한다.

하나님께서 이스라엘 백성을 출애굽 이후 광야에서 40년 동안 머물게 한 목적에 대해 신 8:2은 이렇게 말한다. "당신들이 광야를 지나온 사십 년 동안, 주 당신들의 하나님이 당신들을 어떻게 인도하셨는지를 기억하십시오. 그렇게 오랫동안 당신들을 광야에 머물게 하신 것은, 당신들을 단련시키고 시험하셔서, 당신들이 하나님의 계명을 지키는지 안 지키는지, 당신들의 마음속을 알아보려는 것이었습니다." 이와 유사한 구절이 신 13:3에도 나온다. "당신들은 그 예언자나 꿈으로 점치는 사람의 말을 듣지 마십시오. 이것은 주 당신들의 하나님이, 당신들이 정말 마음을 다하고 정성을 다하여 주 당신들의 하나님을 사랑하는지를 알고자 하셔서, 당신들을 시험해 보시는 것입니다." 이스라엘 백성들이 하나님의 명령을 잘 지키는지 알아보기 위해 시험을 했다는 의미다. 그렇다면 테스트 전까지는 하나님이 잘 몰랐다는 말인가?

하나님은 종종 사람들의 마음을 살펴보시며, 그들이 전심으로 하나님을 섬기는지 테스트하신다. 그렇게 하는 이유는 하나님이 사람들의 마음을 몰라서가 아니라 하나님을 사랑하는 그들의 마음을 스스로의 결단으로 구체적으로 드러내기를 원하시기 때문이다. 하나님은 말이 아니라 구체적인 행동을 중요하게 여기신다. 그리고 우리의 반응에 따라 하나님도 적절하게 반응하신다. 그러므로 "당신들이 하나님의 계명을 지키는지 안 지키는지, 당신들의 마음속을 알아보려는 것이었습니다" 라는 표현은 백성들이 자신의 믿음을 보여줄 기회를 주심과 동시에 그들의 믿음을 더욱 굳건하게 세우기 원하는 뜻을 내보이신 것으로 이해하는 것이 옳다.

(3) 멸망당한 이스라엘 백성을 다시 회복하겠다고 말씀하시면서 하나님은 이렇게 약속하신다. "내가 그들의 허물을 용서하고, 그들의 죄를 다시는 기억하지 않겠다. 나 주의 말이다."렘 31:34 그런데 모든 것을 다 아시는 하나님이 어떻게 어떤 것을 기억하지 않을 수가 있는가? 기억하지 못한다는 것은 알지 못한다는 것과 같은 것이 아닌가?

그러나 이것은 하나님께서 자기 백성들의 죄를 용서하시고 그 죄들을 백성들을 정죄하는데 사용하지 않겠다고 하는 강한 의지의 시적 표현으로 보는 것이 옳다. 이것은 절대적인 측면에서 죄를 기억하지 않겠다는 의미라기보다는 관계적인 측면에서 말하는 것이라고 보아야 한다.

〈결론〉하나님의 전지하심에 대해 제기되는 두 가지 의문에 대한 응답에 더해서 성경은 여러 가지 방식으로 하나님이 미래의 모든 일을 알고 계신다고 분명하게 말하고 있다.

> 나의 형질이 갖추어지기도 전부터, 주님께서는 나를 보고 계셨으며, 나에게 정하여진 날들이 아직 시작되기도 전에 이미 주님의 책에 다 기록되었습니다.시 139:16

> 전에 예고한 일들이 다 이루어졌다.사 42:9

> 처음부터 내가 장차 일어날 일들을 예고하였고, 내가, 이미 오래 전에, 아직 이루어지지 않은 일들을 미리 알렸다. '나의 뜻이 반드시 성취될 것이며, 내가 하고자 하는 것은 내가 반드시 이룬다'고 말하였다.사 46:10

> 헤롯이 죽을 때까지 거기에 있었다. 이것은 주님께서 예언자를 시켜서 말씀하신 바, '내가 이집트에서 내 아들을 불러냈다' 하신 말씀을 이루시려는 것이었다.마 2:15

> 하나님 너희 아버지께서는, 너희가 구하기 전에, 너희에게 필요한 것이 무엇인지를 알고 계신다.마 6:8

그러므로 우리는 하나님은 무한하신 능력으로 과거와 현재와 미래의 모든 일들을 아시며, 우주의 광대한 지식뿐만 아니라 아주 세세한 일들까지 모두 알고 계신다고 결론내리는 것이 옳다. 하나님이 미래의 일을 모른다면 그가 어떻게 역사의 주인이 되겠는가? 그가 어떻게 세상의 주권자라고 할 수 있겠는가? 어떻게 우리가 그를 신뢰할 수 있겠는가? 어떻게 모든 것을 합하여 선을 이루겠다는 약속을 믿을 수 있겠는가?

하나님의 전지하심과 우리들

이제 하나님의 전지하심이 우리에게 주는 의미에 대해 생각해보자.

1. 하나님이 사람의 마음과 행동을 모두 안다는 것은 두려움의 소식이다.

(1) 하나님은 우리의 모든 마음과 생각을 다 아신다.

> 내가 앉아 있거나 서 있거나 주님께서는 다 아십니다. 멀리서도 내 생각을 다 알고 계십니다. 시 139:2
>
> 죽음과 파멸도 주님 앞에서 드러나거늘, 사람의 마음이야 더욱 그러하지 않겠는가! 잠 15:11
>
> 주님께서는, 주님께서 계시는 곳 하늘에서 들으시고 판단하셔서, 그들을 용서해 주십시오. 주님께서는 각 사람의 마음을 아시니, 주님께서 각 사람에게 그 행위대로 갚아 주십시오. 주님만이 모든 사람의 마음을 아십니다. 왕상 8:39

심지어 하나님은 숨기고 싶은 마음 속 비밀까지도 다 아신다.

> 마음의 비밀을 다 아시는 하나님께서 어찌 이런 일을 찾아내지 못하셨겠습니까?시 44:21

우리 속에 숨어있는 질투, 탐욕, 시기, 분노, 욕정의 생각을 하나님은 다 아신다는 것이다.

또한 하나님은 우리의 모든 행동, 심지어는 비밀리에 행한 모든 것까지 알고 계신다.

> 내가 길을 가거나 누워 있거나, 주님께서는 다 살피고 계시니, 내 모든 행실을 다 알고 계십니다.시 139:3

> 너는 그것이 '내가 알 바 아니라'고 생각하며 살겠지만, 마음을 헤아리시는 주님께서 어찌 너의 마음을 모르시겠느냐? 너의 목숨을 지키시는 주님께서 다 알고 계시지 않겠느냐? 그분은 각 사람의 행실대로 갚으실 것이다.잠 24:12

그러므로 우리는 하나님 앞에서 위선적인 태도를 취해봤자 소용이 없다. 하나님은 모든 것을 꿰뚫어 보시기 때문이다.

바리새인들이 성전에서 일어서서 두 손을 들고 큰 소리로 기도할 때 사람들은 그 할리우드 액션에 속아 넘어갈지 몰라도, 하나님은 그들의 위선적인 마음을 아신다. 그래서 예수님은 기도할 때 골방에 들어가 은밀한 가운데 보시는 하나님께 하라고 말씀하신 것이다.마 6:6 하나님은 위선과 교만을 싫어하시며, 그것을 정확히 꿰뚫어 보시기 때문이다.마 6:2, 5, 16, 23:27, 약 3:17, 4:6

소위 믿음이 좋다고 하는 많은 사람들이 바리새인의 위선에 물들고 있다. 겉으로는 신앙이 좋은 체 하면서 그것을 토대로 교회에서 권력을 행사하지만, 실제로는 하나님과 사람을 사랑하는 진실된 마음이 없다. 이것은 종교성을 가장하여 이익을 취하려는 동기에서 비롯된 것이다. 더 심하게 말한다면, 하나님을 팔아서 자신의 욕심을 채우는 행위와 같다. 그러므로 우리는 하나님이 나의 마음과 동기까지 꿰뚫어보신다는 것을 기억해야 한다. 이런 하나님 앞에서 취해야 할 올바른 태도는 다윗의 기도를 드리면서 내 마음을 점검하는 것이다. "하나님, 나를 샅샅이 살펴보시고, 내 마음을 알아주십시오." 시 139:23

(2) 우리의 모든 생각과 행동을 속속들이 아시는 하나님 앞에서 우리가 보이게 되는 즉각적인 반응은 두려움일 수밖에 없다.

하나님께서 내가 모르는 우주의 신비에 대해 잘 안다고 생각하는 것은 경이로울 뿐이지 나와 직접적인 상관성은 별로 없을 수 있다. 그러나 하나님의 지식의 대상이 나 자신이라고 생각하면 갑자기 불안해지고 불편해지며, 두려움과 공포가 몰려온다. 독심술을 가진 사람에게 내 속을 다 들켜버리게 되면 다시는 그 사람 앞에 가고 싶지 않을 것이다. 그 사람 앞에서는 말도 제대로 못하고 행동도 맘대로 하지 못할 것이다. 예리한 눈으로 내 말과 행동의 속내를 다 들여다볼 것 같기 때문이다. 그런데 하나님이 바로 나의 속까지 꿰뚫어 보시는 분이라는 것이다. "하나님 앞에는 아무 피조물도 숨겨진 것이 없고, 모든 것이 그의 눈앞에 벌거숭이로 드러나 있습니다. 우리는 그의 앞에 모든 것을 드러내 놓아야 합니다." 히 4:13

그래서 A. W. 토저 목사는 특별히 은밀한 죄를 숨기고 있는 사람들에게는 하나님의 전지하심이 전율을 일으키는 공포의 원인이 된다고 말한다.25 마음에 악한 생각을 품거나 악한 행동을 하는 사람들은 모든 것을 아시는 하나님을 두려워 피하려고 할 것이다. 마치 아담과 하와가 죄를 짓고 숨는 것처럼 하나님을 대면하지 않으려고 할 것이다. 우리가 외면하면 하나님도 모르실 것이라는 소망어린 착각 속에서 그렇게 할 것이다. 그러나 우리가 아무리 자신을 숨기고, 꾸미고, 가장하려고 해도 이미 하나님은 우리의 모든 것을 다 알고 계신다. 하나님께는 볼 수 없는 흑암이란 없다. 다윗이 고백한 것처럼 "주님 앞에서는 어둠과 빛이 다 같기" 때문이다. 시 139:12

그러므로 우리 자신을 살펴서 모든 것을 아시는 하나님 앞에 죄와 허물을 회개하고 진실한 삶으로 돌이키는 것이 현명한 태도일 것이다. 다윗은 자신의 모든 것을 하나님이 알고 있다는 사실을 깨달은 후에 하나님 앞에 나아가서 기도한다. "하나님, 나를 샅샅이 살펴보시고, 내 마음을 알아주십시오." 시 139:23 겉으로 드러나 있는 것뿐만 아니라 나도 모르는 내면의 동기와 의도들, 도사리고 있는 죄악의 경향들까지 드러내 보여주시기를 간구하고 있는 것이다. 그래서 혹시 하나님 앞에 잘못된 것이 있으면 지적해 주시고, 고쳐주셔서, 올바른 하나님의 길로 나아가게 해 달라고 간구한다. 24절 "내가 나쁜 길을 가지나 않는지 나를 살펴보시고, 영원한 길로 나를 인도하여 주십시오."

(3) 사람의 마음과 행동을 다 아시는 하나님은 인간이 저지른 악에 대해서도 다 아시며, 그것에 대해서 공정하고 엄중하게 심판하실 것이다.

현실 세상에서는 죄를 지은 사람들이 심판을 받지 않고 여전히 술수를 써가면서 승승장구하는 모습을 종종 보게 된다. 그들은 하나님이 자신들의 악행을 전혀 모른다고 생각한다. "주님 몰래 음모를 깊이 숨기려는 자들에게 재앙이 닥칠 것이다. 그들은 어두운 곳에서 남 몰래 음모를 꾸미는 자들이다. '누가 우리를 보랴! 누가 우리를 알랴!' 한다." 사 29:15

현실의 부조리가 너무 크게 보이기 때문에 심지어 의인들조차도 하나님을 향해 원망의 목소리를 높인다. "주님께서는 눈이 맑으시므로, 악을 보시고 참지 못하시며, 패역을 보고 그냥 계시지 못하시는 분입니다. 그런데 어찌하여 배신자들을 보고만 계십니까? 악한 민족이 착한 백성을 삼키어도 조용히만 계십니까?" 합 1:13

그러나 하나님은 골방에서 꾀한 악한 행동들까지 모두 알고 계시며 반드시 그것에 합당한 심판을 내리실 것이다.

> 포악한 자는 사라질 것이다. 비웃는 사람은 자취를 감출 것이다. 죄 지을 기회를 엿보던 자들이 모두 끝장 날 것이다.사 29:20

> 네가 악한 일에 자신만만하여 '아무도 나를 감시하지 않는다' 하였다. 너의 지혜와 너의 지식이 너를 잘못된 길로 들어서게 하였고, 너의 마음속으로 '나보다 더 높은 이가 없다'고 생각하게 하였다. 불행이 너에게 닥쳐와도 너의 점술이 그것을 막지 못할 것이며, 너에게 재난이 덮쳐도 네가 거기에서 벗어나지 못할 것이다. 네가 생각지도 못한 파멸이, 순식간에 너에게 이를 것이다.사 47:10~11

우리의 모든 행동을 보시는 하나님 앞에서 자신의 죄악을 회개하지 않는 자들에게는 반드시 심판이 임할 것이다. 시기와 방식은 우리가 정확하게 알지 못하지만, 세상의 주권자요 공의로운 심판관이 되시는 하나님이 인간의 악행에 보응하는 심판을 내리실 것이라는 사실은 분명하다. 그러므로 우리는 악을 행하는 자들의 번성을 부러워하지 말고 하나님의 심판의 손을 기다려야 한다. 그러면서 우리는 다음과 같은 시인의 고백에 동참해야 한다.

> 불쌍한 사람이 억눌림을 당하고, 가련한 사람이 폭력에 쓰러집니다. 악인은 마음속으로 이르기를 '하나님은 모든 것에 관심이 없으며, 얼굴도 돌렸으니, 영원히 보지 않으실 것이다' 합니다. 주님, 일어나십시오. 하나님, 손을 들어 악인을 벌하여 주십시오. 고난 받는 사람을 잊지 말아 주십시오. 어찌하여 악인이 하나님을 경멸하고, 마음속으로 '하나님은 벌을 주지 않는다' 하고 말하게 내버려두십니까? 주님께서는 학대하는 자의 포악함과 학대받는 자의 억울함을 살피

시고 손수 갚아 주려 하시니 가련한 사람이 주님께 의지합니다. 주님께서는 일찍부터 고아를 도우시는 분이셨습니다.시 10:10~14

모든 것을 아시는 하나님은 두려워해야 할 존재다. 어떤 생각과 행동도 그의 눈을 피할 수 없다. 우리 눈에 하나님이 보이지 않는다고 하나님이 우리를 보지 않는 것은 아니다. 사람들은 보지 못할지라도 하나님은 보시기 때문이다. 그러므로 우리는 하나님의 임재를 인식하면서 그 앞에서 투명한 삶을 살기로 작정하는 것이 현명하다. Coram Deo 하나님 앞에서 그것이 하나님의 살아계심과 그의 전지하심을 믿는 자의 합당한 반응이다.

2. 하나님께서 나의 모든 것을 알고 계신다는 사실은 우리에게 위로가 된다.

(1) 하나님은 나의 모든 것더러운 생각들, 숨겨진 죄악, 잘못된 동기와 행동을 아시면서도 여전히 사랑하시고 구원하신다.

하나님은 우리가 의롭기 때문에 구원하신 것이 아니다. 우리가 깨끗하고 항상 옳은 생각을 하고 바르게 행동하기 때문에 선택하신 것도 아니다. 하나님은 "우리가 아직 죄인이었을 때에" 독생자 예수 그리스도를 보내서 우리를 대신해서 죽게 하여 "우리들에 대한 자기의 사랑을" 실증하신 것이다. 롬 5:8 하나님은 "우리가 한갓 티끌임을" 알고 계시지만시 103:14, 그러한 우리를 자신의 품에 품으시고 그리스도의 보혈의 옷으로 입히신 것이다.

그러므로 우리의 숨겨진 과거가 드러날까 두려워할 필요가 없다. 사탄이 우리의 과거를 들추어서 그것을 이용해서 협박을 해도 겁먹을 필요가 없다. 이미 하나님은 그 모든 것을 알고 용서하셨기 때문이다. 그렇기에 우리는 은혜의 보좌 앞으로 담대하게 나아갈 수 있다. 히 4:16 비록 우리가 죄인이었고 지금도 여전히 죄에 쉽게 굴복하는 연약한 인간이지만, 나의 연약함을 다 알고도 은혜를 베풀어 주신 하나님이 우리의 아버지이시기에 용기를 얻고 그 앞에 나아갈 수 있는 것이다.

(2) 하나님은 우리 마음의 슬픔과 고통까지도 모두 아신다.

사람마다 어디에 내놓을 수 없는 숨겨진 상처가 있다. 부모의 불화로 눈치를 보며 숨죽이며 살았던 어린 시절의 상처, 동료들보다 능력이 부족하다는 이유로 왕따 당했던 수치스런 경험, 궁핍한 가정환경으로 인해 제대로 꿈을 펼쳐보지도 못하고 포기해야 했던 좌절감, 사랑하는 사람을 잃었던 고통, 자신의 모난 성격을 어찌지 못해 날마다 자신을 학대하면서 살았던 세월의 고통, 누명을 쓰고 비방을 당하며 억울한 일을 당했던 경험, 등등.

이런 상처들이 적절하게 치료되지 않을 때 비뚤어진 형태로 나타나게 된다. 그래서 나의 상처로 인해 나타나는 왜곡된 행동에 대해 지적 받을 때 "당신은 내가 얼마나 상처를 받았는지 몰라"라고 변명하면서, 자신의 행동을 인정해 주어야 한다고 주장한다. 그러나 사람들은 인정은커녕 점점 우리 주위를 피한다. 우리의 상처와 고통을 이해하지 못하기 때문이다. 이 상처와 고통을 어찌할 것인가? 그 굴레에서 어떻게 놓여날 수 있을까? 다음의 두 가지 사실을 기억하는 것이 도움이 될 것이다.

첫째, 다른 사람은 내가 받은 상처가 얼마나 큰지 모르지만, 하나님은 아신다. 그 분은 당신이 어떤 상처를 입었고 얼마나 고통을 당하고 있으며, 얼마나 괴로워하는지 다 알고 계신다. 하나님께는 숨겨진 일이란 없기 때문이다.

둘째, 하나님은 나의 상처와 고통을 아실뿐만 아니라 염려하며 위로해주신다. "주님께서 나의 앞뒤를 두루 감싸 주시고, 내게 주님의 손을 얹어 주셨습니다." 시 139:5 나의 모든 것을 아시는 하나님은 나의 고통과 슬픔까지도 다 아시고 나를 품으시고 감싸 안으신다.

다윗은 사악한 무리들에게 쫓기며 고난을 당할 때 호소할 곳이 하나님밖에 없다는 것을 알았다. 그래서 그는 현실의 힘겨운 상황에서 눈을 돌려 하나님을 바라보았다. 그리고 하나님이 모든 것을 아시는 분이라는 사실을 상기했다. 하나님이라면 지금 내가 당하는 고난도 분명히 알고 계실 것이라는 생각이 들었다. 그는 스스로 확인하려는 듯이 하나님 앞에 나아가 기도하면서 외쳤다. "나의 방황을 주님께서 헤아리시고, 내가 흘린 눈물을 주님의 가죽부대에 담아 두십시오. 이 사정이 주님의 책에 기록되어 있지 않습니까?" 시 56:8 그는 기도 끝부분에 이르러 전지하신 하나님이 자신의 하나님임을 확신하면서 믿음의 고백을 한다. "내가 하나님을 의지하니, 내게 두려움이 없습니다. 사람이 나에게 감히 어찌하겠습니까?" 시 56:11

고통과 압박의 심정을 다른 사람은 몰라도 하나님은 안다는 사실에 다윗의 손은 떨리고 눈에서는 눈물이 흘러내리고 심령은 감격으로 터질 듯했다. 그래서 다윗은 경탄의 소리를 지른다. "이 깨달음이 내게는 너무 놀랍고 너무 높아서, 내가 감히 측량할 수조차 없습니다." 시 139:6

자신을 총애하던 사울왕의 돌변한 태도로 인해 억울하게 쫓겨 다녔던 다윗, 밧세바와 저지른 죄의 결과로 자기 대신 죽어야 했던 아들로 인해 말로 다 할 수 없는 고통을 당했던 다윗, 자기가 가장 아끼는 아들인 압살롬의 반역으로 궁중에서 쫓겨나면서 어디에도 하소연할 수 없는 가슴 찢어지는 고통을 당했던 다윗. 이러한 고통을 다른 사람은 헤아릴 수도 없고 위로를 해 줄 수도 없지만, 오직 자신을 사랑하고 돌보시는 하나님이 다 알고 계시고 위로하신다는 사실을 발견한 다윗은 이렇게 경탄의 소리를 외치지 않을 수 없었던 것이다.

티끌보다 못한 나에게 하나님이 세세하게 관심을 가지고 있고 모든 것을 다 아신다는 것은 정말로 놀라운 일이다. 더욱이 나의 숨겨진 고통의 세월을 다 아시고 기억하시고 자신의 책에 다 기록해 놓으셨다는 사실은 너무나 큰 은혜다. 이것은 우리 존재에 가장 높은 가치를 부여하는 것이다.

우리가 현재 당하는 고통과 시련의 끝이 어디일지 잘 모른다. 그러나 모든 것을 아시는 하나님이 우리의 아버지라는 사실은 적어도 우리에게 한 가지 확신을 준다. 비록 지금은 광야의 세월을 보낸다할지라도 하나님은 이것까지도 사용하셔서 아름다운 선을 이루실 것이라는 사실이다. "나의 가는 길을 그가 아시나니, 그가 나를 단련하신 후에는 내가 정금같이 나오리라." 욥 23:10 내가 흘린 모든 눈물과 한숨과 신음은 하나도 빠짐없이 연금술사 하나님의 손에 들려져서 멋진 보석으로 변화되어 나타날 것이다.

설교를 금지당하고 감옥에 갇혔을 때 드린 리차드 백스터의 기도는 우리의 마음을 정확히 대변해준다.[26]

> 주님, 내가 죽든지 살든지 내가 걱정할 문제는 아닙니다.
> 주님을 사랑하고 섬기는 것이 내게 주어진 과업입니다.
> 그것이 나를 향한 하나님의 은혜입니다.
> 좀 더 살 수 있다면 기쁠 것입니다. 왜냐하면 좀 더 순종할 수 있기 때문입니다.
> 만약 짧게 살더라도 기뻐할 이유는 영원한 곳으로 가기 때문이겠지요.
> 그리스도는 자신이 가셨던 곳보다 더 캄캄한 곳으로 나를 이끌지는 않을 것입니다.
> 그곳은 하늘나라를 임하게 하기 위해 그리스도께서 친히 들어가셨던 문입니다.
> 내가 은혜로 주의 복된 얼굴을 뵈올 때 주여 어서 오시옵소서.
> 이 땅에서 주님의 일이 달콤하기만 했다면 주님이 무슨 영광을 얻을 수 있었겠습니까?
> 인생에 대한 나의 지식은 적고 믿음의 눈도 미약하지만

그리스도께서 모든 것을 아신다는 것 정도는 압니다.

그래서 나는 주님 곁에 함께 있을 것입니다.

(3) 전지하신 하나님은 우리의 선한 행동도 모두 아시며 그것에 대해 은혜로 상주신다.

하나님은 다른 사람들이 알지 못하는 우리의 선한 행동도 모두 보고 계신다. 예수님은 하나님이 이런 분이라는 것을 알았기 때문에 다른 사람을 도울 때 요란하게 과시하지 말고 은밀하게 하고, 기도할 때에도 사람들에게 믿음이 좋은 것처럼 보이려고 하지 말고 골방에서 하라고 권하신 것이다.마 6:1~6 은밀한 중에 보시는 하나님이 갚아주실 것이기 때문이다.

하나님은 자기를 경외하고 여호와의 이름을 존중히 여기는 자들을 기억하고 계시며, 하나님이 정한 날에 상급을 베풀어주신다. "그 때에 주님께서는, 주님을 경외한 사람들이 서로 주고받는 말을 똑똑히 들으셨다. 그 가운데서도 주님을 경외하며, 주님의 이름을 존중하는 사람들을 당신 앞에 있는 비망록에 기록하셨다. '나 만군의 주가 말한다. 내가 지정한 날에 그들은 나의 특별한 소유가 되며 사람이 효도하는 자식을 아끼듯이 내가 그들을 아끼겠다.'"말 3:16~17

그러므로 우리의 선행에 대해 다른 사람의 인정을 받으려고 애쓰거나, 인정을 받지 못했을 때 낙담할 필요가 없다. 어차피 사람들은 무슨 일이 일어나고 있는지 잘 모르기 때문이다. 그러나 사람은 몰라도 하나님은 아신다. 그리고 은혜로 갚아주실 것이다. "선한 일을 하다가, 낙심하지 맙시다. 지쳐서 넘어지지 아니하면, 때가 이를 때에 거두게 될 것입니다."갈 6:9 이것이 모든 것을 아시는 하나님 앞에 서 있는 의인들의 소망이요 험한 세상에서 의로운 삶을 살아갈 수 있게 해 주는 원동력이다.

3. 하나님은 전지하지만 우리는 무지하다. 따라서 겸손해야 한다.

(1) 인간의 지식이 엄청나게 확장되어 온 것이 사실이지만 여전히 한계가 많다.

우리는 과거에 비해 세상에 대해 많은 것을 알게 되었다. 하지만 알아갈수록 모르는 것이 더 많이 생겨나는 것 같다. 우주의 신비, 지구의 신비, 동물의 세계, 인간의 심리, 경제 운영 원리, 등 우리가 무언가를 알았다고 생각하는 순간 그 앞에 더 광활한 미지의 세계가 펼쳐진 것을 보게 된다. 아는 것보다 여전히 모르는 것이 더 많다는 것은 단순한 수사법이나 겸손이 아니다. 실제요 현실이다. 그러므로 인간이 신이 된 것처럼 교만하지 말아야 한다.

(2) 하나님과 성경에 대해서도 지식의 한계를 인정해야 한다.

성경이나 신학을 공부할 때 아무리 많이 공부해도 완전한 지식을 가질 수 없다는 것을 인식하면서 우리 지식의 한계를 인정하는 겸손한 태도를 가져야 한다. 그래서 '겸손의 해석학' Hermeneutics of Humility 이 필요하다. 내가 옳다고 생각하는 것이 항상 절대적으로 옳은 것이 아닐 수 있다는 것을 인정하는 것이다. 더 공부하다보면 내 생각이 틀렸다는 것을 깨닫게 될지도 모른다는 것을 인정하는 것이다. 지금 내가 가지고 있는 지식은 여전히 불완전한 지식이라는 것을 인정하는 것이다. 그렇다면 우리는 다른 견해에 대해서도 좀 더 관대한 태도를 가져야 한다. 물론 어떤 사안은 옳고 그름이 '거의' 명백하게 판가름 난 것도 있어서 정통과 이단을 구분할 수도 있겠지만, 정통 안에서도 훨씬 더 많은 주제들이 더 많은 탐구를 기다리고 있다는 사실을 인정하는 것이 필요하다.

(3) 다른 사람들을 섣불리 판단하는 오류를 범하지 말아야 한다.

바리새인들은 한정된 정보와 왜곡된 눈으로 섣불리 판단하여 예수님을 핍박하고 죽이는 엄청난 오류를 범했다. 이렇게 제한된 지식과 정보로 다른 사람을 성급하게 판단하여 심지어 죽음에까지 이르게 하는 일들이 인류 역사에서는 지속적으로 반복되고 있다. 인터넷이 발달한 현대에는 대중들이 연예인이나 유명인들에 대해 기자가 자신의 한정된 지식으로 쓴 기사들을 보고 댓글이나 sns를 통해서 엄청난 비판과 더불어 직접적인 공격까지 서슴지 않는다. 그러나 시간이 지나 그 기사가 사실관계가 잘못되었거나 침소봉대한 것이거나 사실을 비틀어 왜곡한 것이라는 사실이 밝혀질 때가 너무 많다. 그러나 때는 늦었다. 한 사람이 이미 만신창이가 된 후다. 우리는 이런 오류를 매일 범하고 있다. 온라인 시대가 이런 물꼬를 더욱 넓게 만들었다.

이런 일들은 교회 내에서도 심심치 않게 벌어진다. 어떤 성도의 행동이나 말에 대해서 전후 관계를 제대로 이해하지 못한 채 섣불리 비판하는 일이 종종 벌어진다. 어떤 형제의 신앙에 대해서도 겉으로 보이는 모습만으로 너무 쉽게 판단하는 일도 비일비재하다. 그래서 겉모습만 보고 신앙이 좋은 것으로 착각하여 장로로 세우기도 하고, 반대로 교회에서 외적 신앙의 모습이 잘 보이지 않는다고 그 사람의 내면적 신앙을 성급하게 판단하는 경우도 많다. 우리는 자신이 하나님이 아니라는 사실을 인식해야 한다. 우리의 지식이 완전하지 않다는 것을 인정해야 한다. 그래서 다른 사람에 대해 섣불리 판단하는 것을 조심해야 한다.

(4) 나의 인생에 대해서도 무지를 인정해야 하나님께 의지하며 나아갈 수 있다.

우리는 모르는 것이 너무 많다. 내 인생에 대해서도, 미래에 일어날 일에 대해서도, 내 앞을 가로막는 수많은 문제들의 해결 방법에 대해서도 잘 모른다. 그런데도 자신의 인생을 잘 아는 것처럼, 자신이 스스로 문제를 잘 해결할 지식을 가지고 있는 것처럼 생각하는 사람들이 많다. 그래서 기도로 하나님께 나아가지도 않고, 다른 형제자매들의 지혜로운 도움을 받으려고도 하지 않는다. 이런 사람들은 하나님의 은혜를 받을 수 없다. "하나님께서는 교만한 자들을 물리치시고, 겸손한 사람들에게 은혜를 주신다." 약4:6

우리의 무지함을 인정할 때 하나님께 의지할 수 있고, 적절한 도움을 받을 수 있게 된다.

> 사람이 마음으로 자기의 앞길을 계획하지만, 그 발걸음을 인도하시는 분은 주님이시다. 잠 16:9

> '오늘이나 내일 어느 도시에 가서, 일 년 동안 거기에서 지내며, 장사하여 돈을 벌겠다' 하는 사람들이여, 들으십시오. 여러분은 내일 일을 알지 못합니다. 여러분의 생명이 무엇입니까? 여러분은 잠깐 나타났다가 사라져버리는 안개에 지나지 않습니다. 도리어 여러분은 이렇게 말해야 할 것입니다. '주님께서 원하시면, 우리가 살 것이고, 또 이런 일이나 저런 일을 할 것이다.' 약 4:13~15

고난에 대해서도 마찬가지다. 우리는 고난과 어려움을 당할 때 무엇보다 그 원인을 알고 싶어 한다. 이유와 원인을 안다면 힘겨운 고난이라도 그런대로 수용하면서 참아낼 수 있다고 생각하기 때문이다. 그러나 원인을 알 때보다는 잘 모를 때가 훨씬 많다. 그래서 우리는 하나님을 원망한다. 이유와 원인을 모르는 것을 내가 그럴 일을 당할 이유가 없다고 생각하는 것과 동일시하기 때문이다. 그러나 이런 경우에도 우리는 자신의 무지無知를 인정해야 한다. 그리고 하나님의 전지하심을 인정해야 한다. 나의 무지가 내가 사는 동안 반드시 지식으로 변해야 하는 것은 아니다. 이것이 우리 인생의 한계다. 따라서 고난의 때에도 겸손하게 반응하는 것이 필요하다.

인생에서는 내가 이해하지 못하는 일들, 내가 의도하지 않았던 일들, 예기치 못했던 일들이 계속 발생한다. 그럴 때 교만한 사람들은 더 화를 내고 더 폭력적으로 반응한다. 자신의 인생을 모두 통제해야 하는데 그러지 못하는 것 때문에 화를 내는 것이다. 이것이 교만한 사람의 특징이다. 그러나 세상에서 아무리 똑똑하다고 인정을 받는 사람일지라도 하나님 앞에서는 아무 것도 모르는 무지한 인간일 뿐이다. 그러므로 우리는 겸손해야 한다. 겸손하게 반응해야 한다. 그리고 모든 것을 아시는 하나님을 의지해서 안개가 자욱한 것과 같은 인생길을 걸어가야 한다.

모든 곳에 계시는 하나님

Omnipresence

공간과 하나님

드라마나 영화를 볼 때 우리는 극중 인물들의 대화 현장에 함께 있는 것 같은 착각을 한다. 두 사람이 비밀 이야기를 하고 제3의 인물이 그것을 전혀 알지 못해도 우리는 그 비밀 이야기를 안다. TV가 두 사람의 대화 장면을 보여주기 때문이다. 우리는 '전지적 시점'에서 드라마의 모든 등장인물을 보고 있는 것이다. 그러나 이것은 드라마나 영화 이야기일 뿐 현실 세계에서 우리는 모든 곳에 동시에 존재할 수 없다. 그래서 비밀 이야기를 들을 수 없다. 공간적인 한계를 가진 존재이기 때문이다.

많은 사람들이 인간의 공간적 한계성을 하나님에게도 그대로 적용하려고 한다. 러시아 비행사가 우주여행을 하고 난 후에 했다는 말이 회자되고 있다. "우주에 나가봐도 신이 보이지 않더라." 무신론자들은 그렇다 쳐도 심지어 기독교인들도 하나님을 어느 한 곳에만 계시는 존재로 착각할 때가 많다. 많은 사람들이 예배당을 '성전'이라고 하면서 하나님이 계시는 특별한 장소처럼 여긴다. 그래서 그곳을 더 신성시하면서 거기서 기도하면 하나님이 더 잘 응답하실 것처럼 생각한다. 이렇게 생각한다는 것은, 다른 곳에는 하나님이 안 계시거나 영향력이 작다는 것을 의미할 것이다.

그러나 하나님은 세상 만물의 창조자이시기에 공간의 제한을 받는 존재가 아니다. 하나님은 어느 공간에나 계시는 분이다.

> 내가 가까운 곳의 하나님이며, 먼 곳의 하나님은 아닌 줄 아느냐? 나 주의 말이다. 사람이 제아무리 은밀한 곳에 숨는다고 하여도, 그는 내 눈에서 벗어날 수 없다. 나 주의 말이다. 내가 하늘과 땅 어디에나 있는 줄을 모르느냐?렘 23:23~24

하나님은 특정한 장소에만 계시는 것이 아니라 모든 곳에 존재하신다. 하나님은 편재遍在하시는 분이다. omnipresence 그래서 하나님이 계시지 않은 곳은 없다. 즉 하나님은 무소부재無所不在한 존재다. 그래서 우리가 하나님의 임재에 민감하기만 하다면 우리는 어느 곳에서든 하나님을 인식할 수 있고 만날 수 있다.

모든 곳에 계시는 하나님

하나님의 편재하심과 무소부재가 무엇을 의미하는지 좀 더 깊이 생각해보자.

1. 하나님의 온전한 존재가 모든 곳에 임재하고 있다.

(1) 하나님이 계시지 않은 곳은 세상에 없다.

하나님은 공간을 채우고 있는 피조물뿐만 아니라 공간 자체를 창조하신 분이기 때문에 모든 공간의 주인이기도 하다. "하늘과 하늘 위의 하늘, 땅과 땅 위의 모든 것이 다 주 당신들의 하나님의 것입니다." 신 10:14 따라서 그가 공간에 제약을 받으면서 어느 곳에는 존재하고 다른 곳에는 존재하지 않는다는 것은 있을 수 없다. 그것은 공간이 하나님보다 우위에 있다는 것을 의미하기 때문이다. 다윗은 이것을 자신의 경험에 비추어서 이렇게 표현한다. "내가 주님의 영을 피해서 어디로 가며, 주님의 얼굴을 피해서 어디로 도망치겠습니까? 내가 하늘로 올라가더라도 주님께서는 거기에 계시고, 스올에다 자리를 펴더라도 주님은 거기에도 계십니다. 내가 저 동녘 너머로 날아가거나, 바다 끝 서쪽으로 가서 거기에 머무를지라도, 거기에서도 주님의 손이 나를 인도하여 주시고, 주님의 오른손이 나를 힘 있게 붙들어 주십니다." 시 139:7~10 여기서 강조하는 것은 하나님이 단순히 어디에나 계신다는 것이 아니라 하나님의 존재와 속성과 능력, 그의 주권과 지식이 공간의 제약을 받지 않는다는 점이다. 하나님은 공간을 초월한 분이기 때문이다. 이것을 인간의 한계 내에서 표현한 것이 하나님이 모든 곳에 계시다고 말하는 것이다.

(2) 하나님은 모든 곳에서 동시에 완전한 존재로 계신다.

하나님이 세상 모든 곳에 존재한다고 할 때 하나님의 일부분은 이곳에 있고, 다른 부분은 다른 곳에 있는 것으로 오해할 수 있지만, 하나님은 모든 곳에 완전한 모습으로 존재하신다. 우리가 하나님의 '단일성'에서 생각했던 것처럼, 하나님은 나눠질 수 없는 분이다. 따라서 공간적으로도 분리될 수 없다. 그렇기 때문에 하나님은 언제나 온전한 인격체로서 모든 곳에 존재하신다. 하나님의 완전한 존재가 모든 공간에 존재하시는 것이다.

또한 하나님은 동시에 모든 곳에 완전한 모습으로 존재하신다. 피조물은 공간의 제한을 받기 때문에 동시에 여러 곳에 존재할 수 없지만, 하나님은 물질적인 존재가 아니기에 공간의 제한을 받지 않는다. 따라서 하나님은 동시에 모든 공간에 완전한 모습으로 존재하신다.

그래서 세계 곳곳에서 성도들이 동시에 드리는 기도를 들으실 수 있는 것이다.

(3) 하나님이 모든 곳에 존재한다고 말할 때 하나님이 마치 공간 '안'에 존재한다고 오해할 우려가 있다. 하나님이 인간처럼 일정한 공간을 차지하는 존재로 생각하여 그런 존재가 이 우주 공간 모든 곳에 존재한다고 생각하는 것이다.

그러나 하나님은 어떤 공간 안에 존재하는 것이 아니다. 하나님이 공간을 포함한 모든 피조물보다 더 크고 광대하신 분이기 때문이다. 솔로몬이 "저 하늘, 저 하늘 위의 하늘이라도 주님을 모시기에 부족할 터인데"라고 고백할 때 의미하는 바가 바로 이것이다. 왕상 8:27 하나님이 우주보다 크시기 때문에 하나님이 우주 안 어딘가에 존재한다고 생각할 수 없다는 것이다. 하나님이 창조하신 것에는 모든 존재하는 것, 그리고 그것들이 존재할 수 있는 공간도 포함된다. 따라서 하나님은 자신이 창조한 공간보다 크신 분이다.

그래서 이런 오류를 피하기 위해서 하나님의 '편재하심' omnipresence 을 '광대하심' immensity 과 구별하면서 보충 설명하기도 한다. 편재하심은 하나님이 모든 '장소' 에 완전한 존재로 계신다는 것을 의미하는데, 이렇게 생각하면 하나님이 마치 공간의 한계에 구속되는 것처럼 생각할 위험이 존재한다. 그래서 어떤 공간도 하나님을 담을 수 없고, 공간적인 개념으로 하나님을 설명할 수도 없다는 것을 나타내기 위해서 하나님의 편재하심과 더불어 '하나님의 광대하심' 이라는 표현을 덧붙인다. '광대하심' 은 하나님을 피조 세계와 비교하면서 그것보다 훨씬 크신 분이라는 것을 강조하는 것이고, '편재하심' 은 하나님과 피조물의 관계에 대해 말하면서, 하나님이 자신이 창조한 세상에서 떠나 있지 않고, 어느 곳에나 존재하시면서 자신을 드러내고 피조물과 관계를 맺는다는 것을 보여주는 개념이다.

2. 하나님을 특정한 장소에 제한할 수 없다.

(1) 우리가 어느 특정한 장소를 정해서 그곳에서만 하나님을 만날 수 있다고 생각하는 것은 오류다.

하나님은 온 세상에 충만하신 분이므로 어느 곳에서도 하나님을 예배하고 경배하고 기도하고 만날 수 있다. 하나님은 이사야를 통해 이 점을 분명하게 밝히신다. "하늘은 나의 보좌요, 땅은 나의 발 받침대다. 그러니 너희가 어떻게 내가 살 집을 짓겠으며, 어느 곳에다가 나를 쉬게 하겠느냐?" 사 66:1 스데반도 이사야의 말씀을 인용하면서 동일하게 주장한다. "지극히 높으신 분께서는 사람의 손으로 지은 건물 안에 거하지 않으십니다. 그것은 예언자가 말하기를 '주님께서 말씀하신다. 하늘은 나의 보좌요, 땅은 나의 발판이다. 너희가 나를 위해서 어떤 집을 지어 주겠으며 내가 쉴 만한 곳이 어디냐?' ”행 7:48~49 솔로몬 역시 자신이 아무리 멋진 성전을 지었어도 그 장소가 하나님을 제한할 수 없다는 것을 잘 알고 있었다. “하나님, 하나님께서 땅 위에 계시기를, 우리가 어찌 바라겠습니까? 저 하늘, 저 하늘 위의 하늘이라도 주님을 모시기에 부족할 터인데, 제가 지은 이 성전이야 더 말하여 무엇 하겠습니까?'왕상 8:27, 대하 2:6

　하나님은 어떤 특정한 장소에 제한되는 분이 아니며 특정한 장소에서만 사람들을 만나는 것도 아니다. 에서를 피해 도망가던 야곱이 깨달은 것이 바로 이것이었다. “야곱은 잠에서 깨어서, 혼자 생각하였다. '주님께서 분명히 이곳에 계시는데도, 내가 미처 그것을 몰랐구나.' 그는 두려워하면서 중얼거렸다. '이 얼마나 두려운 곳인가! 이곳은 다름 아닌 하나님의 집이다. 여기가 바로 하늘로 들어가는 문이다.' ”창 28:16~17 야곱은 하나님이 아브라함과 이삭이 예배드리는 그곳에만 계신다고 생각했다. 그래서 다른 곳에서는 하나님을 만난다거나 예배한다거나 기도하는 것이 가능하다고 생각하지 않았다. 그러나 벧엘에서 하나님을 만난 후에 그의 신학이 바뀌었다. 세상 어느 곳에서도 하나님을 만날 수 있다는 것을 깨달은 것이다.

　(2) 우리가 어떤 특정한 장소만 “성전", 즉 거룩한 장소라고 부르는 것은 잘못된 것이다. 하나님의 편재하심을 이해하지 못하는 것이다.

　우리는 어느 곳에서도 하나님을 예배하고 하나님께 기도할 수 있다. 그곳이 시장바닥이든 광장이든 화장실이든 상관없다. 우리가 영이신 하나님, 무소부재하시는 하나님을 정확히 인식하고 신령과 진리로 그에게 나아간다면, 어느 곳에서든 하나님을 만날 수 있다. 그리고 하나님을 만나는 바로 그 곳이 거룩한 곳, 성전聖殿이 된다.

　물론 성경은 하나님이 지정하신 특별한 장소에 대해 말하고, 그곳을 하나님의 임재의 장소라고 말하기도 한다. 하지만 그것은 하나님이 그 곳에만 계신다는 의미가 아니라 그 곳에서 인간에게 '특별한 목적'으로, '특별한 방식'으로 자신을 나타내 보이는 장소라는 의미. 떨기나무출 3:5~6, 시내산출 19:10~13, 성막출 25:22 그곳은 하나님이 자기 백성들과 함께 하신다는 것을 가시적이고 예시적으로 보여주는 '상징적인 장소'다. 하나님은 이스라엘 백성을 구원하신 후에 언약을 맺으면서 이제부터 영원히 그들 중에 거하겠다는 약속을 주셨다. 그리고 그약속의 표시로 성막을 세우셨다. 이제 성막은 하나님이 그들 중에 함께 하신다는 것을 가시적으로 보여주는 상징이 된 것이다.

그러나 예수 그리스도의 속죄 사역으로 인해 '거룩의 보편화'가 이루어졌다. 이제는 특정한 물건이나 특정한 장소만 거룩한 것이 아니고, 하나님과 관계를 가지는 모든 물건, 사람, 장소가 거룩하게 인식되는 것이다. 이것이 이미 스가랴 14장 20~21절에서 예언되었다. "그 날이 오면, 말방울에까지 '주님께 거룩하게 바친 것'이라고 새겨져 있을 것이며, 주님의 성전 안에 있는 모든 솥이, 제단 앞에 있는 그릇들과 같이 거룩하게 될 것이다. 예루살렘과 유다에 있는 모든 솥도 만군의 주님께 거룩하게 바친 것이 되어, 제사를 드리는 사람들이 와서, 그 솥에 제물 고기를 삶을 것이다. 그 날이 오면, 만군의 주님의 성전 안에 다시는 상인들이 없을 것이다." 그래서 이제는 어떤 특정한 건물이 거룩한 장소, 즉 성전이 되는 것이 아니라, 성령님이 계신 모든 곳이 성전이 된다. 그래서 바울은 우리 안에 성령이 거하시기 때문에 우리 자신이 하나님의 거룩한 성전이라고 말하는 것이다. 고전 6:19 "여러분의 몸은 여러분 안에 계신 성령의 성전이라는 것을 알지 못합니까?"

그렇기 때문에 우리가 현재 예배드리는 장소는 성도의 공동체인 교회가 함께 모이기 위한 편의적인 공간으로서의 의미만 가질 뿐이다. 따라서 우리의 예배 처소를 마치 구약 시대의 성전과 동일하게 여기면서 하나님이 오직 그 곳에서만 우리 예배를 받으시고 우리의 기도를 들으시는 것처럼 미화하고, 그 곳을 옛날 이스라엘 백성들이 온갖 금은보화로 치장했던 것처럼 우리도 그렇게 해야 진정으로 하나님을 섬기는 것인양 생각하는 것은 하나님의 편재하심을 제한하는 것이며, 그리스도의 속죄 사역 이전으로 돌아가는, 매우 불경한 시도다.

우리는 어느 곳에서도 예배드릴 수 있고 하나님을 만날 수 있다. 그곳이 전통적인 예배당일 수도 있고, 가정집일 수도 있고, 야외일 수도 있고, 어느 카페일 수도 있다. 하나님의 성령을 모신 성도들이 한 마음으로 모여 예배드린다면 그곳이 바로 거룩한 성전이 된다.

로렌스 수사Brother Lawrence는 다른 수도사들과는 달리 수도원에서 식사를 준비하는 역할을 평생 담당했다. 그도 다른 사람들처럼 조용한 채플에서 하나님을 예배하고 기도하고 성경 묵상하기를 원했지만 여의치 않았다. 부엌을 벗어날 수 없었기 때문이다. 그래서 그는 자신이 하루 종일 머무는 부엌 공간, 소란스럽고 집중하기 쉽지 않은 그곳을 하나님을 만나는 장소로 만들기로 결심했다. 그 결과 그는 평생 동안 부엌에서 하나님을 만났고 깊은 교제를 나누었다. 그가 하나님과 교제를 나누는 바로 그 순간, 그 부엌은 지상에서 가장 거룩하고 경건한 장소가 된 것이다. 그는 자신의 경험을 '하나님의 임재 연습'이라는 책에 기록해놓았고, 그 책은 수백 년 동안 많은 사람들에게 큰 영감을 주었다. 이처럼 우리도 어디에서든 하나님을 만날 수 있다. 번잡한 지하철 안에서도, 산책하는 길에서도, 지저분한 접시를 닦는 부엌에서도, 업무 중 잠시 쉬는 짬을 내는 사무실에서도, 우리는 하나님과 교제할 수 있다. 그렇다면 바로 그곳이 가장 거룩한 장소, 성전이 될 것이다.

하나님의 임재와 부재에 대한 의문

1. 하나님의 편재에 대한 의문들

하나님이 모든 곳에 존재하신다는 것에 대해 몇 가지 의문이 제기된다.

첫째, 공간을 차지하는 것은 물질적인 존재인데, 왜 하나님은 물질적인 존재가 아니라고 하면서 어느 곳에 '존재한다고' 말하는가?

둘째, 하나님은 모든 곳에 계시는데 왜 성경은 하나님이 '하늘'에 계시다고 말하는가?

셋째, 하나님이 모든 곳에 계시는데 왜 성경은 하나님이 특별한 일을 하시기 위해서 이 땅에 내려오신다고 말하는가? 하나님이 이미 계신 곳에 어떻게 다시 오실 수가 있는가?

넷째, 성령님이 성도들 안에 임재하신다고 하는데, 하나님이 무소부재하시다면 신자들뿐만 아니라 불신자 안에도 거하는 것 아닌가?

다섯째, 하나님이 모든 곳에 계시다면 지옥에도 계신다는 말인가? 또한 어떤 성경구절은 하나님이 악한 자들에게서 떠난다고 말씀하고 있는데살후 1:8~9, 그렇다면 악한 자들 앞에는 하나님의 임재하심이 없다는 말인가?

무신론자들은 이런 문제들을 제기하면서 하나님의 편재하심이 논리적으로 틀린 것이라고 주장한다.

2. 하나님의 임재의 의미

이런 문제들을 다루기 위해 우리는 먼저 하나님이 이 세상에 임재한다는 것이 무엇을 의미하는지 살펴봐야 한다. 존 파인버그John Feinberg는 하나님이 이 세상에 임재하거나 부재하다는 것의 다양한 의미를 다음과 같이 정리한다. 27 이 설명이 위에서 제기된 몇 가지 의문들에 대한 대답이 될 것이다.

첫째, 하나님은 신체적으로 공간에 존재하지 않는다. 하나님은 물질이 아니고 신체도 가지고 있지 않기 때문에 신체적으로 어느 공간에 존재하지 않는 것이다. 물론 하나님이 원하신다면 물질적인 형태로 자신을 알려주기도 하지만, 그런 형태가 하나님의 본질적인 모습은 아니다.

둘째, 우리는 신체적 임재physical presence와 존재적 임재ontological presence를 구분해야 한다. 존재적 임재는 어떤 존재가 어떤 특정한 공간에 실제로 존재하는 것을 의미한다. 그래서 어떤 존재가 신체를 가지고 있다면 그 존재가 어느 공간에 있다는 것은 그의 신체가 그 장소에 있다는 것과 동일할 것이다. 그러나 그 존재가 비물질적인 존재라면 그가 존재적으로는 어느 공간에 있을 수 있지만, 신체를 가지고 있지 않기 때문에 신체적으로는 그 공간에 있을 수 없다. 하나님은 물질적 존재가 아니므로 어느 한 장소에만 존재적으로 거할 수 없다. 그는 존재적으로 모든 곳에 거하기 때문이다.

셋째, 존재적 임재와 도덕적/영적 임재를 구분해야 한다. 누군가에게 도덕적/영적으로 임재한다는 것은 서로 교제를 갖는 것을 의미한다. 그래서 하나님이 자신의 백성과 영적으로 함께 한다는 것은 하나님이 그를 구원하여 그와 깊은 교제를 갖는다는 것을 의미한다. 그렇다면 하나님은 물질적 존재가 아니지만 물질적 존재인 인간과 도덕적/영적 교제를 가질 수 있고, 반대로 이방인처럼 하나님이 그들과 도덕적/영적 교제를 가지지는 않지만 존재론적으로 그들과 함께 있을 수 있다. 이런 측면에서 하나님의 백성이 죄를 지어 하나님으로부터 멀어진다고 할 때는 도덕적/영적 교제가 끊어진 것을 의미한다. 창 4:16, 요 1:3, 민 14:42~43, 시 10:1 하나님은 여전히 존재론적으로 그들에게 임재하지만, 도덕적/영적으로는 그렇지 않은 것이다. 하나님이 존재론적으로 모든 공간에 임재하므로 하나님은 불신자에게나 심지어 지옥에도 존재하신다. 다만 도덕적/영적인 관계를 맺는 방식으로 존재하는 것은 아니다.

3. 다른 문제들에 대해

(1) 하나님이 하늘에 계시다는 표현에 대해 마6:9

하나님이 하늘에 계시다는 표현은 하나님의 장엄하시고 지존하심을 나타내는 상징적인 표현으로 이해해야 한다. '하늘'은 성경에서 '높은 보좌'와 유사하게 하나님이 피조물과 구별된 영광스럽고 장엄한 존재라는 것을 상징적으로 표현하는 것이다. 마5:34, 23:21, 히12:2, 계4:2, 22:3 그러므로 하나님이 하늘에 계시다는 것은 그가 이 땅에는 없고 하늘에만 있다는 의미가 아니다.

(2) 하나님이 이 땅에 내려오신다는 표현에 대해 창11:5~7 바벨탑, 창18:2 소돔과 고모라, 출19:18 시내산, 요17:21 성자를 세상에 보내시는 것

이것은 하나님이 이 땅에는 없다가 하늘에서 내려오는 것이 아니다. 단지 하나님이 특별한 목적을 가지고 자신을 특별한 방식으로 나타내 보이신다는 것을 의미한다. 하나님의 특별한 임재는 의인들과 악인들에 대해 각기 다른 형태로 나타난다. 악인들과는 관계를 맺지 않기 위해 떠나시거나 반대로 심판의 주권자로 관계를 맺으시는 반면에, 의인들과는 복을 주시는 분으로 임재하시고 관계를 맺으신다. 이 두 가지 방식에 대해 좀 더 자세하게 살펴보자.

하나님의 구별된 임재 방식

1. 죄인들에게는 심판의 주로 임재하시거나 떠나신다.

(1) 악한 자들에게도 하나님의 임재하심이 있는가?

하나님이 온 세상에 존재한다는 것은 분명하다. 그리고 그 온 세상에는 모든 장소와 인간을 포함한다. 그렇기 때문에 심지어 지옥이나 악인이라도 하나님의 임재에서 예외가 될 수는 없다. 그러나 하나님의 임재 '방식'은 상황과 장소에 따라 다르다. 하나님과 피조물과의 관계에 따라 달라진다. 하나님은 죄인들 가운데 임재하시는 방식과 의인들 가운데 임재하시는 방식이 다르다. 죄인들에게는 죄 범하는 것을 꿰뚫어보시는 엄밀한 눈길과 심판의 눈길로 임재하시지만, 의인들에게는 보호와 상급과 은혜를 베푸는 분으로 임재하신다.

하나님은 분명히 의인뿐만 아니라 죄인들에게도 임재하신다. "주님의 눈은 어느 곳에서든지, 악한 사람과 선한 사람을 모두 지켜보신다."잠15:3 그들이 죄를 짓는 것도 모두 보고 계신다. 심지어 하나님이 없다고 주장하는 무신론자들도 하나님의 임재의 눈길을 피할 수 없다. "사실 하나님은 우리 각 사람에게서 멀리 떨어져 계시지 않습니다. … 우리는 하나님 안에서 살고, 움직이고, 존재하고 있습니다."행17:27~28

(2) 어떤 사람들은 "하나님을 알지 못하는 자들과 우리 주 예수의 복음에 순종하지 않는 자들을 처벌하실 때에 … 그들은 주님 앞과 주님의 권능의 영광에서 떨어져 나가서, 영원히 멸망하는 형벌을 받을 것입니다"살후1:8~9라는 말씀에 근거해서 형벌을 받는 자들은 하나님 앞을 떠나게 될 것이라고 주장한다.

그러나 이 구절은 믿지 않는 자들은 하나님으로부터 완전히 분리된다는 것이 아니라 하나님의 선하고 은혜로운 임재에서 제외된다는 것을 의미한다. 왜냐하면 계14:10은 "그런 자는 거룩한 천사들과 어린 양 앞에서 불과 유황으로 고통을 받을 것이다"라고 말하면서 형벌을 받는 자들도 하나님 앞에서 떠나지 않는다는 것을 보여주고 있기 때문이다. 하나님의 심판을 받아야 할 죄인들에게 하나님은 진노의 눈길을 쏟아 붓는 심판자로서 임재하시는 것이다.

세상 마지막 날뿐만 아니라 지금도 하나님은 죄인들에게 심판을 내리는 자로 임하시는 모습을 볼 수 있다. "내가 보니, 주님께서 제단 곁에 서 계신다. 주님께서 말씀하신다. '성전 기둥머리들을 쳐서, 문턱들이 흔들리게 하여라. 기둥들이 부서져 내려서, 모든 사람들의 머리를 치게 하여라. 거기에서 살아남은 자들은, 내가 칼로 죽이겠다. 그들 가운데서 아무도 도망할 수 없고, 아무도 도피할 수 없을 것이다. 비록 그들이 땅 속으로 뚫고 들어가더라도, 거기에서 내가 그들을 붙잡아 올리고, 비록 그들이 하늘로 올라가더라도, 거기에서 내가 그들을 끌어내리겠다. 비록 그들이 갈멜산 꼭대기에 숨더라도, 거기에서 내가 그들을 찾아 붙잡아 오고, 비록 그들이 내 눈을 피해서 바다 밑바닥에 숨더라도, 거기에서 내가 바다 괴물을 시켜 그들을 물어 죽이게 하겠다.'" 암 9:1~4

(3) 그러므로 심판하시는 하나님의 임재는 세상을 두려움에 떨게 하는 무서운 소식이 된다.

> 산들은 주님 앞에서, 온 땅의 주님 앞에서, 초처럼 녹아 버린다. 시 97:5
>
> 주님 앞에서 산들은 진동하고, 언덕들은 녹아내린다. 그의 앞에서 땅은 뒤집히고, 세상과 그 안에 있는 모든 것은 곤두박질한다. 나 1:5

그래서 의인들은 세상의 불의를 보면서 하나님께 심판하러 오실 것을 요청하기도 한다. "주님께서 하늘을 가르시고 내려오시면, 산들이 주님 앞에서 떨 것입니다. 마치 불이 섶을 사르듯, 불이 물을 끓이듯 할 것입니다. 주님의 대적들에게 주님의 이름을 알게 하시고, 이방 나라들이 주님 앞에서 떨게 하여 주십시오." 사 64:1~2 렘 5:22, 겔 38:20

사람들은 죄를 지은 후 숨으려고 한다. 그것이 본성인 것 같다. 아담과 하와가 그랬고창 3:8 , 다윗도 마찬가지였다. 그러나 이러한 노력은 모든 곳에 존재하시는 하나님 앞에서는 소용없는 일이다. 다윗은 죄를 범한 후 이 사실을 뼈저리게 인식했다. 시 139:7~12

> 내가 주님의 영을 피해서 어디로 가며, 주님의 얼굴을 피해서 어디로 도망치겠습니까? 내가 하늘로 올라가더라도 주님께서는 거기에 계시고, 스올에다 자리를 펴더라도 주님은 거기에도 계십니다. 내가 저 동녘 너머로 날아가거나, 바다 끝 서쪽으로 가서 거기에 머무를지라도, 거기에서도 주님의 손이 나를 인도하여 주시고, 주님의 오른손이 나를 힘 있게 붙들어 주십니다. 내가 말하기를 '아, 어둠이 와락 나에게 달려들어서, 나를 비추던 빛이 밤처럼 되어라' 해도, 주님 앞에서는 어둠도 어둠이 아니며, 밤도 대낮처럼 밝으니, 주님 앞에서는 어둠과 빛이 다 같습니다.

다윗은 하나님을 피해서 도망칠 수 있는 곳을 생각해 보았다. 하늘과 스올, 동녘 너머와 바다 끝 서쪽. 그러나 하나님은 어디로 도망가든지 거기에도 계시다는 것을 깨달았다. 뛰어봤자 벼룩이요, 날아봤자 하나님 손바닥 안이라는 것이다. 이것은 요나가 경험했던 것과 동일하다. 그는 하나님을 피해 가장 먼 곳인 바다 건너 다시스로 가려고 했지만, 결코 하나님의 손을 벗어날 수 없었다.

또한 다윗은 숨어서 지내는 것도 생각해보았다. 은밀한 곳에 들어가 "어둠이 와락 나에게 달려들어서, 나를 비추던 빛이 밤처럼 되어라" 라고 하면서 하나님을 피해 숨을 수 있다고 생각했지만, 거기서도 하나님의 눈길을 피할 수 없다는 것을 깨달았다. "주님 앞에서는 어둠도 어둠이 아니며, 밤도 대낮처럼 밝으니, 주님 앞에서는 어둠과 빛이 다 같습니다." 골방, 음침한 지하실, 빛도 들어오지 못하는 아지트에 숨어서 음모를 할지라도 하나님은 거기에도 계신다. 다른 사람들은 나를 보지 못하고 나의 음모를 간파하지 못할지라도, 모든 곳에 충만히 계시는 하나님은 결코 속일 수 없다. 그 앞에서 나의 속내를 숨길 수 없다. 내가 음모를 꾸미고 죄를 범하는 현장에도 하나님은 계시기 때문이다.

하나님은 인간의 범죄를 다 간파할 뿐만 아니라 범죄자들을 추적하여 반드시 죄 값을 물으신다. 아간은 여리고를 무너뜨릴 때 하나님의 명령을 어기고 전리품을 몰래 챙겼다. 아무도 그의 범죄 사실을 알지 못했다. 그러나 하나님을 속일 수는 없었다. 결국 하나님은 아간의 죄악을 드러내시고 심판하셨다. 아간은 자신의 범죄 현장을 아무도 보지 못할 거라고 생각했지만, 하나님은 모든 곳에 계시는 분이기에 그 현장에도 계셨던 것이다.

사람들은 자신의 죄가 다른 사람에게 발각되지만 않으면 문제없을 것이라고 생각하면서 살아간다. 그래서 숨어서 은밀하게 죄를 짓는다. 그러나 하나님은 사람과 같지 않다. 그의 눈은 세상 모든 곳을 감찰하신다. 그래서 세상에서 저질러지는 모든 악을 다 알고 계신다. 누구도 그 앞에서 피하여 숨을 수 없다. 이 사실은 우리에게 두려움을 준다. 그래서 다윗은 이것을 깨닫고 자포자기의 고백을 7절에서 한다. "내가 주님의 영을 피해서 어디로 가며, 주님의 얼굴을 피해서 어디로 도망치겠습니까?"

하나님은 우리가 있는 곳 그 어디에나 계신다. 어느 곳에서든 우리를 보고 계시고 우리와 만나기를 원하신다. 이 하나님을 피해서 어디로 도망갈 수 있다고 생각하는가? 하늘로, 땅 밑으로, 동쪽 끝으로, 바다 끝으로, 우주 저 끝으로 도망갈 수 있다고 생각하는가? 이 세상에서는 도망에 성공할 수 있을지 모르지만, 세상 끝 날에는 반드시 하나님을 대면하게 될 것이다. 그 때에는 하나님의 심판의 얼굴을 피하지 못하게 될 것이다. "하나님 앞에는 아무 피조물도 숨겨진 것이 없고, 모든 것이 그의 눈앞에 벌거숭이로 드러나 있습니다. 우리는 그의 앞에 모든 것을 드러내 놓아야 합니다." 히 4:13 그 날에는 우리의 모든 죄, 모든 악한 행위들, 다른 사람을 속였던 것들, 거짓말했던 것들, 다른 사람을 모욕하고 멸시했던 것들이 낱낱이 하나님 앞에 드러나게 될 것이다. 그리고 우리는 그것에 대한 대가를 치르게 될 것이다. 그러므로 그 날까지 기다리지 말아야 한다. 지금 하나님 앞에서 도망하려는 노력을 포기하고 하나님 앞에 솔직하게 나아가야 한다. 하나님 앞에 겸손하게 서야 한다. 그렇게 한다면 하나님은 자비하심으로 우리를 용서하시고 품어주실 것이다.

2. 하나님은 의로운 백성들에게는 복의 근원으로 임재하신다.

(1) 이신론자들deist은 하나님이 이 세상에 임재하지 않는다고 주장한다.

그들은 하나님이 세상을 창조하시고 스스로 굴러갈 수 있도록 법칙을 제정하신 후 세상에서 멀리 떠나 계시면서 세상일에 개입하지 않는다고 주장한다. 즉 하나님은 실질적으로 세상에 없는 분이라는 것이다.

그러나 여호와 하나님은 피조물이나 세상과 구별되는 존재이지만, 세상에 임재하시면서 적극적으로 관여하신다. 하나님은 이미 세상에 존재론적으로 임재하시지만, 특별한 경우에 특별한 은혜를 베풀기 위해 도덕적/영적으로 임재하신다. 그래서 하나님의 백성들에게 세상에 임재하시는 하나님은 큰 은혜와 도움이 된다.

(2) 구원자로 임하시는 하나님

하나님은 아브라함에게 임재하셔서 언약을 맺으시고, 그를 통해서 만백성이 은혜를 받게 될 것을 약속하셨다. 이후 하나님의 구원 과정은 하나님의 특별한 임재와 함께 진행된다.

먼저 하나님은 아브라함이 99세, 사라가 89세에 나타나셔서 아들을 주실 것을 약속하신다. 1년 후 약속이 성취되어 이삭이 태어난다. 아브라함의 자손이 바다의 모래와 하늘의 별처럼 많아지게 될 것이라는 약속이 성취되는 출발점이었다.

이스라엘 백성이 이집트에서 노예 생활을 할 때 하나님은 이스라엘 백성을 구원할 목적을 가지고 떨기나무에 임재하셔서 모세를 만나셨고, 구원 과정을 시작하셨다. 출 3:5~6 또한 하나님은 이스라엘 백성을 자신의 백성으로 만들기 위해 시내산에 임재하셔서 언약의 말씀을 주셨다. 출 19:10~13

이스라엘 백성이 하나님의 은혜의 언약을 지키지 못하여 멸망당한 후 하나님은 구원을 위해 새로운 방식으로 세상에 임재하셨다. 하나님은 자신의 아들을 인간의 몸으로 세상에 임재하게 하시면서 새로운 구원 역사를 시작하셨다. "그 말씀은 육신이 되어 우리 가운데 사셨다. 우리는 그의 영광을 보았다. 그것은 아버지께서 주신, 외아들의 영광이었다. 그는 은혜와 진리가 충만하였다." 요 1:14 "'보아라, 동정녀가 잉태하여 아들을 낳을 것이니, 그의 이름을 임마누엘이라고 할 것이다' 하신 말씀을 이루려고 하신 것이다. 임마누엘은 번역하면 '하나님이 우리와 함께 계시다'는 뜻이다." 마 1:23 이렇게 하나님이 친히 인간이 되어 인간 세상에 오셔서 함께 하신 것이다.

예수님의 임재는 하나님의 임재 중에서도 가장 특별한 임재였다. 하나님이 직접 피조물의 형체를 가지고 낮아지신 것이기 때문이다. 이것은 피조물에게는 그 자체로 엄청난 영광이고 기쁨이다. 그래서 요한은 이것을 "우리는 모두 그의 충만함에서 선물을 받되, 은혜에 은혜를 더하여 받았다"고 표현한다. 요 1:16 그의 임재의 결과는 우리를 대신해서 십자가에서 죽어 우리를 구원하고 영생을 주는 것이다. "하나님께서 세상을 이처럼 사랑하셔서 외아들을 주셨으니, 이는 그를 믿는 사람마다 멸망하지 않고 영생을 얻게 하려는 것이다." 요 3:16 이처럼 하나님은 자신이 사랑하는 자들에게 구원자로 임재하신다.

(3) 성도의 삶 가운데 임재하시는 하나님

구약 시대에는 하나님의 임재가 간헐적이었다. 성막이나 성전에 가야 하나님의 임재를 느낄 수 있었고, 제사장이나 선지자들을 통해야 하나님의 말씀을 듣고 인도하심을 받을 수 있었다. 그러나 예수 그리스도의 구원 사역으로 인해 하나님의 자녀가 된 우리들은 성령을 선물로 받았다. 이렇게 말하면 성령을 마치 무슨 물건처럼 생각할 수 있지만, 우리가 잘 알 듯이 성령님은 바로 하나님이시다. 따라서 성령님이 우리에게 임하셨다는 것은 하나님이 우리 안에 내주하신다는 뜻이다. 그 결과가 무엇인가? 우리가 하나님의 거룩한 임재를 상징하는 '성전'이 되었다는 것이다. "하나님의 영이 여러분 안에 살아 계시면, 여러분은 육신 안에 있지 않고, 성령 안에 있습니다. 누구든지 그리스도의 영이 없으면, 그리스도의 사람이 아닙니다."롬 8:9 "여러분의 몸은 여러분 안에 계신 성령의 성전이라는 것을 알지 못합니까? 여러분은 성령을 하나님으로부터 받아서 모시고 있습니다. 여러분은 여러분 자신의 것이 아닙니다."고전 6:19 이제는 하나님의 성령이 인간이 만든 건물성막이나 성전에 계시는 것이 아니라 우리 안에 직접 거하신다. 하나님의 임재가 간헐적이지 않고 일상적인 것이 된 것이다. 이것은 정말로 놀라운 은혜다. 만유의 주님이 언제나 나와 함께 하시는 것이기 때문이다.

또한 하나님은 두 세 사람이 주의 이름으로 모일 때 함께 하시고, 성도들의 공동체인 교회에도 함께 하신다.마 18:20 언제나 우리 안에 계신 하나님이지만 우리가 함께 모일 때 하나님이 특별한 은혜로 임하신다는 것이다. 비록 연약하고 부족한 인간들이 모인 곳이지만, 그곳에 하나님은 자신의 이름을 두셨고, 그들과 함께 하시는 것이다. 이것이 교회의 영광이요 가치다.

우리가 공동체로 함께 모여 드리는 예배, 기도회, 수련회들은 하나님의 특별한 임재를 경험할 수 있는 귀중한 시간들이다. 하나님의 임재를 보다 확실하게 느끼고, 체험하고, 성령의 충만한 은혜를 받는 부흥은 거의 대부분 공동체가 함께 모여 예배하고 찬양하고 기도할 때 일어나기 때문이다. 그러므로 공동체 예배나 수련회와 같은 모임을 빠지는 것은 하나님의 특별한 임재를 체험할 수 있는 중요한 기회를 놓치는 것과 같다. 그러므로 혼자서 기도하고 말씀 읽고 예배하는 시간을 갖는 것도 의미가 있겠지만, 공동체와 더불어 하는 시간은 더 큰 은혜가 임하는 시간이 된다는 것을 기억하고 열심히 참여하도록 노력해야 한다.

또한 하나님은 우리가 하나님이 주신 사명을 감당하려고 할 때 함께 하시겠다고 약속해주셨다. "그러므로 너희는 가서, 모든 민족을 제자로 삼아서, 아버지와 아들과 성령의 이름으로 세례를 주고, 내가 너희에게 명령한 모든 것을 그들에게 가르쳐 지키게 하여라. 보아라, 내가 세상 끝 날까지 항상 너희와 함께 있을 것이다."마28:19~20

특별히 하나님은 고난의 때에 우리를 위로하시고 힘을 주시는 존재로 우리와 함께 하신다. "하나님은 우리의 피난처이시며, 우리의 힘이시며, 어려운 고비마다 우리 곁에 계시는 구원자이시니."시46:1 우리가 죽음의 그늘 골짜기로 다닐지라도 두려워하지 않는 이유는 하나님이 우리와 함께 하시기 때문이다. 시23:4

(4) 심지어 우리가 인식하지 못할 때도 하나님은 언제나 우리와 함께 계신다.

때때로 우리는 하나님이 우리에게서 떠나 멀리 계신 것처럼 느껴질 때가 있다. 특히 우리가 곤경에 처했거나 사방이 막혀 있는 상황에 처했을 때 더욱 그런 느낌이 든다. 그럴 때면 하나님의 임재를 의심하는 것을 넘어 하나님의 존재 자체를 의심하는 데까지 나아간다. 지금까지 하나님에 대해 배웠던 것, 알았던 것, 경험했던 모든 것이 다 거짓이 아닐까 하는 의심까지 하게 된다. 그러면서 홀로 있다는 외로움 속에서 괴로워하며 몸부림친다. 무엇보다 하나님에 대해 의심한다는 것 자체가 오랜 세월 하나님을 믿어왔다고 생각하는 우리 자신을 더욱 괴롭게 한다.

그러나 이런 경험은 우리만 겪는 특별한 것이 아니다. 많은 위대한 신앙인들도 하나님이 자신을 떠난 것 같은 느낌으로 인해 괴로워하는 경험을 했다. 이유를 모르는 고통을 당하던 욥은 자신이 왜 이런 고난을 당해야 하는지 설명해달라고 하나님께 부르짖었지만 아무 응답이 없자 고통 속에서 외쳤다. "어찌하여 주님께서 나를 피하십니까? 어찌하여 주님께서 나를 원수로 여기십니까?" 욥 13:24 예수님도 가장 힘들었을 때에 하나님의 부재를 경험했다. 그는 십자가에 못 박혀 몇 시간을 달려 있다가 마지막 호흡이 가빠올 때에 이렇게 외쳤다. "나의 하나님, 나의 하나님, 어찌하여 나를 버리셨습니까?" 막 15:34 기독교에 큰 공헌을 한 사람에게 주는 종교계의 노벨상으로 불리는 템플턴상을 2014년에 수상했던 체코의 신학자 토마시 할리크Tomas Halik는 자신도 간혹 하나님께서 침묵하시고 멀리 떨어져 계시는 것 같은 느낌에 짓눌릴 때가 있다고 고백한다.28 인도에서 평생을 빈민들을 섬기기 위해 헌신했던 테레사 수녀도 비슷한 경험을 했다. 그는 한 편지에서 이렇게 말한다. "저는 보려고 해도 보이지 않고 들으려고 해도 들리지 않는 침묵과 공허가 너무 큽니다." 매일 다른 수녀들과 함께 기도하고 예배하는 시간을 가졌지만 가끔 찾아오는 하나님의 '침묵' 의 경험을 피할 수 없었다는 것이다.29

이렇게 하나님이 우리와 함께 하시지 않는 것처럼 느껴진다고 해서 실제로 하나님이 우리를 떠나신 것은 아니다. 그럴 수 없다. 하나님은 우리 안에 계시면서 우리와 함께 하시는 분이기 때문이다. 다만 이런 사실fact과 우리의 느낌feeling 사이의 부조화가 우리를 괴롭게 할 뿐이다. 하지만 우리는 잘 알지 않는가? 우리 인식과 느낌이 항상 '사실' 에 부합되는 것이 아니라는 것을. 마치 자녀들이 부모의 사랑을 느끼지 못할 때가 있지만원하는 것을 받지 못하고, 잘못을 저질러서 야단맞을 때, 그렇다고 부모의 사랑이 사라진 것은 아닌 것과 같다. 그러므로 우리는 자신의 느낌에 너무 좌우되지 않도록 해야 한다. 느낌을 따라 움직이지 않게 해야 한다.

토마시 할리크는 이럴 때 우리에게 필요한 것 세 가지를 말한다. "믿음과 희망과 사랑"이다. 이것들이 우리가 일상에서 경험하는 하나님의 침묵을 대면하는 '인내의 세 가지 얼굴' 이라는 것이다.30 우리는 하나님의 부재의 느낌 속에서 인내하면서 하나님이 말씀하시고 약속하신 진리를 다시 기억해야 한다. 예수님은 자신이 곧 이 땅을 떠나겠지만, 제자들이 자신의 부재에도 불구하고 언제나 그들과 함께 한다는 것을 알기를 원하셨다. "나는 이미 그들에게 아버지의 이름을 알렸으며, 앞으로도 알리겠습니다. 그것은, 아버지께서 나를 사랑하신 그 사랑이 그들 안에 있게 하고, 나도 그들 안에 있게 하려는 것입니다."요 17:26

하나님이 침묵한다고 느낄 때 우리는 잘못된 결정을 내리지 않도록 조심해야 한다. 하나님에 대해 의심이 든다고 공동체를 떠나는 것은 더 큰 실책을 범하는 것이다. '내가 공동체에 계속 머무는 것이 무슨 의미가 있을까? 이것은 그저 형식적인 것이고 가식이 아닐까?' 이런 생각이 들 때에도 절대로 공동체를 떠나지 말고 더 깊이 붙어 있으려고 애써야 한다. 내가 하나님을 '느끼지' 못하지만 공동체에 계속 붙어 있으면, 공동체를 통해 역사하시는 하나님의 임재를 간접적으로, 또는 희미하게나마 감지할 때가 있을 것이다. 그런 시간들을 통해서 다시 하나님의 풍성한 은혜를 '느끼고 인지하게' 될 것이다.

또한 하나님의 부재하심이 느껴질 때 사람들을 떠나지 말고 오히려 믿음의 사람 곁에 더 붙어 있어야 한다. 어떤 사람은 우리가 사람을 보고 믿는 것이 아니라 하나님만 바라보면서 믿는 것이라고 말한다. 어느 정도는 맞는 말이지만 항상 그런 것은 아니다. 우리는 눈에 보이는 하나님을 눈에 보이는 형제를 통해서 소개받고, 증거 받고, 확인하는 경우가 대부분이기 때문이다. 그래서 하나님을 처음 믿을 때와 마찬가지로 신앙의 여정에서도 믿음의 사람들 곁에 머물고 교제의 끈을 이어가는 것이 중요하다.

이것을 잘 보여주는 것이 폴 브랜드 박사와 인도의 한센병 환자들의 관계다. 영국왕립 의료원 교수가 될 자격이 충분했던 브랜드 박사는 그 모든 명예와 안락한 삶을 뒤로 하고 인도로 가서 한센병 환자를 치료하고 치료 방법을 개발하기 위해 평생을 바쳤다. 그러면서 자신을 이곳으로 이끌어주신 하나님을 전했다. 그를 통해 많은 환자들이 하나님을 영접했다. 미국의 작가 필립 얀시가 환자들을 방문해서 어떻게 예수를 믿게 되었는지 묻자 많은 환자들이 비슷한 대답을 했다. "어떻게 이렇게 위대한 박사님이 우리에게 오셨을까? 그가 왜 이렇게 열악한 곳에서 평생을 헌신하실까? 전혀 이해가 되지 않았다. 하지만 그의 곁에서 긴 세월을 함께 지내면서 점차 알게 된 것은, 브랜드 박사님 안에는 무언가 특별한 것이 있다는 것이다. 그것은 그가 믿고 섬기는 하나님이었다. 그는 하나님의 사람이었다. 그의 안에는 하나님이 계셨다. 그렇기에 이런 삶을 살 수 있었다는 것을 알게 되었다. 그래서 우리도 기도하게 되었다. '폴 브랜드 박사 안에 계신 성령님이 우리 안에도 들어오시기를 원합니다' 이것이 우리가 하나님을 믿게 된 출발점이었다." 브랜드 박사에게만 하나님이 함께 하신 것은 아니었을 것이다. 환자들에게도 하나님이 함께 하셨을 것이다. 다만 그들이 아직 그것을 명확하게 느끼고 확신하지 못했을 뿐이다. 그들을 확신으로 이끈 역할을 한 사람이 브랜드 박사인 것이고, 하나님께서 브랜드 박사를 사용하신 것이다. 31

그러므로 우리는 하나님의 임재를 느끼지 못할 때나 하나님이 나를 떠난 것처럼 느껴질 때, 주변에 있는 믿음의 사람을 바라보고, 그의 곁에 더 붙어 있으려고 해야 한다. 그러다 보면 언젠가는 그들의 삶에 임재하시고 역사하시는 하나님이 나의 삶에도 임재하시고 역사하신다는 것을 확인하게 될 것이다.

하나님은 나의 상황이나 느낌과 상관없이 언제나 우리와 함께 하신다. 하나님이 편재하신다는 진리는 우리의 감각보다 앞선다. 우리의 감각에 의해 진리가 결정되는 것이 아니다. 우리가 믿음과 소망을 가지고 인내한다면 하나님의 은혜로운 임재를 다시 느끼고 깨달을 때가 올 것이다.

하나님의 편재하심을 인식하는 삶

1. 코람 데오Coram Deo 하나님 앞에서

(1) 하나님이 무소부재하시며 우리가 있는 모든 곳에 함께 계신다는 것을 아는 사람은 항상 하나님 앞에 서 있는 느낌으로 살 수 밖에 없다. 이것이 코람 데오Coram Deo의 삶이다.

혼자 있을 때에도 하나님과 함께 있는 것이고, 가정에서도 하나님과 함께 있는 것이고, 직장이나 사회에서도 하나님과 함께 있는 것이다. 인생의 계획을 세울 때도 하나님과 함께 있는 것이고, 돈을 어떻게 사용할까 생각할 때도 하나님과 함께 있는 것이고, 자녀를 어떻게 교육할까 고민할 때도 하나님과 함께 있는 것이다. 비록 다른 사람은 나를 보지 못하고 내가 무슨 생각을 하는지 몰라도 하나님은 그 모든 순간과 장소에서 나와 함께 하시면서 나를 지켜보고 계신다. 하나님이 나를 창조하신 분이요, 나에게 구원의 은혜를 베풀어주신 분이라면, 나의 모든 것과 내가 하는 모든 일들이 하나님과 관련을 가질 수밖에 없을 것이고, 코람 데오의 삶은 하나님의 영광을 구하는 삶으로 이어지게 된다. "그러므로 여러분은 먹든지 마시든지 무슨 일을 하든지 모든 것을 하나님의 영광을 위하여 하십시오."고전 10:31

(2) 하나님이 우리의 모든 것을 다 보고 아신다면, 우리가 사랑으로 섬기고 봉사하는 것을 굳이 다른 사람들에게 알려서 칭찬을 받으려고 애쓸 필요가 없다.

"너희는 남에게 보이려고 의로운 일을 사람들 앞에서 하지 않도록 조심하여라. 그렇지 않으면, 너희는 하늘에 계신 너희 아버지에게서 상을 받지 못한다. 그러므로 네가 자선을 베풀 때에는, 위선자들이 사람들에게 칭찬을 받으려고 회당과 거리에서 그렇게 하듯이, 네 앞에 나팔을 불지 말아라. 내가 진정으로 너희에게 말한다. 그들은 자기네 상을 이미 다 받았다. 너는 자선을 베풀 때에는, 오른손이 하는 일을 왼손이 모르게 하여, 네 자선 행위를 숨겨두어라. 그리하면, 남모르게 숨어서 보시는 네 아버지께서 너에게 갚아 주실 것이다."마 6:1~4 그렇기에 우리는 선한 일을 하다가 낙심해서 포기할 필요가 없다. 그 모든 것을 하나님이 다 보셨고 하늘나라의 장부책에 다 기록하고 있기 때문이다. "선한 일을 하다가, 낙심하지 맙시다. 지쳐서 넘어지지 아니하면, 때가 이를 때에 거두게 될 것입니다."갈 6:9

(3) 다른 사람과의 관계에서도 우리는 하나님의 임재를 의식하면서 관계를 맺어야 한다.

이스라엘 백성들은 모든 일을 하나님 앞에서 행하는 것처럼 해야 했다. 공정한 저울추를 사용해서 정직하게 거래를 해야 하며레 19:36, 장애인들에게도 바르게 대해 주어야 하며레 19:14 "듣지 못하는 사람을 저주해서는 안 된다. 눈이 먼 사람 앞에 걸려 넘어질 것을 놓아서는 안 된다. 너는 하나님 두려운 줄을 알아야 한다. 나는 주다.", 자기 이익을 위해 다른 사람에게 해를 끼치지 말아야 한다. 레 19:16 "이 사람 저 사람에게 남을 헐뜯는 말을 퍼뜨리고 다녀서는 안 된다. 너는 또 네 이웃의 생명을 위태롭게 하면서까지 이익을 보려 해서는 안 된다. 나는 주다."

바울은 "무슨 일을 하든지 사람에게 하듯이 하지 말고, 주님께 하듯이 진심으로" 할 것을 권면한다. 골 3:23 남편은 아내에게, 아내는 남편에게 그리스도께 순종하듯 서로 순종해야 한다. 엡 5:22~25 자녀는 부모를 향해서, 부모는 자녀에게 하나님 앞에서 하는 것처럼 해야 한다. 엡 6:1~4 주인은 종에게, 종도 주인에게 하나님 앞에서 하듯이 해야 한다. 엡 6:5~9 이것은 두려움 때문이거나 어떤 보상을 얻으려고 하는 것보다 훨씬 고차원의 인식이다. 하나님이 나의 삶의 모든 영역에 함께 계신다는 것을 생각한다면, 그 어느 순간 어느 영역에서도 소홀히 할 수 없기 때문이다. 그 모든 것이 하나님 앞에서 하나님께 하듯이 하는 것이 되어야 하기 때문이다.

(4) 우리가 하나님의 임재를 의식하면서 살 때 그 모든 곳이 천국이 된다.

찬송가 495장은 이것을 잘 표현하고 있다. "높은 산이 거친 들이 초막이나 궁궐이나, 내 주 예수 모신 곳이 그 어디나 하늘나라." 하늘나라가 어디인가? 하나님이 계신 곳이다. 따라서 우리가 하나님의 임재를 분명하게 인식한다면, 그 모든 곳이 하나님과 함께 있는 곳이 되기 때문에 '하늘나라'인 것이다. 물론 궁극적인 천국은 하나님의 완전한 임재가 영원토록 단절되지 않고 방해받지 않고 지속되는 곳이다. 우리가 기다리는 천국이 바로 이런 곳이다. 그러나 우리는 지금 이 곳에서도 천국을 누릴 수 있고 맛볼 수 있다. 우리가 하나님의 임재 속에 들어가게 되면 바로 그곳이 천국이 되기 때문이다.

"천국이 왜 천국인가? 천국에서는 하나님의 임재가 방해받지 않고 우리에게 온전히 허락되기 때문이다. 지옥이 왜 지옥인가? 지옥에는 하나님의 임재에 대한 의식이 부재하기 때문이다."32 이 세상 속에서도 우리가 하나님의 임재를 의식하면서 살아간다면 그곳에 이미 하나님 나라가 임한 것이다. 눅 17:21 "또 '보아라, 여기에 있다' 또는 '저기에 있다' 하고 말할 수도 없다. 보아라, 하나님의 나라는 너희 가운데에 있다." 반대로 하나님의 임재를 무시하고 살아가는 곳, 하나님이 마치 없는 듯이 자기 마음대로 살아가는 사람들이 있는 곳, 바로 그곳이 지옥과 같은 곳이다.

2. 소명을 따라 사는 삶

(1) 하나님이 사람들에게 임재하실 때마다 수반되는 것은 소명을 일깨우는 것이었다.

하나님이 우르에 살던 아브라함에게 나타나셨을 때 가나안으로 이주하여 하나님의 백성을 이루는 소명을 주셨다. 창 12:1 호렙산에서 모세에게 나타나셔서 이집트에서 노예 생활을 하던 이스라엘 백성을 구원해서 가나안으로 인도하는 사명을 주셨다. 출 3장 잠을 자던 사무엘을 부르셔서 자신의 임재를 보여주시면서 앞으로 이스라엘에서 하실 일을 보여주시고 하나님의 예언자로서의 사명을 부여하셨다. 삼상 3장 이사야, 예레미야, 에스겔에게 자신의 임재를 보여주신 하나님은 예언의 말씀을 선포하는 사명을 주셨다. 나다나엘에게 자신이 메시아이심을 계시하신 예수님은 그를 제자로 부르셨다. 요 1장 예수 믿는 자들을 잡으러 다메섹으로 가던 길에서 예수님은 사울바울에게 나타나셔서 예수님의 이름을 "이방 사람들과 임금들과 이스라엘 자손들 앞에" 선포할 사명을 주셨다. 행 9:15

성경 시대에는 소수의 사람들에게 하나님의 특별한 임재를 보여주면서 사명을 주셨다면, 지금은 하나님의 성령이 임재하시는 모든 성도들이 하나님으로부터 사명을 받는 것이다. 구약 시대에는 소수의 특정한 사람들이 제사장과 선지자의 사명을 받았다면, 지금은 모든 그리스도인들이 동일한 역할을 맡은 사명자인 것이다. 벧전 2:9 "여러분은 ... 왕과 같은 제사장들이요"

(2) 하지만 여전히 많은 성도들이 하나님의 소명을 인식하지 못하고, 또는 거부하면서 자신이 원하는대로 살아가려고 한다.

우리가 하나님의 소명을 거절할 때마다 하나님의 임재하심을 거절하는 것이나 마찬가지다. 모세는 하나님의 부르심에 응답하는 삶이 버겁게 느껴서 이집트로 가기를 거부했다. 요나는 자신에게 주어진 소명에 동의되지 않아 하나님 앞에서 도망쳤다. 이스라엘 땅을 떠나면 소명의 삶을 살지 않아도 될 것으로 생각하여 하나님이 안 계시는 곳으로 생각되는 바다 건너 다시스로 가려고 계획한다.

이들처럼 우리도 하나님의 불편한 요구를 피하고 싶고, 하나님이 원하시는 삶의 방식을 거부하고 싶고, 하나님의 개입 없이 혼자 일을 처리하고 인생을 계획하고 싶어한다. 독립성을 추구하는 현대인들의 행태에 우리도 오염된 것이다. 그래서 하나님이 내 삶에 개입하는 것을 불편하게 여긴다. 하나님의 뜻과 계획에 맞춰 삶을 조정하는 것을 거북하게 느낀다. 마치 요나가 하나님을 피해 도망친 것처럼 우리도 때로는 의식적으로, 또한 무의식적으로 하나님이 내 삶에 개입해 들어오는 것을 피하여 도망치고 싶어한다.

그러나 우리는 하나님을 피하여 도망갈 수 없다. 하나님은 요나를 내버려두지 않고, 계속 추적하여 마침내 돌이키셨다. 하나님은 모세를 거듭 설득하여 결국 자신의 뜻에 순종하게 만들었다. 우리도 소명의 삶을 거부하고 하나님을 피하여 도망갈 수 없다. 하나님은 사랑하여 택한 우리를 추적하신다. 그리고 하나님의 소명의 길로 이끄신다.

하나님의 은혜를 받아 그의 자녀가 된 이상, 우리는 하나님과 상관없이 하나님이 내 삶에 없는 것같이 하나님이 내 삶과 아무 상관없는 것같이, 내 꿈만 추구하고 내 계획만 성취하려고 하고 내가 원하는 것만 하면서 살아갈 수는 없다. 그런 삶을 살아가는 동안, 하나님이 없다고 생각하는 바로 그 자리 바로 그 순간에 하나님은 슬픈 얼굴로 우리에게 임재하셔서 지켜보고 계실 것이다. 하나님은 우리에게 은혜를 베풀어 구원하신 후에 자신이 계획하시는 소명의 삶으로 이끌어가기를 원하신다. 우리가 소명의 삶을 거부하는 것은 하나님과 상관없는 삶을 살겠다는 것이고, 그 인생은 결국 시간낭비가 될 것이다. 설령 무언가 이루었다고 생각해도 그 모든 것은 사상누각에 지나지 않게 될 것이다. 그러나 하나님의 부르심에 응답하는 삶은 나의 존재 목적인 하나님의 영광을 드러내는 삶, 다른 사람들에게 하나님의 은혜를 전해주는 삶이 될 것이다. 그러므로 가장 성공적인 인생은 나와 항상 함께 하시는 하나님의 눈으로 내 인생을 보고, 하나님이 나를 이 세상에 보내신 목적을 분명하게 보고, 그것에 맞추어 내 삶을 조정하는 것이다.

전능하신 하나님

Omnipotence

아브라함의 하나님

하나님은 갈대아 지방 우르에 살던 아브라함을 부르시고, 가나안으로 가라고 지시하셨다. 창 12:1 말씀에 순종하여 고향을 떠나 가나안으로 이주한 아브라함에게 하나님이 나타나셔서 언약을 맺으시면서 약속을 주셨다. "너의 자손이 저 별처럼 많아질 것이다." 창 15:5 그러나 약속을 받은 89세 이후 10년 동안 아무 소식이 없었다. 별처럼 많아지기는커녕 단 한 명의 자식도 생기지 않았다. 약속이 허황된 거짓말처럼 생각되면서 아브라함이 기대했던 소망이 사라지고 있었다. 그러나 10년 후 아브라함이 99세가 되어 이제 다 포기하고 잊었다고 생각하는 순간 하나님은 다시 나타나셨다. 롬 4:19 그 때 하나님은 자신이 "엘 샤다이" 즉 "전능한 하나님"이라고 주장하셨다. "아브람의 나이 아흔아홉이 되었을 때에, 주님께서 그에게 나타나셔서 말씀하셨다. '나는 전능한 하나님이다. 나에게 순종하며, 흠 없이 살아라.'" 창 17:1 그리고 다시 한 번 자손에 대한 약속을 상기시키시고 창 17:4, 약속대로 1년 후에 이삭이 태어나게 하셨다. 창 21:2~3 하나님은 자신을 불가능하게 보이는 일을 가능한 것으로 만드실 수 있는 존재로 보여주신 것이다.

사도신경의 첫 구절은 이렇게 시작한다. "전능하사 천지를 만드신 하나님 아버지를 내가 믿습니다." 이것은 창 1장 1절 "태초에 하나님이 천지를 창조하셨다"는 것을 묘사하는 것이고, 이사야 선지자의 선포를 반영한 고백이다. "주 곧 만군의 주, 이스라엘의 전능하신 분께서 말씀하신다." 사 1:24 이처럼 하나님을 향한 우리 신앙의 출발점은 전능하신 하나님을 믿고 고백하는 것이다.

하나님의 전능의 의미

I. 성경은 하나님이 전능한 존재라고 말한다.

구약에서부터 신약에 이르기까지 성경 곳곳에서 하나님은 "전능하신 여호와"שַׁדָּי אֵל, 엘 샤다이, God Almighty 또는 단순하게 "전능자"The Almighty 로 지칭된다.

> 다윗이 주님께 맹세하고, 야곱의 전능하신 분께 서약하기를.시 132:2
>
> 아, 주 하나님, 보십시오, 크신 권능과 펴신 팔로 하늘과 땅을 지으신 분이 바로 주님이시니, 주님께서는 무슨 일이든지 못하시는 일이 없으십니다.렘 32:17
>
> 나는 주다. 모든 사람을 지은 하나님이다. 내가 할 수 없는 일이 어디 있겠느냐?렘 32:27
>
> 할렐루야, 주 우리 하나님, 전능하신 분께서 왕권을 잡으셨다.계 19:6

또한 성경은 하나님이 원하는 모든 일을 다 하실 수 있다고 말하면서 그의 전능하심을 드러낸다.

> 우리 하나님은 하늘에 계셔서, 하고자 하시면 어떤 일이든 이루신다.시 115:3
>
> 그러나 그분이 한번 뜻을 정하시면 누가 그것을 돌이킬 수 있으랴? 한번 하려고 하신 것은 반드시 이루고 마시는데.욥 23:13
>
> 주님께서는 못하시는 일이 없으시다는 것을 이제 저는 알았습니다. 주님의 계

획은 어김없이 이루어진다는 것도 저는 깨달았습니다.^{욥 42:2}

주님은 하늘에서도 땅에서도 바다에서도 바다 밑 깊고 깊은 곳에서도 어디에서나 뜻하시는 것이면 무엇이든 다 하시는 분이다.^{시 135:6}

그는 땅의 모든 거민을 없는 것 같이 여기시며 하늘의 군대와 이 땅의 모든 거민에게 뜻대로 하시지만, 아무도 그가 하시는 일을 막지 못하고, 무슨 일을 이렇게 하셨느냐고 그에게 물을 사람이 없다.^{단 4:35}

2. 하나님은 오직 전능자만이 할 수 있는 일을 행하신다.

(1) 천지를 창조하신 하나님의 능력
하나님의 전능하심은 무엇보다 천지를 창조하는 데서 분명하게 드러난다.

너희는 고개를 들어서, 저 위를 바라보아라. 누가 이 모든 별을 창조하였느냐? 바로 그분께서 천체를 수효를 세어 불러내신다. 그는 능력이 많으시고 힘이 세셔서 하나하나 이름을 불러 나오게 하시니 하나도 빠지는 일이 없다.^{사 40:26}

만물이 그분 안에서 창조되었습니다. 하늘에 있는 것들과 땅에 있는 것들, 보이는 것들과 보이지 않는 것들, 왕권이나 주권이나 권력이나 권세나 할 것 없이, 모든 것이 그분으로 말미암아 창조되었고, 그분을 위하여 창조되었습니다. 그분은 만물보다 먼저 계시고, 만물은 그분 안에서 존속합니다.^{골 1:16~17}

천지를 창조하신 하나님의 능력은 대단한 것이지만, 욥은 천지 창조와 천지를 움직이는 능력은 하나님 능력의 아주 작은 부분에 지나지 않는다고 고백한다. "그러나 이런 것들은, 그분이 하시는 일의 일부에 지나지 않고, 우리가 그분에게서 듣는 것도 가냘픈 속삭임에 지나지 않는다. 하물며 그분의 권능에 찬 우레 소리를 누가 이해할 수 있겠느냐!" 욥 26:14

그런데 하나님의 천지창조에서 가장 놀라운 점은, 모든 피조물을 무無로부터, 즉 아무 것도 없는 데서 창조하셨다는 점이다. 하나님은 무언가를 만들기 위해서 어떤 재료가 필요하지 않았다는 것이다. 인간도 창조성을 가지고 있기 때문에 무언가를 만들 능력이 있다. 과학기술의 발전은 우리가 생각하는 것을 얼마든지 만들 수 있다는 자신감을 주기에 충분하다. 그러나 인간이 무엇을 만들기 위해서는 '재료' 가 필요하다. 재료를 가공하고 확장하고 변환시켜서 더 고도의 물체를 만드는 것이다. 그러나 아무리 인간의 능력이 뛰어나다 할지라도 아무 것도 없는 데서 무엇인가를 만들 수는 없다. 그것은 상상 속에 존재하는 마법사나 할 수 있는 일이다. 바로 이 상상 속의 마법사의 최고봉이 여호와 하나님이라고 할 수 있다. 그는 오직 자신의 말씀으로만 천지만물을 창조하셨기 때문이다. 하나님의 말씀은 놀라운 능력을 가지고 있다. 생각한 것을 말로 표현만 하면 그대로 이루어지기 때문이다.

이렇게 무無로부터 천지를 창조하신 하나님의 무한한 능력에 대한 피조물의 마땅한 반응은 찬양과 경배다. 그래서 천국에서 하나님 곁에 있던 이십사 장로들이 이렇게 고백한다. "우리의 주님이신 하나님, 주님은 영광과 존귀와 권능을 받으시기에 합당하신 분이십니다. 주님께서 만물을 창조하셨으며, 만물은 주님의 뜻을 따라 생겨났고, 또 창조되었기 때문입니다." 계 4:11

창조물을 볼 때마다 우리는 영광과 찬양을 받으시기에 합당하신 하나님을 떠올리면서 그분께 경배해야 한다. 또한 나 자신을 볼 때마다, 내 몸과 내 정신과 내가 움직이는 모든 모습을 볼 때마다, 나를 만드신 하나님을 떠올려야 하고 그 분의 능력 앞에 엎드려 경배해야 한다. 이런 점에서 다윗의 고백이 우리의 것이 될 수밖에 없다. "내가 이렇게 빚어진 것이 오묘하고 주님께서 하신 일이 놀라워, 이 모든 일로 내가 주님께 감사를 드립니다. 내 영혼은 이 사실을 너무도 잘 압니다." 시 139:14

(2) 세상을 다스리는 하나님의 능력

하나님은 천지를 창조하셨을 뿐만 아니라 천지만물을 자신의 뜻대로 다스리시는 능력자이시다.

> 주 만군의 하나님, 누가 주님 같은 용사이겠습니까? 오, 주님! 주님의 신실하심이 주님을 둘러싸고 있습니다. 주님은 소용돌이치는 바다를 다스리시며, 뛰노는 파도도 진정시키십니다. 주님은 라합을 격파하여 죽이시고, 주님의 원수들을 주님의 강한 팔로 흩으셨습니다. 하늘은 주님의 것, 땅도 주님의 것, 세계와 그 안에 가득한 모든 것이 모두 주님께서 기초를 놓으신 것입니다. 자폰 산과 아마누스 산을 주님이 창조하셨으니, 다볼 산과 헤르몬 산이 주님의 이름을 크게 찬양합니다. 주님의 팔에 능력이 있으며 주님의 손에는 힘이 있으며, 주님의 오른손은 높이 들렸습니다. 시 89:8~13

천지를 창조하신 하나님은 다른 우상들과 같지 않다. 그들은 실제로 아무 것도 할 수 없지만 하나님은 세상을 창조했을 뿐만 아니라 세상을 섭리하시고 자연을 다스리시는 분이다.

> 권능으로 땅을 만드시고, 지혜로 땅덩어리를 고정시키시고, 명철로 하늘을 펼치신 분은 주님이시다. 주님께서 호령을 하시면, 하늘에서 물이 출렁이고, 땅 끝에서 먹구름이 올라온다. 주님은 번개를 일으켜 비를 내리시며, 바람 창고에서 바람을 내보내신다. 사람은 누구나 어리석고 지식이 모자란다. 은장이는 자

기들이 만든 신상 때문에 모두 수치를 당한다. 그들이 금속을 부어서 만든 신상들은 속임수요, 그것들 속에는 생명이 없기 때문이다. 그것들은 허황된 것이요, 조롱거리에 지나지 않아서, 벌을 받을 때에는 모두 멸망할 수밖에 없다.렘 10:12~15

(3) 기적을 통해서 보여주신 하나님의 능력

하나님은 자신이 전능한 존재라는 것을 수많은 기적을 통해서 보여주셨다.

하나님은 89세인 사라가 임신하여 90세에 아이를 낳을 것이라고 약속하셨다. 의심하는 아브라함과 사라에게 인간에게는 불가능하게 보이는 일이라도 하나님께는 가능하다고 재차 강조하셨다. "나 주가 할 수 없는 일이 있느냐? 다음 해 이맘때에, 내가 다시 너를 찾아오겠다. 그 때에 사라에게 아들이 있을 것이다."창18:14

하나님은 강대국 이집트에서 노예처럼 생활하던 이스라엘 백성을 기적을 통해서 해방시켜주셨다. 신4:37, 출32:11 그리고 그들을 가나안으로 이끌어가면서 광야에서 만나와 메추라기를 먹을 것으로 주셨다. 출16장 또한 하나님이 선택하신 여호수아, 기드온, 사무엘, 다윗과 같은 사람들을 통해서 하나님의 뜻과 계획이 수많은 기적을 통해서 이루어진다는 것을 확증해주셨다.

이처럼 구약 성경 전반에 걸쳐 나타나는 수많은 기적들은 여호와 하나님이 전능한 존재라는 것을 증거하는 도구들이다.

(4) 예수 그리스도의 사역에서 드러난 하나님의 능력

하나님의 천사 가브리엘은 아직 결혼하지 않은 마리아가 임신하여 예수를 낳을 것이라고 알려주었다. 이에 마리아가 천사에게 물었다. "나는 남자를 알지 못하는데, 어떻게 이런 일이 있겠습니까?"눅1:34 그러자 가브리엘은 "성령이 그대에게 임하시고, 더없이 높으신 분의 능력이 그대를 감싸 줄 것이다. 하나님께는 불가능한 일이 없다"고 대답하였다.눅 1:35, 37 남자를 알지 못하는 마리아가 잉태하는 것이 전능하신 하나님께는 전혀 불가능한 일이 아니라는 말씀이다.

예수님은 3년 동안 세상에 거하시면서 수많은 기적을 행하셨다. 중풍병자를 고쳐주셨고마 9:6 , 귀신을 쫓아내셨고눅 4:35 , 죽은 소녀를 살리셨고막 5:41~42 , 물로 포도주를 만드셨고요 2:1~11 , 바다의 풍랑까지 잠잠케 하셨다.마 8:26 예수님은 기적을 통해서 자신이 하나님이라는 것을 증명하셨고, 그와 동시에 하나님은 원하시면 어떤 일도 할 수 있다는 것을 보여주셨다.

예수님은 3년의 공생애를 마치시고 로마의 통치자와 유대 종교지도자들의 손에 십자가에 달려 무기력한 모습으로 죽었다. 그러나 그가 죽은 것은 능력이 없었기 때문이 아니다. 당시 유대를 호령하던 대제사장과 빌라도 세력에 굴복했기 때문도 아니다. 그것은 자신의 계획을 성취하기 위한 여정의 한 부분이었다. 이 점을 예수님은 분명하게 인식하고 계셨다. "아무도 내게서 내 목숨을 빼앗아 가지 못한다. 나는 스스로 원해서 내 목숨을 버린다. 나는 목숨을 버릴 권세도 있고, 다시 얻을 권세도 있다. 이것은 내가 아버지께로부터 받은 명령이다."요 10:18

예수님은 자신이 비록 죽어도 다시 살아날 것이라고 말씀하셨다. 하나님이 다시 살릴 능력이 있다는 것을 알았기 때문이다. 예수가 죽었을 때 대적자들은 자신들의 능력이 더 크다고 생각했을 것이다. 그 능력을 증명했다고 기뻐했을 것이다. 그러나 결국 하나님의 능력이 더 크다는 것이 그리스도의 부활을 통해 증명되었다. 세상의 모든 권세자들이 의기투합하여 하나님을 대적한다 해도 하나님의 승인과 계획이 없다면 예수의 몸에 손 하나도 댈 수 없었을 것이다. 결국 예수님의 말씀대로 하나님은 능력으로 그를 부활시키셨다. 엡 1:20 "하나님께서는 이 능력을 그리스도 안에 발휘하셔서, 그분을 죽은 사람들 가운데서 살리시고" 부활을 통해 예수님은 "죽음의 세력을 잡은 자"인 마귀를 정복하셨다. 히 2:14 세상의 모든 존재들이 굴복할 수밖에 없었던 사망의 권세를 이기신 것이다. 이것이 하나님의 실제적인 능력의 나타남이다.

그리스도의 부활은 장차 우리에게도 효력을 발휘하게 될 것이다. 우리가 비록 이 땅에서는 환난을 당하고, 심지어는 죽임을 당하지만, 주님의 날이 오면 우리를 다시 살리실 수 있는 하나님의 능력으로 우리의 죽은 몸이 부활하여 하나님의 영광의 우편에 앉게 될 것이다. 요 5:28~29 이것 역시 하나님의 능력을 증거하는 기적이 될 것이다.

지금 하늘에 계신 예수님은 세상 마지막 날에 영광 가운데 다시 오셔서 세상을 심판하시고 자신이 세상의 주권자요 전능자요 참된 신이라는 것을 드러내실 것이다. "그 때에 인자가 올 징조가 하늘에서 나타날 터인데, 그 때에는 땅에 있는 모든 민족이 가슴을 치며, 인자가 큰 권능과 영광에 싸여 하늘 구름을 타고 오는 것을 보게 될 것이다." 마 24:30

(5) 우리를 구원하는데 나타난 하나님의 능력

예수님은 하나님의 율법을 잘 지켰다고 생각하는 부자 청년에게 영원한 생명을 얻기 위해서 필요한 것이 한 가지 남아 있다고 말씀하셨다. "네가 완전한 사람이 되려고 하면, 가서 네 소유를 팔아서, 가난한 사람에게 주어라. 그리하면, 네가 하늘에서 보화를 차지하게 될 것이다. 그리고 와서 나를 따라라." 마 19:21 이 말씀을 듣자 청년은 근심하면서 돌아갔다. 그 모습을 본 예수님은 제자들에게 이렇게 말씀하셨다. "내가 진정으로 너희에게 말한다. 부자는 하늘나라에 들어가기가 어렵다. 내가 다시 너희에게 말한다. 부자가 하나님 나라에 들어가는 것보다 낙타가 바늘귀로 지나가는 것이 더 쉽다." 마 19:23~24 이 말씀을 듣고 제자들은 이렇게 신실하고 하나님의 율법을 잘 지키는 청년도 한 가지 사유로 인해 예수님의 제자가 되는 것이 어렵다면 도대체 누가 구원을 얻을 수 있겠느냐고 의문을 제기한다. 25절 이에 대해 예수님은 "사람은 이 일을 할 수 없으나, 하나님은 무슨 일이나 다 하실 수 있다"고 대답하셨다. 마 19:26

누가, 어떤 사람이 구원받을지, 우리는 잘 모른다. 예수님을 잘 믿을 것처럼 보이는 사람은 그렇지 않고, 오히려 완악하게 보이는 사람이 예수님 앞에 무릎을 꿇는 모습을 보면서 놀라게 된다. 사람들에게 죄인으로 낙인 찍혔던 삭개오와 같은 사람이 예수님의 부르심에 응답하여 구원의 은혜를 누렸다. 눅 19:9 예수 믿는 자들을 체포하고 죽이는데 앞장섰던 바울이 어느 순간 갑자기 회심하여 하나님의 신실한 일꾼으로 변화되었다. 행 19:1~20

우리가 하나님을 믿게 된 것도 되돌아보면 신기할 따름이다. 무신론자들이 하나님을 믿을 수 없는 이유로 주장하는 여러 가지 것들에 대해 상당 부분 이해가 된다. 눈에 보이지도 않는 하나님이 천지를 창조하셨다는 것, 2천 년 전에 하나님이신 예수님이 인간이 되어 이 땅에 오셨고 다양한 기적을 행하셨고 십자가에 달려 죽었다가 3일 만에 부활하셨다는 것, 구원받은 자는 새 하늘과 새 땅에서 영생을 누린다는 것을 믿는 것이 오히려 이상하게 보이는 것이 사실이다. 하지만 우리는 하나님과 예수님을 믿게 되었다. 그가 천지의 창조자요 우리의 구원자라는 사실을 믿게 되었다. 어떻게 해서 믿게 되었을까? 우리가 믿게 된 여러 이유를 설명할 수 있겠지만, 기독교 신앙에 대해 제기되는 여러 난제들을 생각하면 우리가 믿게 된 것이 이성적이고 자연적인 것만은 아니라는 것이 확실한 것 같다. 분명 우리가 인식하지는 못하지만 성령의 역사와 감동이 우리를 감싼 결과라고밖에 말할 수 없지 않을까? 내가 잘나서, 똑똑해서, 분별력이 좋아서, 무언가를 잘해서, 선택을 잘해서, 하나님의 사랑을 받고 구원받을만한 무언가를 가지고 있어서 하나님을 믿고 구원을 얻게 된 것이 아니라는 점은 확실하다. 그래서 내가 하나님의 자녀가 된 것이 하나님의 은혜라고 말하고, 또한 하나님의 능력이라고 말하게 된다. "십자가의 말씀이 멸망할 자들에게는 어리석은 것이지만, 구원을 받는 사람인 우리에게는 하나님의 능력입니다." 고전 1:18 정말로 그렇다! 우리와 같은 사람을 구원하신 것을 보면 하나님이 전능하신 분이라고 인정하지 않을 수 없다.

(6) 우리의 구원을 성취하는 데 나타난 하나님의 능력

하나님은 우리가 예수님을 본받아 거룩한 자로 성숙하기 위해 필요한 것들을 제공하실 수 있는 분이시다. "하나님께서는, 우리가 그를 앎으로 말미암아 생명과 경건에 이르게 하는 모든 것을, 그의 권능으로 우리에게 주셨습니다. 하나님은 우리를 부르셔서 그의 영광과 덕을 누리게 해 주신 분이십니다."벧후 1:3

또한 하나님은 우리가 부르심에 합당하게 살면서 하나님께서 주신 구원을 완성할 수 있도록 능력으로 인도해주신다. "하나님께서는 여러분의 믿음을 보시고 그의 능력으로 여러분을 보호해 주시며, 마지막 때에 나타나기로 되어 있는 구원을 얻게 해 주십니다."벧전 1:5

하나님은 우리 안에서 시작하신 구원을 자신의 열심으로 반드시 이루실 것이다. "선한 일을 여러분 가운데서 시작하신 분께서 그리스도 예수의 날까지 그 일을 완성하시리라고, 나는 확신합니다."빌 1:6 그가 힘이 부족해서 과거에 시작한 일을 끝마치지 못하는 일은 일어나지 않는다. 또한 그의 일을 방해할 세력도 없다. 우리가 종종 사단의 유혹에 넘어가서 우리의 구원 여정이 빗나가기도 하고 먼 광야 길로 돌아갈 때도 있지만, 그럼에도 불구하고 하나님의 계획은 결코 실패하지 않는다. 하나님의 능력이 사단의 능력보다 크기 때문이다. 그래서 우리는 이러한 하나님의 능력 앞에서 고마움과 감사로 무릎을 꿇을 수밖에 없다.

(7) 자녀들을 인도하시며, 필요한 것을 채워주시고, 위험에 처했을 때 능히 도움을 주실 수 있는 하나님

하나님은 광야에서 다양한 먹거리가 부족해서 한탄하는 이스라엘 백성들의 불평을 들으시고 모든 백성들에게 고기를 주시겠다고 약속하신다. 이것은 불가능해 보이는 약속이다. 그래서 모세조차 의문을 제기한다. "저를 둘러싸고 있는 백성의 보행자가 육십만 명입니다. 그런데 주님께서는 '그들에게 내가 고기를 주어, 한 달 내내 먹게 하겠다' 하고 말씀하시나, 그들을 먹이려고 양 떼와 소 떼

를 잡은들, 그들이 만족해하겠습니까? 바다에 있는 고기를 모두 잡은들, 그들이 만족해하겠습니까?"민 11:21~22 이에 대해 하나님은 이스라엘 백성을 애굽에서 구원해낸 하나님의 능력이 어디로 사라진 것이 아니라고 말씀하신다. "주님께서 모세에게 대답하셨다. '나의 손이 짧아지기라도 하였느냐? 이제 너는 내가 말한 것이 너에게 사실로 이루어지는지 그렇지 아니한지를 볼 것이다.'"민 11:23 전능하신 하나님이 약속하셨으면 그대로 이루어지는 것은 당연하다는 것이다. 하나님은 약속대로 메추라기를 몰아와서 이스라엘 백성들이 질리도록 먹을 수 있게 해 주셨다.

난관에 직면해서 하나님의 도움을 받은 사람들이 한둘이 아니다. 다윗은 자기를 죽이려던 사울왕의 손에서 구원받은 후 이 모든 것이 하나님의 능력 덕분이라고 고백한다. "주님께서 나에게 싸우러 나갈 용기를 북돋우어 주시고, 나를 치려고 일어선 자들을 나의 발아래에서 무릎 꿇게 하셨습니다."삼하 22:40 그래서 다윗은 하나님이 나의 요새요 피난처라고 고백하면서 찬양하지 않을 수 없었다. "그러나 나는 나의 힘 되신 주님을 찬양하렵니다. 내가 재난을 당할 때에, 주님은 나의 요새, 나의 피난처가 되어 주시기에, 아침마다 주님의 한결같은 사랑을 노래하렵니다. 나의 힘이신 주님, 내가 주님을 찬양하렵니다. '하나님은 내가 피할 요새, 나를 한결같이 사랑하시는 분.'"시 59:16~17

때때로 하나님의 사람들이 고난과 어려움 속에서 하나님께 부르짖지만 응답을 받지 못하는 경우도 있다. 하지만 우리가 원하는대로 문제 해결을 받지 못했다 할지라도 하나님은 더 큰 목적을 위해서 다른 방식으로 자신의 능력을 보여주면서 우리에게 은혜를 베풀어주신다. 이것이 육체의 고통을 해결해달라고 기도했지만 전혀 해결 받지 못했던 바울의 경험에서 잘 드러난다. 바울은 고통의 문제가 해결되지 않았지만, 오히려 그 과정에서 더 큰 하나님의 은혜와 능력을 체험한 후 이렇게 고백한다. "그러나 주님께서는 내게 이렇게 말씀하셨습니다. '내 은혜가 네게 족하다. 내 능력은 약한 데서 완전하게 된다.' 그러므로 그리스도의 능력이 내게 머무르게 하기 위하여 나는 더욱더 기쁜 마음으로 내 약점들을 자랑하려고 합니다."고후 12:9 문제가 해결되지 않았지만, 그 문제들 속에서 더 큰 은혜를 깨닫게 되는 것 역시 하나님의 능력을 보여주는 것이다.

(8) 악한 자들을 심판하는 데 나타난 하나님의 능력

하나님은 세상을 공의로 다스리시는 분이다. 그러므로 잠시 악인들의 악행을 벌하지 않고 참을 때도 있지만, 때가 되면 반드시 그들을 심판대에 세우실 것이고 공의로 심판하실 것이다. 그들은 하나님의 진노의 손을 결코 피할 수 없을 것이다. 하나님이 전능자이기 때문이다. 이것은 세상의 주관자요 전능자가 아니면 할 수 없는 일이다.

주님의 심판 날이 오면 하나님을 거역하고 신자들을 박해하던 자들에게는 무서운 형벌이 내릴 것이다. 그러나 믿음으로 인해 어려움을 겪은 자들은 하나님이 주시는 안식을 누리게 될 것이다. "괴로움을 받는 여러분에게는 우리와 함께 안식으로 갚아주십니다. 이 일은 주 예수께서 자기의 권능 있는 천사들과 함께 하늘로부터 불꽃에 싸여 나타나셔서 하나님을 알지 못하는 자들과 우리 주 예수의 복음에 순종하지 않는 자들을 처벌하실 때에 일어날 것입니다. 그들은 주님 앞과 주님의 권능의 영광에서 떨어져 나가서, 영원히 멸망하는 형벌을 받을 것입니다."살후 1:7~9

하나님은 전능한 분이시기 때문에 의인에게는 안식을, 악인에게는 형벌을 주실 수 있는 능력이 있다. 그러므로 우리가 진정으로 두려워해야 할 자는 우리의 육신을 위협하는 자가 아니라 최종적인 심판을 행하실 하나님이다. "너희가 누구를 두려워해야 할지를 내가 보여 주겠다. 죽인 다음에 지옥에 던질 권세를 가지신 분을 두려워하여라. 그렇다. 내가 너희에게 말한다. 그분을 두려워하여

라."눅 12:5

하나님의 전능하심은 이렇게 다양한 모습으로 나타난다. 따라서 성경이 처음부터 마지막까지 지속적으로 언급하고 있는 것처럼, 우리는 하나님께는 불가능한 일이 없으며, 오직 하나님만이 전능한 분이라고 분명하게 고백하는 것이 마땅할 것이다.

하나님의 전능하심에 대한 바른 이해

1. 하나님은 무기력한 존재가 아닌가?

(1) 하나님은 자신의 능력을 아무 목적 없이 단지 과시하기 위해 사용하시는 분이 아니다. 하나님은 언제나 자신의 선한 뜻에 따라 능력을 사용하신다.

대표적인 경우가 사단이 돌로 떡을 만들어 자신의 능력을 세상에 보여주라고 유혹했을 때 예수님이 거부하신 것이다.마 4:3~4 그렇게 할 수 있는 능력이 없어서가 아니라 그렇게 하는 것이 아무런 의미도 없으며 하나님의 선하고 기뻐하신 뜻이 아니었기 때문에 거절하신 것이다.

이것을 이해하지 못한 사람들은 하나님이 의도하지 않는 어떤 일을 하지 않는다고 해서 하나님이 전능한 존재가 아니라고 비난하기도 한다. 무신론자들은 세상에 여전히 악이 존재하는 것은 하나님이 선하면서 동시에 전능한 존재일 수 없다는 것을 드러내는 증거라고 주장한다. 즉, 만일 하나님이 선한 존재라면 악을 제거하고 싶어 할 것이지만, 능력이 없기 때문에 악을 완전히 제거하지 못한다는 것이다. 또한 만약 하나님이 전능한 존재라면 세상의 악을 완전히 제거할 수 있지만, 세상에 여전히 악이 있는 것을 보니 하나님은 선한 존재가 아니라는 것이다. 어느 쪽이든 하나님은 성경에서 주장하는 대로 선하면서 동시에 전능한 존재일 수 없다고 비판하는 것이다.

그러나 이것은 하나님의 전능하심에 대한 오해에서 비롯된 잘못된 비판이다. 하나님은 자신의 선하시고 기뻐하시는 뜻과 계획에 따라 자신의 능력을 사용하신다. 그렇다면 현재 세상에 여전히 악이 있는 이유는 그가 전능하지 않거나 선하지 않기 때문이 아니라 하나님이 아직 악을 그대로 두기로 의도하셨기 때문이다. 즉 악을 남겨 두시는 목적과 계획이 있기 때문이다. 하나님은 때가 되면 악을 완전히 제거할 것이라는 자신의 계획을 이미 확고하게 밝히셨다. 따라서 지금 당장, 또는 내가 원하는 때에 그렇게 하지 않는다고 해서 하나님이 능력이 없다고 생각하는 것은 근거 없는 주장에 불과하다.

(2) 그리스도의 십자가 죽음도 마찬가지다.

예수님은 겟세마네 동산에서 자신을 잡으러 온 로마 군인들에게 칼을 휘두른 제자를 제지하면서 "너희는, 내가 나의 아버지께, 당장에 열두 군단 이상의 천사들을 내 곁에 세워 주시기를 청할 수 있다고 생각하지 않느냐? 그러나 그렇게 되면, 이런 일이 반드시 일어나야 한다고 한 성경 말씀이 어떻게 이루어지겠느냐?"마 26:53~54 라고 말씀하셨다. 자신의 능력을 발휘하면 얼마든지 로마 군인을 격퇴할 수 있지만, 선을 이루기 위해서 그 능력을 사용하지 않기로 했다는 것이다.

갈보리 언덕에서 십자가 달렸을 때에도 십자가 아래에 있던 사람들은 예수님이 능력이 없어서 십자가에 달려 죽임을 당하고 있다고 조롱했다. 마 27:39~40 "지나가는 사람들이 머리를 흔들면서, 예수를 모욕하여 말하였다. '성전을 허물고, 사흘 만에 짓겠다던 사람아, 네가 하나님의 아들이거든, 너나 구원하여라. 십자가에서 내려와 보아라.'" 그러나 이런 조롱은 하나님의 계획도 능력도 모르기 때문에 나온 것이다. 하나님의 계획은 예수님이 저항 없이 십자가 처형을 받아들이는 것이었다. 그것이 인류의 구원을 이루는 방법으로 계획된 것이기 때문이었다. 그 당시에 벌어진 일만 보면 예수님이 무능력한 존재로 보였을 것이다. 그러나 하나님의 계획 속에서 예수님은 자신의 능력을 보여주는 것을 잠시 유보하신 것이다. 그러나 때가 되었을 때 하나님은 자신의 능력을 보여주었다. 죽음의 권세를 물리치고 부활하는 것을 통해서.

2. 하나님이 할 수 없는 것들이 있지 않은가?

어떤 사람들은 하나님이 할 수 없는 행동들을 열거하면서 하나님은 전능하지 않다고 주장한다. '하나님이 거짓말을 할 수 있는가?' '하나님이 다른 하나님을 만들 수 있는가?' '하나님이 꼭짓점이 네 개인 삼각형, 네모난 원, 너무 무거워서 결코 들 수 없는 돌, 골짜기 없이 이어져 있는 두 개의 산과 같은 것들을 만들 수 있는가?' 하나님이 이런 것들을 할 수 없다면 하나님이 전능하지 않다고 주장하는 것이다. 33

이 질문들을 몇 가지로 분류해서 대답해볼 수 있다.

첫 번째는 논리적으로 모순된 행동에 대한 질문이다. 꼭짓점이 네 개인 삼각형이나 네모난 원, 그리고 너무 무거워서 하나님도 들 수 없는 돌과 같은 것은 논리적으로 모순된 개념이다. 이런 문제들은 말장난에 불과한 것일 뿐 현실 세계에서 존재할 수 없는 것들이다. 하나님은 존재 자체가 논리적이고 이성적이고 합리적인 분이시다. 그러므로 과제나 질문 자체가 비논리적인 것은 고려할 가치조차 없는 것이다. 따라서 하나님이 비논리적인 것들을 할 수 없다는 것이 그의 능력이 제한되어 있다는 뜻이 아니다. 이것은 능력에 관한 문제가 아니라 논리에 관한 문제이기 때문이다. 하나님은 논리적인 분이시기 때문에 비논리적인 것들을 하나님이 "할 능력이 없다"고 말하는 것은 하나님이 비논리적인 것에 순응하지 않는다고 비난하는 꼴이 된다.

　두 번째는 윤리적으로 모순된 행동에 대한 질문이다. '하나님은 거짓말 할 수 있는가?' '하나님은 약속을 어길 수 있는가?' 와 같은 질문들이다. 이런 문제들 역시 능력에 관한 문제가 아니라 하나님의 본성에 관한 문제다. 이런 행동들은 하나님의 본성에 어긋나기 때문에 문제 자체가 성립되지 않는다. 하나님은 자신이 변하지 않는 존재이며, 약속을 어길 수 없는 분이며, 거짓말 할 수 없는 분이라고 말씀하신다. 민 23:19 "하나님은 사람이 아니시다. 거짓말을 하지 아니하신다. 사람의 아들이 아니시니, 변덕을 부리지도 아니하신다. 어찌 말씀하신 대로 하지 아니하시랴? 어찌 약속하신 것을 이루지 아니하시랴?", 히 6:18 위에서 제기된 문제들처럼 하나님의 본성에 어긋나는 행동을 하는 것은 하나님이 아닌 다른 존재가 되는 것이기 때문에, 하나님에게 이런 행동을 할 수 있는가 하고 물으면서 이런 문제가 마치 "능력"에 관한 것처럼 주장하는 것은 비논리적이며 얼토당토 않는 것이다. 이것은 능력의 결핍에 관한 문제가 아니라 본성과 도덕적 성품에 관한 문제일 뿐이다.

　오히려 하나님이 거짓말을 하지 않는 분이며딤후 2:13 , 약속을 어기지 않는 분이며민 23:19 , 악의 유혹에 넘어가지 않는 분약 1:13이라는 것은 그의 능력을 약화시키는 것이 아니라 오히려 그의 놀라운 성품과 윤리적 탁월성을 드러내는 것이다. 따라서 하나님이 이런 행동들을 '하지 않는 것' 이 오히려 하나님의 영광과 완전성과 신뢰성을 더욱 분명하게 드러내준다. 우리는 이러한 하나님 앞에서 오히려 경탄하면서 경배하는 것이 마땅할 것이다.

　세 번째는 능력과 관련이 없는 행동에 대한 질문이다. 어떤 사람들은 하나님이 죄를 범할 능력이 없기에 전능하지 않다고 주장한다. 그러나 죄를 범하는 것은 굳이 '능력' 을 필요로 하지 않는다. 그것은 단순한 행동이다. 그렇기에 이것을 '능력' 의 범주에 넣는 것은 그 자체로 오류다. 하나님은 죄를 범하지 '않는'

분이다. 그는 죄의 유혹에 빠지지 않는데, 이것이 오히려 능력과 더 유사한 내용일 것이다.

네 번째는 하나님의 신으로서의 본질에 어긋나는 행동에 대한 질문이다. '하나님이 자신과 동등한 신을 만들 수 있는가?' '자신의 신적 속성을 버릴 수 있는가?' '우주를 자신의 본성 안에 흡수할 수 있는가?' '죄를 벌하지 않고 용서할 수 있는가?'와 같은 질문을 하면서, 그런 것을 못하기 때문에 능력이 부족하다고 주장하는 사람들이 있다.34 그러나 이런 문제들 역시 하나님의 '본질'을 부정하는 것을 의미하므로 성립할 수 없는 질문이며, 따라서 하나님의 능력에 관한 문제가 될 수 없다.

3. 전능하심에 대한 바른 정의

지금까지 우리는 성경에 나타난 하나님의 전능한 능력과 더불어 하나님의 전능하심이 의미하지 않는 몇 가지 경우들을 살펴보았다. 지금까지 살펴본 것들을 종합하면 우리는 하나님의 전능하심이 무엇을 의미하는지 정의를 내릴 수 있을 것이다. 하지만 그 전에 하나님의 전능하심에 대해 정의하려고 노력하지만 무언가 부족한 몇 가지 견해들을 살펴보자.

(1) 어떤 사람들은 하나님의 전능하심을 이렇게 정의한다. "하나님은 절대적으로 모든 일을 다 하실 수 있다."

그러나 우리가 위에서 살펴보았듯이 하나님은 죄를 짓거나 거짓말을 하실 수 없는 분이다. 그러므로 아무런 제한도 없이 하나님이 "모든" 일을 다 하실 수 있다고 하면 그가 거짓말이나 죄도 지을 수 있다고 생각할 우려가 있다. 그러므로 이 정의는 완전하지 않다.

(2) 어떤 사람들은 "하나님은 자신이 원하는 어떤 일도 다 할 수 있다"고 정의하기도 한다.

그러나 자신의 원함을 하나님의 뜻에 완전히 복속시키는 존재(천사나 성화된 인간)가 있다면, 그도 자신의 한계를 알고 그 한계 내에 있는 일들만을 하기를 원할 수 있다. 그렇다면 그는 자신이 원하는 것을 할 수 있게 된다. 그렇다고 해서 그가 전능한 존재라고 할 수는 없다. 그러므로 이 정의도 하나님의 전능하심을 설명하기에는 부족하다.

(3) 어떤 사람들은 "하나님은 논리적으로 가능한 어떤 일도 다 할 수 있다"고 정의하기도 한다.

하나님은 둥근 네모난 탁자를 만들거나 결혼한 총각을 만드는 것과 같은, 논리적으로 모순되는 일들을 제외한 모든 것을 할 수 있다고 말하는 것이다. 그러나 하나님은 논리적이기는 하지만 할 수 없는 일도 있다. 죄를 짓는 것, 거짓말 하는 것, 과거의 일을 잊어버리는 것, 등등. 이런 일들은 논리적으로 전혀 모순되지 않는다. 그럼에도 불구하고 하나님은 이런 일들을 하실 수 없다고 성경에서 분명하게 말하고 있다.

(4) 이제 우리는 하나님의 전능하심에 대한 불완전한 견해를 고려하면서 하나님의 전능하심을 바르게 정의할 수 있을 것이다. 하나님이 전능하다는 것은, '하나님은 자신의 성품에 부합되며 자신이 하기를 원하는 어떤 일도 다 하실 수 있다는 것'을 의미한다. 하나님의 능력은 그의 영적이고 도덕적인 성품에 부합되는 방향으로 발휘된다. 그것과 논리적으로 모순되는 것들에 대해서는 능력이라는 범주로 설명하는 것이 부당하다.

전능하신 하나님과 우리들

1. 사람과 세상을 두려워하지 말라. 하나님이 더 능력이 많으신 분이다.

(1) 세상의 권력자들은 자신이 더 큰 능력을 가지고 있다고 주장하면서 우리를 압박하고, 회유하고, 유혹한다. 예수님을 유혹한 사단도, 예수님의 죽음을 판결하는 빌라도도, 제자들을 위협하는 종교지도자들도 그렇게 주장했다. 그러나 하나님의 능력을 믿은 자들은 그들의 권세에 굴복하지 않았다.

예수님은 사단의 유혹을 하나님의 권능을 인정하는 것으로 물리치셨다. "악마는 예수를 매우 높은 산으로 데리고 가서, 세상의 모든 나라와 그 영광을 보여 주고 말하였다. '네가 나에게 엎드려서 절을 하면, 이 모든 것을 네게 주겠다.' 그 때에 예수께서 그에게 말씀하셨다. '사탄아, 물러가라. 성경에 기록하기를 '주 너의 하나님께 경배하고, 그분만을 섬겨라' 하였다.'" 마 4:8~10

빌라도의 주제 넘는 주장에도 분명하게 대답하셨다. "빌라도가 예수께 말하였다. '나에게 말을 하지 않을 작정이오? 나에게는 당신을 놓아줄 권한도 있고, 십자가에 처형할 권한도 있다는 것을 모르시오?' 예수께서 대답하셨다. '위에서 주지 않으셨더라면, 당신에게는 나를 어찌할 아무런 권한도 없을 것이오. 그러므로 나를 당신에게 넘겨준 사람의 죄는 더 크다 할 것이오.'" 요 19:10~11

대제사장과 유대의 지도자들이 제자들에게 "절대로 예수의 이름으로 말하지도 말고 가르치지도 말라"고 위협했지만 행 4:18, 제자들은 그들보다 하나님의 능력이 더 크기 때문에 하나님의 말씀을 따르는 것이 옳다고 담대하게 대답했다. "베드로와 요한이 대답하여 이르되 하나님 앞에서 너희의 말을 듣는 것이 하나님의 말씀을 듣는 것보다 옳은가 판단하라." 행 4:19

(2) 많은 권세자들이 다른 곳이나 영역에서는 몰라도 최소한 자신이 주관하는

영역에서는 다른 어떤 세력보다 자신이 더 강한 힘을 가지고 있다고 주장한다. 이것은 그 영역에서만큼은 자신이 신이라고 주장하는 것과 같다. 세상에는 이런 사람들과 세력들로 넘쳐나고, 그들은 그리스도인들에게도 자신 앞에 굴복할 것을 요구한다. 이것을 '영역 신local god' 이라고 한다. 그 영역에서는 자신이 신처럼 군림하려는 것이다.

이스라엘 백성들이 가나안에 들어가서 맞닥뜨린 것이 바로 영역신 개념이었다. 그들은 자신들이 살던 이집트를 비롯해서 당시 대부분 지역에서 편만하게 자리잡고 있던 '영역 신' 개념을 완전히 버리지 못했다. 가나안에 들어가서 그 백성들을 모두 쫓아내지 못한 채 그들과 섞여 지내면서 이스라엘 백성들은 다시 영역 신 개념에 깊이 젖어들게 되었다. 이집트에서는 목축을 했고 광야에서는 하나님이 주시는 만나를 먹었기 때문에 가나안에서 농사를 지으면서 산다는 것은 생소한 상황이었다. 이렇게 불확실한 상황은 그들을 불안하게 만들었고, 이미 오랜 세월동안 농사를 짓고 살았던 가나안 사람들의 '지혜' 를 빌려올 수밖에 없었을 것이다. 그러나 다양한 농경 기술을 도입하는 과정에서 '영역 신' 개념까지 함께 들어오게 되었다. 그들이 섬기던 여호와 하나님은 오직 이집트의 하나님, 광야의 하나님, 목축의 하나님일 뿐이지, '가나안 땅' 에서 '농경' 을 지배하는 하나님은 아니라고 생각하는 것은 자연스런 결과였다. 결국 그들은 하나님을 버린 것이 아니라 하나님도 믿고보험용, 가나안의 신들바알과 아세라도 숭배한 것이다. 영역 신 개념을 수용한 결과는 여호와와 다른 신을 동시에 섬기는 '혼합주의' 였던 것이다. 그들은 여호와 하나님이 천지를 창조하시고 여전히 세상의 모든 영역을 주관하시는 전능자라는 것을 제대로 인식하지 못한 것이다.

이런 현상은 과거에만 있었던 것이 아니다. 지금도 많은 그리스도인들이 이스라엘 백성과 비슷한 행로를 따라간다. 그들은 하나님의 능력을 교회와 종교적인 영역, 그리고 개인의 삶으로만 제한한다. 오직 그런 곳에서만 하나님의 능력이 발휘되는 것이라고 생각하는 것이다. 그래서 정치, 경제, 교육과 같은 다른 영역에서는 하나님의 능력이 작동하지 않으며, 하나님보다 세상의 권력자들그것이 정치 권력자든, 경제적 실력자든, 사회의 작동원리든, 관습과 관행이든이 정해놓은 원리를 따르는 것이 성공의 길이라고 생각한다. 이들은 하나님을 버린 적이 없다. 여전히 하나님을 예배하는 삶을 포기하지 않았다. 다만 하나님의 능력을 작은 영역으로 제한할 뿐이다. 결국 이스라엘 백성처럼 하나님을 영역 신으로 가둬 두면서 혼합주의 우상숭배에 빠지는 것이다.

일제 강점기에 교회 지도자들이 신사참배에 굴복한 것도 비슷한 경우다. 그들은 이 땅을 다스리는 일본제국주의자들이 눈에 보이지 않는 하나님보다 능력이 많다고 착각한 것이다. 그래서 그들의 압박과 회유에 넘어가 무릎 꿇고 신사참배神社參拜 한 것이다. 그러나 그들은 일제의 권력이 한정되고 제한된 기간만 통용된다는 사실을 깊이 생각하지 못했다. 결국 그들이 신사참배 압력에 굴복한 후 몇 년이 못 되어 일제는 망했고, 귀신 앞에 무릎을 꿇었던 교회 지도자들은 자신의 과오를 뼈저리게 느껴야 했다. 물론 그들은 이후에도 제대로 된 회개를 하지 않았고, 그 결과 한국 교회는 더 지저분한 시궁창으로 빠져들게 된다.

(3) 그러나 하나님은 자신이 창조한 온 세상의 주관자다. 따라서 그의 능력과 주권이 미치지 않는 영역은 없다. 비록 어떤 영역은 그 영역을 호령하는 눈에 보이는 세력이 더 큰 힘이 있는 것처럼 보이기에 그에게 굴복하고 그를 섬기려는 유혹을 느끼게 된다. 그러나 그 세력의 능력은 제한된 범위일 뿐이고, 제한된 기간만 통용될 뿐이다. 하나님이 허용하시는 범위 내에서만 발휘될 뿐이다. 그러므로 우리는 그들의 일시적인 능력에 굴복하면서 그들을 섬기려고 무릎을 꿇으면 안 된다.

프랑스의 전성기를 이끌었던 루이 14세1638~1715는 '태양왕'으로 불리면서 72년 동안 유럽 제후들 중에서 최장기 집권을 했던 인물이었다. 그는 화려함의 극치인 베르사이유 궁전을 건립하고 '짐이 곧 국가다'라고 할 정도로 위세를 떨쳤다. 수많은 정복 전쟁으로 주변 국가를 떨게 했고, 국토를 늘리는 성과를 내기도 했다. 하지만 그렇게 위세가 당당했던 그도 세월이 흐르면서 나약함을 드러낼 수밖에 없었다. 치세 말년에 들어서 프랑스에는 천연두와 홍역 등의 전염병이 창궐했고, 이로 인해 루이 14세도 자신의 자손들이 전염병으로 몰살당하는 꼴을 속수무책으로 바라볼 수밖에 없었다. 그가 할 수 있는 것이 아무 것도 없었기 때문이다. 자신도 나이가 들어 중풍과 각종 질환에 걸리고 영양부족으로 침상 생활을 할 수밖에 없었다. 그러다 76세에 결국 국민들의 원성 속에 생을 마감했다. 그의 장례식은 파리의 주교가 집전했는데, 그는 추모사를 욥 36:26에 기초한 단 네 단어로 된 한 문장으로 끝냈다. "오직 하나님만 위대하시다!Only God is Great" 아무리 막강한 권력을 가진 제왕이라 할지라도 그 권력은 결코 영원하지 않다. 결국 권좌에서 내려오고 죽을 때가 있다. 오직 하나님만 영원히 전능하신 분이다.

우리는 하나님의 말씀을 기억해야 한다. "하나님이 우리 편이시면, 누가 우리를 대적하겠습니까?"롬 8:31 "자녀 된 이 여러분, 여러분은 하나님에게서 난 사람들이며, 여러분은 그 거짓 예언자들을 이겼습니다. 여러분 안에 계신 분이 세상에 있는 자보다 크시기 때문입니다."요일 4:4 세상을 창조하시고, 지금도 능력으로 다스리시며, 최종적으로 심판하실 하나님의 능력을 확신하면 우리는 눈앞에 있는 권력에 굴복하거나 끌려 다니지 않고 하나님의 선하시고 기뻐하시는 뜻에 순종하면서 담대하게 살 수 있을 것이다.

2. 하나님께 미래를 맡기는 것이 가장 현명한 일이다.

(1) 우리는 인생을 잘 살고 싶은 마음이 있지만 앞일을 알지 못하기에 어떤 길이 좋은 길인지 잘 모른다. 지혜를 짜내고, 정보를 모으고, 힘과 능력을 총동원해서 가장 좋다고 생각되는 길을 선택한다. 그럼에도 여전히 인생길은 어둠에 쌓여있다. 그래서 과학이 최첨단을 달리는 이 시대에도 수많은 사람들이 각종 점술

에 의지하는 것이다.

야고보는 장사를 할 계획을 가진 사람에 대해 이야기한다. "'오늘이나 내일 어느 도시에 가서, 일 년 동안 거기에서 지내며, 장사하여 돈을 벌겠다' 하는 사람들이여, 들으십시오. 여러분은 내일 일을 알지 못합니다. 여러분의 생명이 무엇입니까? 여러분은 잠깐 나타났다가 사라져버리는 안개에 지나지 않습니다. 도리어 여러분은 이렇게 말해야 할 것입니다. '주님께서 원하시면, 우리가 살 것이고, 또 이런 일이나 저런 일을 할 것이다.'"약 4:13~15 장사를 해서 돈을 벌려는 계획이 잘못된 것은 아닐 것이다. 그렇다면 이 사람의 문제가 무엇인가? 하나님의 뜻을 묻지 않고 자신의 지혜에만 의지해서 일을 진행하고 있다는 것이다. 인간은 앞날도 모르지만, 자신의 인생이 어떻게 펼쳐질지, 얼마나 오래 살지도 잘모르는 무지한 존재다. 그렇다면 우리를 창조하시고 세상의 모든 일을 주관하시는 하나님께 묻고 그의 인도를 받는 것이 가장 현명할 것이다. 야고보는 이런 시도를 하지 않고 장밋빛 계획만 펼치려는 사람의 오류를 지적하는 것이다.

(2) 지혜자는 이렇게 권한다. "너의 마음을 다하여 주님을 의뢰하고, 너의 명철을 의지하지 말아라. 네가 하는 모든 일에서 주님을 인정하여라. 그러면 주님께서 네가 가는 길을 곧게 하실 것이다."잠 3:5~6 시인의 고백도 동일하다. "주님은 나의 목자시니, 내게 부족함 없어라. 나를 푸른 풀밭에 누이시며 쉴 만한 물 가로 인도하신다. 나에게 다시 새 힘을 주시고, 당신의 이름을 위하여 바른 길로 나를 인도하신다."시 23:1~3

바울은 실라와 함께 두 번째 선교여행을 떠나면서 소아시아 지방에 가기로 결정했다. "그들은 브루기아와 갈라디아 지방을 거쳐 가서, 무시아 가까이 이르러서, 비두니아로 들어가려고 하였으나."행 16:6~7 그러나 하나님께서 그 길을 원하지 않는다는 것을 깨닫고 바다를 건너 마케도니아 지역 도시인 빌립보로 들어갔다. 그러나 거기서 그들을 기다리고 있는 것은 부당한 핍박과 감옥의 고통이었다. 만약 바울과 실라가 그 상황이 하나님의 손을 떠났고 하나님의 능력 범위 밖에 있는 것이라고 생각했다면 불평과 불만에 가득차서 전도여행을 포기했을 것이다. 그러나 그들은 상황에 흔들리지 않고 하나님의 인도하심을 묵묵히 따르는 것이 자신들이 해야 할 일이라는 것을 확신했다. 그래서 매 맞고 던져졌던 감옥에서도 기도하고 찬양할 수 있었다. 이처럼 우리가 하나님이 기뻐하시는 길로 가다가 고통을 당하고 각종 난관에 처하게 될 때도 있다. 그러나 하나님이 세상의 주권자라는 확신이 있다면 우리에게 일어나는 일들에 일희일비하면서 불평과 불만의 늪 속에 빠지지 않고 미래를 길게 내다보면서 확신 있게 주어진 길을 갈 수 있을 것이다. 결국 바울은 하나님의 능력으로 감옥에서 풀려나왔을 뿐만 아니라 간수와 가족에게 복음을 전하고 빌립보에 교회를 세우는 데까지 이르게 되었다. 목표를 성취한 것이다.

우리에게 어떤 일이 닥친다 할지라도 전능하신 하나님을 신뢰하면서 순종하면 하나님은 우리를 선한 길로 인도하실 것이다. 그 과정에서 일어나는 모든 일들은 하나님의 선을 이루는 도구가 될 수 있다. "하나님을 사랑하는 사람들, 곧 하나님의 뜻대로 부르심을 받은 사람들에게는, 모든 일이 서로 협력해서 선을 이룬다는 것을 우리는 압니다."롬 8:28 그래서 하나님은 우리가 염려하지 말고 하나님께 미래를 맡기고, 하나님의 뜻을 분별하면서 담대하게 나갈 것을 권고한다. "아무것도 염려하지 말고, 모든 일을 오직 기도와 간구로 하고, 여러분이 바라는 것을 감사하는 마음으로 하나님께 아뢰십시오. 그리하면 사람의 헤아림을 뛰어넘는 하나님의 평화가 여러분의 마음과 생각을 그리스도 예수 안에서 지켜 줄 것입니다."빌 4:6~7 이처럼 우리가 하나님께 미래를 맡기고 가야할 길을 믿음으로 걸어갈 때 참된 안식을 누릴 수 있다.

3. 내 능력이 아니라 하나님의 능력을 신뢰하라.

(1) 똑똑하거나, 돈이 많거나, 사회적으로 성공한 사람들은 그것들에 의존하면서 살아가는 경향이 있다. 그러다가 그런 것들이 사라지면 일순간에 나락으로 떨어지는 경우가 비일비재하다. 그런 것들은 영원한 것도 아니고, 자신의 삶을 온전히 책임져주는 것도 아니라는 것을 알지 못하기 때문이다. 이런 사람들은 자신이 가장 소중하게 여기고 자신이 가장 의지하던 것에 의해 오히려 넘어질 것이다.

바울은 주변에 있는 부자들을 보면서 비슷한 느낌을 가졌다. 그들이 자신의 삶을 돈에 의지하는 모습이 위태롭게 보였던 것이다. 그래서 디모데에게 부자들을 바른 교훈으로 가르치라고 권고한다. "그대는 이 세상의 부자들에게 명령하여, 교만해지지도 말고, 덧없는 재물에 소망을 두지도 말고, 오직 우리에게 모든 것을 풍성히 주셔서 즐기게 하시는 하나님께 소망을 두라고 하십시오."딤전 6:17 하나님은 자신이 가진 것에 의지하는 사람을 교만한 사람이라고 규정하신다. 스스로의 힘으로 자신의 인생을 책임질 수 있다고 생각하는 것이기 때문이다. 그래서 하나님은 교만한 자를 물리치시지만, 겸손하게 자신을 의지하는 사람에게 은혜를 베풀어주신다. 벧전 5:5

(2) 자신의 약함을 인정하고 하나님을 의지하는 사람은 놀라운 결과를 보게 될 것이다.

모세는 자신의 무력함을 인정하는 사람이었고, 다윗도 자신의 연약함을 절실하게 느끼는 사람이었으며, 바울도 자신이 얼마나 한심한 존재인지 깊이 인식했다. 그래서 그들 모두 하나님을 의지했다. 그 결과 그들은 자신의 능력을 뛰어넘는 일을 성취할 수 있었다. 하나님은 약한 자들을 택해서 자신의 능력을 보여주기를 기뻐하시는 분이다. "하나님께서는 지혜 있는 자들을 부끄럽게 하시려고 세상의 어리석은 것들을 택하셨으며, 강한 것들을 부끄럽게 하시려고 세상의 약한 것들을 택하셨습니다. 하나님께서는 세상에서 비천한 것들과 멸시받는 것들을 택하셨으니 곧 잘났다고 하는 것들을 없애시려고 아무것도 아닌 것들을 택하셨습니다. 이리하여 아무도 하나님 앞에서는 자랑하지 못하게 하시려는 것입니다."고전 1:27~29

성경은 이 사실을 다양한 사람들의 삶을 통해 반복해서 강조하고 있다. 말이 둔하고 용기가 없었던 모세, 모세의 후계자가 될 능력이 부족하다고 느꼈던 여호수아, 겁에 질려 적들에게 반기를 들 용기도 없었던 기드온, 예수님을 버리고 도망쳤던 제자들 이들은 자신의 힘이 아니라 하나님을 의지했기에 자신의 한계를 뛰어넘는 하나님의 능력을 체험했다. 그리고 그것이 자신의 업적이 아니라는 것을 분명하게 인식했다. 이 사람들은 모두 다음과 같은 바울의 고백에 동참했을 것이다. "꼭 자랑을 해야 한다고 하면, 나는 내 약점들을 자랑하겠습니다."고후 11:30

(3) 가진 것이 작다고 느낄 때에도 실망할 필요가 없다. 그것이 하나님의 손에 들려진다면 놀라운 일이 이루어질 수 있기 때문이다.

택시 운전을 하다 50대에 음주운전 차와 충돌하는 사고로 다리를 다쳐 휠체어를 타게 된 사람의 이야기다. 그는 사고 후 여전히 교회에 나가지만 더 이상 설교 말씀이 귀에 들어오지 않고, 기도도 나오지 않는 상황에 빠졌다. 하나님이 자신을 지켜주지 않았다는 실망감이 컸고, 휠체어를 탈 수 밖에 없는 자신의 처지가 너무 처량하고 화가 났기 때문이다. 설상가상으로 휠체어가 자주 고장 나서 수리를 받기 위해 서울 인근에 몇 곳 없었던 수리점에 다녀오느라 시간도 많이 걸리고 비용도 만만치 않게 들자 더 짜증이 올라왔다. 그렇게 불만이 가득한 세월을 보내다가 고장 난 휠체어를 직접 고치기 시작했다. 택시 운전하면서 소소한 자동차 정비를 했던 경험이 있었기에 막상 해보니 그런대로 가능하다는 것을 발견했다. 이제는 멀리까지 수리하러 다닐 필요가 없었다. 얼마 후 다른 장애인이 그가 휠체어를 직접 고쳐 쓴다는 소식을 듣고 자기 휠체어도 고쳐달라고 요청했다. 어려운 부탁이 아니었기에 그의 휠체어를 고쳐주었다. 그런데 이 소문이 점차 퍼져서 여러 장애인들로부터 자신의 휠체어도 고쳐달라는 요청을 계속 받게 되었다. 그는 막상 다른 할 일이 없었기에 그들의 요청에 응해서 봉사하는 셈 치고 재료값만 받고 고쳐주었다. 자신은 사고로 받은 보상금과 연금으로 생활이 어느 정도 가능했기 때문이다. 시간이 지나면서 자신과 같은 처지의 사람들의 고충을 해결해 줄 수 있다는 뿌듯함에 그는 더 많은 요청에 응하기 위해 장애인용 차를 구입하여 직접 운전해서 요청 받은 곳으로 가서 휠체어를 고쳐주었다. 그럴 때마다 사람들이 고마움에 얼굴이 환해지는 것을 보게 되었는데, 어느 순간 돌아보니 가장 많이 변한 것은 자기 자신이라는 것을 알게 되었다. 불평만 하던 사람이 오히려 다른 사람을 도우면서 삶에 보람을 느끼고 활력을 되찾은 사람이 된 것이다. 그러는 동안 그의 신앙은 예전의 모습을 거의 되찾았고, 지금 아무 것도 할 수 없을 것 같은 자신을 하나님께서 사용하고 계신 것이 아닌가 하는 생각을 어렴풋이 하게 되었다. 어느 날 여느 때와 다름없이 그는 요청받은 장애인의 집에 가서 고장 난 휠체어를 수리하게 되었다. 그런데 무슨 마음인지 자신이 다니는 교회의 주보와 소식지를 그에게 전해주고 싶은 마음이 들었다. 그래서 수리 후에 슬며시 그의 집에 주보와 소식지를 놓고 나왔다. 그런데 놀랍게도 얼마 지나지 않아 그 사람이 교회에 다니게 되었다는 소식을 듣게 되었다. 예전에는 다른 사람에게 전도한 적이 한 번도 없었는데 놀라운 일이 일어난 것이다. 아무것도 아니라고 생각했던 작은 기술이 하나님의 전능한 손에 들릴 때 경이로운 일이 펼쳐진 것이다.

하나님은 작은 겨자씨 하나로도 큰 나무를 이루실 수 있으며, 적은 누룩으로도 큰 빵을 부풀게 할 수 있으며, 보리떡 다섯 개와 물고기 두 마리로도 오천 명을 먹이실 수 있는 분이다. 우리의 능력 때문이 아니라, 오직 하나님의 능력 때문에 이것이 가능하다. 우리가 할 일은 내 작은 능력을 의지하지 말고 그것을 하나님의 손에 올려놓는 것이다. "나는 주다. 모든 사람을 지은 하나님이다. 내가 할 수 없는 일이 어디 있겠느냐?" 렘 32:27

4. 하나님은 우리 보기에 불가능해 보이는 사람들도 변화시키실 수 있는 분 이다.

우리는 전혀 변화될 것 같지 않은 사람들을 제쳐두는 경향이 있다. 삭개오와 같은 탐관오리들, 예수님의 십자가 옆에 달린 극악무도한 죄인들, 바울처럼 기독교를 적대시하고 심지어 기독교인을 박해했던 사람들, 니고데모처럼 자기 확신으로 가득차서 기독교인을 경멸하는 지식인들. 그러나 주님은 "사람은 할 수 없는 일이라도, 하나님은 하실 수 있다"고 말씀하신다. 눅 18:27

어거스틴은 어머니 모니카의 바람과는 달리 자신의 욕망이 이끄는대로 살았다. 여러 여자를 전전하다 17세 때부터 동거 생활을 시작했고 아이까지 낳았다. 그는 이 시절을 회고하면서 자신이 동거했던 여성에 대해 "떳떳하게 결혼한 여자가 아니라 지각없이 들뜬 내 정욕이 찾아낸 사람이었다"고 고백한다. 그는 카르타고에서 수사학을 가르치면서 진리와 악의 문제를 탐구하기 시작했고, 해답을 줄 수 있을 것 같았던 마니교에 심취하였다. 어릴 때 어머니에게서 배웠던 기독교와는 전혀 다른, 사이비 종교와 같은 것에 빠져든 것이다. 그는 기독교를 경멸했고, 성경을 읽었지만 다른 철학책에 비해 깊이가 떨어지는 평범한 책으로 보여 이내 읽기를 그만두기도 했다. 이 당시 그를 아는 사람들은 그가 신실한 어머니 모니카의 자식이라고는 생각지 못했을 것이다. 기독교를 경멸하고 성경을 무시하며, 이단 종교에 빠진 교만한 지식인의 전형처럼 보였기 때문이다. 그러나 철학과 마니교 어느 곳에서도 진리를 발견하지 못하고 방황하던 중 집 밖에서 들려오는 '집어서 읽어라tolle lege' 라는 아이들의 목소리를 듣고, 집에 들어와 눈에 띈 성경을 펴서 읽게 되었다. 그것이 롬 13:12~14이었다. "밤이 깊고, 낮이 가까이

왔습니다. 그러므로 우리는 어둠의 행실을 벗어버리고, 빛의 갑옷을 입읍시다. 낮에 행동하듯이, 단정하게 행합시다. 호사한 연회와 술취함, 음행과 방탕, 싸움과 시기에 빠지지 맙시다. 주 예수 그리스도로 옷을 입으십시오. 정욕을 채우려고 육신의 일을 꾀하지 마십시오." 그는 자신을 향한 질책과 같은 이 말씀에 충격을 받고, 교수직을 그만 두고 암브로시우스 주교를 찾아가 기독교에 대해 배우기 시작했다. 모두의 예상과는 달리 그는 15년의 방황을 끝내고 32세인 AD 386년에 하나님 앞에 무릎을 꿇고 세례를 받았다. 기독교 역사에서 가장 탁월한 신학자의 여정이 시작된 것이다.

하나님의 구원은 우리의 예상을 뛰어넘는 것이다. 인간이 보기에 선한 사람들만 구원받고, 그렇지 않아 보이는 사람들은 구원 근처에도 못 가는 것이 아니다. 하나님의 구원은 우리의 예상과는 전혀 다르게 움직인다. 우리 자신을 구원하신 것만 봐도 그렇다. 우리는 구원받을 만큼 깨끗하고 선하고 지혜롭고 탁월한 사람들이 아니다. 그럼에도 불구하고 하나님의 은혜와 능력으로 구원을 받았다. 바울은 이것을 정확하게 지적하고 있다. "그런데 하나님께서는, 지혜 있는 자들을 부끄럽게 하시려고 세상의 어리석은 것들을 택하셨으며, 강한 것들을 부끄럽게 하시려고 세상의 약한 것들을 택하셨습니다. 하나님께서는 세상에서 비천한 것들과 멸시받는 것들을 택하셨으니 곧 잘났다고 하는 것들을 없애시려고 아무것도 아닌 것들을 택하셨습니다. 이리하여 아무도 하나님 앞에서는 자랑하지 못하게 하시려는 것입니다."고전 1:27~29 이처럼 하나님의 능력은 우리 인간이 도저히 할 수 없는 일을 이루는 능력이다.

5. 하나님의 약함

(1) 하나님이 무능하다고 주장하는 사람들

아우슈비츠 수용소에서 죽어가던 사람들은 하나님을 향하여 원망의 삿대질을 해댔다. 하나님께 부르짖어도 아무런 응답이 없자 그들은 하나님은 죽었다고 주장하고, 설령 살아 있어도 우리의 고통에 전혀 귀 기울이지 않는 존재이며, 우리의 사정을 안다고 해도 아무 것도 할 수 없는 무능한 존재라고 주장했다. 이들처럼 많은 사람들이 하나님이 무능하다는 증거로 내세우는 것이 세상에 여전히 악이 존재한다는 사실이다.

그러나 이런 주장은 우리가 앞에서 살펴보았듯이 하나님을 제대로 이해한 것이 아니다. 하나님은 우리가 모르는 어떤 목적이 있어서 지금 일시적으로 악을 심판하지 않고 내버려두시는 것이지 능력이 없어서 그러는 것이 아니다. 하나님은 자신의 뜻대로 악을 처리하고 심판하실 수 있는 능력이 분명히 있다.

(2) 약해지신 하나님

하나님의 전능하심은 악을 무찌르고, 대적들을 물리치고, 모든 장애물들을 제거하는 데에서만 나타나는 것이 아니다. 하나님은 때로는 매우 나약하고 무능한 모습을 보여주실 때도 많다. 그 대표적인 경우가 그리스도가 십자가에서 죽으신 사건이다. 예수 그리스도는 자신을 모함하면서 거짓 증거를 통해 죽이려는 자들을 물리치는 대신 그들의 손에 죽임을 당하셨다. 그는 세상의 왕의 자리에 올라가는 것을 거부하였고 천사를 동원해서 이 땅에서 자신의 나라를 세우는 방식을 택하지 않았다. 그는 세상에서 가장 약한 모습을 보이셨고, 무능력하게 죽임을 당하셨다. 그러나 오히려 이런 약함 속에서 하나님의 역설적인 강함이 드러났다. 구원을 이루고 사탄을 궁극적으로 쳐부수는 일을 이루신 것이다. 죽음을 통해서 가장 강한 악의 세력을 정복하신 것이다.

하나님의 약함은 그리스도를 통해 이루어진 구원을 우리에게 제시하는 데서도 나타난다. 하나님은 세상 사람들이 인정하는 칼의 위협, 돈의 유혹, 정치적 압제와 같은 강력한 방법들을 통해서 사람들을 자신에게로 이끌려고 하지 않았다. 그 대신 그는 전도라는 미련하고 나약한 방법을 사용하기로 작정하셨다. 고전 1:21 그는 자신의 사람들을 온 세상으로 보내서 복음을 전하도록 하셨다. 그들이 들고 나간 것은 총이나 칼이 아니라 오직 복음뿐이었다. 그래서 수많은 복음전도자들이 반대자들에 의해 고난과 박해를 받고 순교까지 당했던 것이다. 그러나 그 복음은 "모든 사람을 구원하는 하나님의 능력"이었다. 롬 1:16 하나님의 능력이 가장 약한 방법을 통해서 전해진 것이다. 진리와 의의 복음, 평화와 구원의 복음 외에 아무 것도 가지지 않은 전도자들을 통해 사탄의 권세가 무릎을 꿇는 강력한 일이 일어나는 것이다. 엡 6:10~20

(3) 약함 속에 나타나는 하나님의 능력

약함 속에 담긴 하나님의 능력은 우리의 삶 속에서도 동일하게 나타난다. 우리는 하나님의 도움을 구할 때 폭풍을 잠잠케 하고, 회오리바람을 일으키며, 죽은 자를 살리는 것과 같은 놀라운 일이 일어나기를 기대한다. 그런 일들을 통해서 하나님의 능력이 나타나고 우리가 바라는 것이 이루어지기를 기대한다.

그러나 하나님은 엘리야가 경험한 것처럼, 세미한 음성 속에서 나타나기도 한다. 그 음성은 사람을 놀라게 하지도 않고, 땅을 뒤엎지도 않는다. 조용히 귀를 기울여야 들을 수 있는 작은 음성에 불과하다. 그러나 그 작은 음성이 죽고 싶었던 엘리야를 소생시키고 그를 통해 이스라엘 민족을 하나님께로 돌이키는 역사를 일으켰다.

바울도 모든 질병을 순식간에 치유하는 능력의 하나님을 기대했던 적이 있다. 그는 자신의 질병을 위해 하나님 앞에 간절히 기도하면서 기적적인 치유를 간구했다. 하나님의 능력이라면 능히 이 질병을 치유하실 수 있다고 믿은 것이다. 바울의 믿음이 잘못된 것은 아니다. 실제로 예수님은 말씀만으로 수많은 병자들을 고쳐주셨기 때문이다. 그러나 바울의 기대와는 달리 하나님은 그의 질병을 고쳐주지 않았다. 세 번이나 간절히 간구했음에도 불구하고 하나님은 그의 간구를 외면하셨다. 그러나 그렇다고 해서 하나님의 능력이 사라진 것은 아니다. 하나님은 바울에게 이렇게 말씀하셨다. "내 능력은 약한 데서 완전하게 된다." 고후 12:9 기대와는 전혀 다른 하나님의 응답을 받은 바울은 놀라운 비밀을 깨달았다. 능력에 대한 인간의 생각과 하나님의 생각이 전혀 다를 수 있다는 것을 깨달은 바울은 이렇게 고백한다. "그리스도의 능력이 내게 머무르게 하기 위하여 나는 더욱더 기쁜 마음으로 내 약점들을 자랑하려고 합니다. 그러므로 나는 그리스도를 위하여 병약함과 모욕과 궁핍과 박해와 곤란을 겪는 것을 기뻐합니다. 내가 약할 그 때에, 오히려 내가 강하기 때문입니다." 고후 12:9~10 바울은 약함 속에서 드러나는 강함의 비결을 배운 것이다. 병을 고치고 죽은 자를 살리는 것만 능력이 아니다. 사람을 타락하지 않게 붙들어주고, 하나님의 은혜를 깨닫고 감사하게 하고, 역경 속에서도 하나님을 따르고 섬기는 삶을 포기하지 않게 하고, 이기적인 세상에서 이웃을 사랑하는 마음으로 섬기는 삶을 살게 하는 것도 모두 하나님의 놀라운 능력이다.

이처럼 하나님의 주권적인 능력은 기적과 같은 놀라운 일을 통해서만 나타나는 것이 아니라 평범함과 약함과 무기력함 속에서도 강력하게 드러난다. 약한 것 같고, 패배한 것 같은 상황 이면에서도 하나님의 능력은 하나님의 주권적인 계획을 실현해간다. 그것이 진정한 능력이다.

6. 우리의 반응은?

하나님의 전능하심에 대한 우리의 마땅한 반응은 무엇인가?
무엇보다 우리는 겸손해야 한다. "여러분은 하나님의 능력의 손 아래로 자기를 낮추십시오."^{벧전 5:6} 하나님의 능력과 대비되는 우리의 연약함을 인정하고, 그 앞에서 겸손하게 우리를 낮추어야 한다.

그리고 전능하신 하나님 앞에 꿇어 엎드려 예배해야 마땅하다. "오직 큰 능력으로 팔을 펴시어 너희를 이집트 땅에서 이끌어 내신 그분 주님만을 경외하고, 그분에게만 절하고 제사를 드려야 한다."^{왕하 17:36} 세상의 어떤 존재도 하나님보다 강하고 능력이 많지 않다. 그의 능력은 천지만물을 창조하고 다스리는 데에서 분명하게 드러났고, 우리에게 구원의 은혜를 베풀고 사랑으로 인도하고 보호하는 데에서 다시 확인되었다. 따라서 이런 하나님을 향한 우리의 반응은 오직 하나밖에 없다. 그를 경배하고 찬양하는 것이다. "여호와는 전능하시다. 오직 여호와만이 참된 신이다. 그의 이름을 송축하라. 그를 경배하라!"

단일성통일성

Simplicity

다양한 속성을 지니신 하나님

1. 다르게 보이는 하나님

당신은 사람들이 죄를 끊임없이 저지르는 것에 실망하여 홍수를 일으켜서 사람들과 동물들까지 모두 쓸어버리시는 하나님을 어떻게 생각하는가? 아무리 사람들이 잘못해도 그렇지, 이렇게 한 번에 다 죽여 버리는 것은 너무 하지 않은가?창6~7장 또는 다윗 왕이 하나님의 법궤를 소가 끄는 수레에 싣고 옮길 때 소가 뛰는 바람에 법궤가 떨어질 것을 염려해서 손으로 붙잡은 웃사를 바로 죽이신 하나님은 어떤가?삼하6장

반면에 자신을 세 번이나 부인하고 저주까지 한 베드로를 갈릴리 바닷가에서 만나 용서하시고 다시 일으켜주시는 예수님은?요 21장 또는 간음하는 현장에서 붙잡힌 여자를 죽이려던 군중들을 향해 '죄 없는 사람이 먼저 이 여자에게 돌을 던지라'고 하시면서 군중들의 분노를 잠잠케 하고 여자를 용서하신 예수님은 어떤가?요 8장

많은 사람들이 구약성경에 묘사된 무서운 하나님보다는 인자하고 사랑의 모습으로 우리에게 다가오시는 신약성경의 예수님을 더 좋아한다. 탕자의 비유에 나타난 하나님은 인자하고 사랑이 넘치는 분인 것 같은데, 자신을 배반한 이스라엘을 멸망시키시는 하나님은 너무 무섭다. 그래서 다윗도 웃사를 향한 하나님의 진노에 마음이 상하여 법궤를 예루살렘으로 옮기려던 계획을 취소하고 오난의 타작마당에 내버려둔 것이다. 우리는 인자하고 사랑하시는 하나님의 모습만 있었으면 좋겠다고 생각한다. 진노하고 심판하시는 모습이 없었으면 하나님이 더 가깝게 느껴질 것이라고 생각한다.

지금까지 성경을 읽었던 많은 사람들이 구약 성경과 신약 성경에 나타나는 하나님의 모습이 다른 것을 보면서 의문을 품었다. 구약 시대에 나타난 하나님과

신약에서 묘사되는 하나님/예수님이 왜 이렇게 다를까? 동일한 하나님을 묘사하는 것이 맞을까? 어떤 모습이 하나님의 본래 모습일까? 혹시 구약의 하나님과 신약의 하나님은 전혀 다른 존재가 아닐까? 아니면 하나님이 시간이 경과함에 따라 변한 것은 아닐까?

우리가 '변하지 않는 하나님'에서 살펴보았듯이 하나님이 구약시대에서 신약시대로 넘어가면서 변한 것이 아니라는 것은 분명하다. 그때나 지금이나 하나님은 동일한 존재다. 하지만 여전히 두 모습이 잘 조화되지 않는 것처럼 보인다는 점은 변함이 없다. 어떻게 한 인격체 안에 상반되는 모습이 동시에 존재할까? 하나님이 정신분열증 환자가 아니라면 어떻게 이럴 수 있을까? 원래 하나님은 사랑과 은혜의 존재인데, 가끔 상황에 따라 화를 내는 모습을 보여주는 것은 아닐까? 그렇다고 해서 분노하고 심판하는 모습이 하나님의 본질적인 모습이라고 말할 수는 없는 것 아닐까?

2. 다양한 속성을 지닌 하나님

이런 의문들은 하나님의 정체성에 대한 중요한 문제와 관련된다. 하나님은 때로는 죄를 참지 않고 심판하시는 공의로운 분으로 나타나고, 다른 때에는 벌받아 마땅한 죄인도 관대하게 용서해주시는 사랑이 충만한 존재로 나타난다. 또한 하나님은 자신을 선하고 인자하며 은혜를 베푸는 존재라고 말하는 한편, 거룩하고 율법을 주시고 우상을 용납하지 않으시고 자신을 하나님으로 인정하지 않는 자를 심판하시는 분으로 계시기도 하신다. 그렇다면 도대체 어떤 특성이 하나님의 본질에 속하고 어떤 특성이 상황에 따라 일시적으로 나타나는 모습일까?

그러나 성경을 살펴보면 하나님은 다양한 속성들, 특히 대립되는 것처럼 보이는 속성들을 모두 가진 존재로 표현되고 있다는 것을 알게 된다. '하나님은 영이다' 요 4:24, '하나님은 빛이다' 요일 1:5, '하나님은 사랑이다' 요일 4:8, '하나님은 거룩한 분이다' 레 11:44~45 , '하나님은 공의로운 분이다' 사 30:18 , '하나님은 심판하는 분이다' 창 18:25 , '하나님은 은혜와 진리가 충만한 분이다' 요 1:14 , '하나님은 질투하시는 분이다' 출 20:5 , '하나님은 전능한 신이다' 창 35:11 , '하나님은 전지하신 분이다' 히 4:13 , 등등.

이렇게 다양한 특성들은 일시적이거나 특별한 경우에만 나타나는 것이 아니라 하나님의 존재 자체에 속한 본성이다. 즉 하나님이 원래 이런 특성들을 가진 존재라는 것이다. 하나님은 대립되는 것처럼 보이는 특성들을 동시에 가지고 있고, 수많은 다양한 성품들을 모두 가지고 있는 존재다.

3. 다양한 속성들은 어떤 관계인가?

(1) 속성의 특징에 관하여

인간을 생각하면, '나' 라는 존재가 있고, 내 안에 다양한 성격과 특성들이 존재하는 것 같다. 정의에 대한 양심이 있는 반면 때로는 이익을 따라 속임수를 쓰는 모습도 나타날 수 있다. 다른 사람을 관대하게 용서하는 모습도 있지만, 별것도 아닌 일에 불같이 화를 내는 모습을 보이기도 한다. 성장하면서 또는 나이가 들면서 어떤 성격이나 특성들이 점차 사라지고 그와 정반대되는 성격이 더 커지기도 한다. 하지만 이런 변화가 있다고 해서 나의 존재나 정체성 자체가 달라지는 것은 아니다. 그저 '내가 조금 변했네' 라고 생각할 뿐이다. '나' 라는 존재는 언제나 그대로 있지만 나를 특징지우는 여러 성격이나 특징들은 커졌다가 작아졌다가, 때로는 사라지기도 하는 것이다.

그것이 무엇인지 우리 인간으로서는 정확히 알기는 어렵지만, 하나님도 인간을 비롯한 다른 모든 존재들과 마찬가지로 어떤 본성nature이 있을 것이다. 그래서 하나님이 다양한 속성특성, 성품, characters, attributes들을 가지고 있다고 할 때 드는 의문은, 하나님의 본성과 속성들은 어떤 관계에 있는가 하는 것이다. 하나님의 속성들은 그의 본성에 덧붙여진 것인가? 그 속성들은 있다가도 없어지는 것들인가? 강렬한 불꽃처럼 피어났다가 다 연소되어 꺼지는 촛불처럼 소멸되기도 하는 것인가? 다양한 속성들 사이에는 어떤 관계가 있는가? 다양한 속성들 사이에 서열이 존재하거나 중요도에 있어서 차이가 있는 것인가?

(2) 하나님의 본성과 속성들의 관계를 이해하기 위해 많은 학자들이 다양한 모델들을 제시했다.

에릭슨은 그것들 중 대표적인 세 가지를 제시한다.[35]

첫 번째는 '핀 쿠션pin cushion 모델'이다. 하나님은 우리가 인식할 수 없는 어떤 본성을 가지고 계시는데, 거기에 여러 가지 속성들이 마치 핀 쿠션에 핀이 꽂혀있는 것처럼 붙어 있다고 보는 것이다. 그 속성들은 하나님의 본성이 아니다. 그래서 하나님의 본성과 구별될 수 있고 다른 속성들과도 본질적으로 구분되는 것이다.

두 번째는 '건물building 모델'이다. 하나님은 여러 속성들의 결합체이며, 마치 여러 속성들의 벽돌이 쌓아올려져서 만들어진 건물과 같다. 그 속성들은 모두 구별되는 것이지만 합쳐져서 전체를 이룬다. 하나님은 본질적으로 속성들의 합이지, 개별적인 속성 그 자체는 아니다.

세 번째는 '다이아몬드diamond 모델'이다. 하나님의 본성은 속성들과는 구별된 숨겨진 혹은 우리에게 알려지지 않은 제3의 것이 아니다. 하나님의 본성은 속성들과 분리되어 존재하는 것이 아니다. 다양한 속성들은 하나님의 본성을 다양한 측면에서 보여주는 것에 불과하다. 그러므로 속성들 각각이 하나님의 본성이며 그 속성들은 본질적으로 서로 구별되지 않고 하나를 이룬다.

이중에서 '다이아몬드 모델'이 하나님의 모습을 가장 잘 예시해주는 것으로 보인다.

(3) 거룩 holiness

예를 들어 하나님의 거룩이라는 속성을 생각해보자.

거룩은 하나님의 본성 외부에 덧붙여진 것이 아니라 하나님의 본성 그 자체다. 하나님은 거룩이라는 속성을 소유하고 있는 것이 아니라 하나님 자체가 거룩한 분이다. 사랑, 선하심, 지혜, 전능하심, 등등 다른 모든 속성도 마찬가지다. 그러므로 거룩을 하나님에게서 제하면 단순히 꽂혀져 있던 많은 핀 중에서 하나가 떨어져 나가는, 그래서 하나님의 본성에 작은 손상밖에 가해지지 않는 것이 아니라, 거룩이 제거된 존재는 하나님과는 전혀 다른 존재가 된다. 왜냐하면 거룩은 하나님의 본성 그 자체이기 때문이다. 이것은 사랑, 선하심, 지혜, 전능하심과 같은 다른 속성들도 마찬가지다. 또한 하나님은 전에는 전혀 거룩하지 않다가 어느 순간부터 거룩해지기로 작정하셨거나 거룩한 속성이 어느 순간 더해지거나 점차 소멸되거나 하는 것이 아니다. 하나님은 존재의 순간부터 하나님에게 존재의 시작에 대해 말하는 것이 옳은 것은 아니지만 거룩이라는 속성을 가지고 계셨고 그것은 시간이 흘러도 변하지 않는다.

(4) 단일성의 정의

'다이아몬드 모델'에 기초해서 단일성을 정의한다면 이렇게 말할 수 있을 것이다. "하나님은 여러 부분이 합쳐서 구성된 존재가 아니며, 여러 부분으로 나누어지지 않는 단일한 존재다." 그러므로 하나님을 여러 가지 구성 요소로 나누는 것은 불가능하다. 하나님의 존재도 그렇고 그의 속성도 그렇다. 우리는 하나님의 다양한 속성들에 대해 말할 수 있지만, 그 속성들이 하나님의 본성과 구분되거나 하나님의 본성의 한 부분을 이루는 것이 아니다. 또한 하나님의 모든 속성들이 합쳐져서 하나님이라는 존재가 구성된 것도 아니다. 하나님은 하나의 통일체이신데 그것을 속성의 관점에서 보면 다양한 속성들이 보인다는 것이다. 그러므로 하나님의 속성 중에서 어느 하나를 제거하면 하나님의 본성이 심각한 손상을 받게 된다. 그래서 어떤 속성도 하나님으로부터 제거할 수 없고, 전에 없던 새로운 속성이 추가될 수도 없다. 하나님은 이미 자신 속에 필요한 모든 속성을 가지고 있기 때문이다.

(5) 성경적 증거

해스커가 언급한대로 "하나님의 단일성에 관한 교리는 전통적인 신론 중에서 가장 인식되지 못하고 있는 것"이다.36 중세 시대에는 이 개념을 중요하게 취급했으나 근대에 들어오면서 많은 학자들이 이 개념을 무시했다. 아마 이 개념이 이해하기도 쉽지 않거니와 설령 이해된다고 해도 그 실제적인 의미가 그리스도인의 삶에 별로 영향을 미치지 못한다고 생각했기 때문일 것이다.37 또한 많은 신학자들이 이 교리는 추상적인 사고에서부터 도출되는 것이라고 비판하면서 배척하기도 했다. 그러나 우리가 하나님에 대해 묘사하고 있는 성경 구절들을 잘 살펴보면 그 속에 하나님의 단일성에 관한 함의가 담겨 있다는 것을 쉽게 발견할 수 있다.

앞에서 살펴본 것처럼 성경은 하나님을 다양한 속성을 가진 존재로 묘사한다. 하나님은 "영"이고요 4:24, "빛"이며요일 1:5, "사랑"이기도 하고요일 4:8, "거룩한 분"이기도 하며레 11:44~45, '공의로운 분' 사 30:18, '심판하는 분' 창 18:25, '질투하시는 분' 출 20:5이기도 하다. 이 모든 언급들은 어떤 특정한 상황에서만 드러내 보이는 일시적인 모습을 나타내는 것이 아니다. 이 모든 것들은 각각 하나님의 본래의 모습, 즉 본질을 말하는 것이다. 그런데 이렇게 하나님의 본질을 나타내는 표현들이 하나가 아니라 여러 개다. 그렇다면 하나님의 본질이 여러 개라는 뜻인가? 그럴 수 없다. 하나님은 하나의 본성을 가지신 인격체이시다. 그러므로 하나님은 상황에 따라 빛이 되기도 했다가 영이 되기도 했다가 사랑이 되기도 하는 것이 아니라 언제나 영이요 빛이요 사랑이시다. 즉 이렇게 다양한 속성들 모두가 하나님의 본질이라는 것이다. 그러면 이것을 어떻게 이해하는 것이 좋을까? 이것은 하나님이 여러 개의 속성이 합쳐져서 "구성된" 존재가 아니라, 하나님의 본질을 여러 다른 각도에서 볼 때 다르게 나타난다는 것을 의미한다. [38]

다시 하나님의 거룩이라는 속성을 생각해보자. 그의 거룩하심이 영, 빛, 사랑이라는 속성보다 열등한 것인가? 시 89:35, 암 4:2에 보면 하나님은 자신의 거룩하심을 두고 맹세하신다. 이 말은 하나님이 자신의 존재 그 자체를 두고 맹세하는 것과 같다. 히 6:13 참고 그러므로 하나님이 영이고, 빛이고, 사랑인 것처럼 그는 또한 거룩하신 분이기도 하다. 이 모든 속성들은 하나님의 본질과 동일한 것이고, 그것들 사이에 등급이 존재하는 것이 아니다. 그러므로 다이아몬드가 보여주듯이, 하나님의 다양한 속성들은 하나님의 본성을 여러 다른 측면에서 보여주는 것에 불과하다. 또한 다양한 속성들은 본질적으로 서로 분리되지 않고 하나를 이룬다. 이것이 하나님의 단일성이 의미하는 것이다.

(6) 속성들 사이의 관계

그러면 하나님의 다양한 속성들 사이에는 어떤 관계가 있을까?

각각의 속성들은 서로 밀접하게 연결되어 있기 때문에 서로 배타적인 것이 아니다. 하나의 속성 속에는 다른 속성도 포함되어 있다. 각각의 속성들은 다른 속성들 없이 존재할 수 없으며, 다른 속성들과 영향을 주고받는다.

하나님은 빛이심과 동시에 사랑이시고, 사랑이심과 동시에 공의로운 분이시고, 은혜로운 분이심과 동시에 진노하시는 분이다. 그래서 하나님의 지혜는 영원한 지혜이며 지혜와 영원성은 분리될 수 없다, 하나님의 선하심은 지혜롭고 공의로운 선하심이다. 선하심과 지혜, 공의가 분리될 수 없다. 또한 하나님의 창조적 능력은 지혜로운 능력이다. 그러므로 하나님의 본성과 그의 본성을 드러내 보여주는 속성들 사이에는 심오한 단일성이 존재한다고 말하는 것이 옳다. 그럼에도 불구하고 하나님의 다양한 속성들은 모두 동일한 것은 아니다. 그것들은 하나님의 본성을 보여준다는 점에서는 동일하지만 하나님의 본성의 각각 다른 면들을 보여준다는 점에서 서로 다른 것이다.

그러면 성경에 이렇게 다양한 속성이 나타나는 이유는 무엇일까? 다양한 속성들은 하나님께서 다양한 상황에서 피조물과 관계를 맺으실 때 나타나는 다양한 모습이다. 따라서 하나님의 다양한 속성은 우리를 위한 것이다. 우리의 상황에 맞추시려는 하나님의 깊은 마음이 담겨 있는 것이다. 또한 우리가 하나님을 한꺼번에 파악하고 이해할 수 없기 때문에 하나님을 한 부분씩 알아가게 하기 위한 하나님의 배려라고 할 수도 있다. 우리는 너무 작은 존재이기 때문에 하나님을 통일된 완전한 모습으로 파악할 수 없다. 그러므로 하나님은 우리에게 자신을 계시하실 때 속성들을 하나씩 보여주시는 것이다.

하나님의 '단일성'은 하나님의 여러 속성들 중에서도 가장 난해한 것에 속한다. 그럼에도 불구하고 하나님의 단일성은 여전히 중요한 것이며, 우리가 그 본질을 깊이 숙고할 때 깨닫게 되는 의미도 풍부하다. 하나님의 단일성, 하나님의 본성과 속성의 질적인 일치는 우리에게 많은 것을 생각하게 해 준다.

하나님의 본성과 여러 가지 속성들

1. 인간과의 차이점

하나님의 단일성은 하나님과 인간의 차이를 보여주는 중요한 속성이다. 인간은 존재와 속성이 분리되어 있다. 즉 우리는 태어나면서부터 착하거나 지혜롭거나 성실한 존재가 아니다. 선천적으로 어떤 성품을 비교적 많이 가지고 태어나는 사람도 있지만, 그렇다고 해서 모든 좋은 속성들을 다 가지고 태어나는 것은 아니다. 그런 사람은 존재하지 않는다. 그러나 성장하면서 교육을 통해서 우리는 좋은 성품들을 하나씩 배워서 나의 것으로 만든다. 전에는 없던 성품들이 교육과 훈련을 통해서 나의 것이 되는 것이다. 이런 점에서 우리는 어떤 성품이 없을 때와 있을 때가 있는 것이다. 그러나 인간과는 달리 하나님은 존재 자체가 수많은 성품들을 본래부터 내포하고 있는 분이다. 하나님은 인간처럼 성장하거나 배워서 성품들을 습득하는 것이 아니다. 하나님은 거룩 자체이시고, 선하심 자체이시며, 신실함 자체이신 분이다.

그러므로 우리가 하나님의 어떤 속성이나 성품을 의심하는 것은 어리석은 일이다. 하나님이 지혜가 없었던 적이 있거나, 과거에는 신실하지 않았지만 세월이 지나면서 점점 신실해진다거나, 공의로운 존재였다가 이제는 공의를 버리고 사랑을 취하면서 모든 것을 묻지도 따지지도 않고 무조건 용서해주시는 분이 되었다고 생각해서는 안 된다. 하나님은 언제나 존재 자체가 공의롭고, 지혜롭고, 신실하시고, 사랑에 풍성하신 분이기 때문이다.

2. 하나님을 아는 방법

하나님의 단일성은 우리가 하나님을 알아가는 방향을 제시해준다. 하나님의 본질적인 모습과 우리에게 보여주는 속성들은 질적으로 동일하다. 그래서 우리가 하나님을 알기 위해서는 어떤 추상적인 하나님의 본질을 알려고 하기 보다는 성경에 계시되고 역사 속에서 드러나며 우리 삶에서 체험되는 하나님의 여러 가지 속성들을 하나씩 잘 배워야 할 필요가 있다. 하나님은 성품과는 다른, 그것보다 훨씬 근본적인 어떤 신비한 본질을 가지신 것이 아니다. 하나님의 성품속성이 바로 하나님의 본질이다. 그러므로 우리가 하나님의 성품들을 아는 것이 하나님을 아는 것이다.

우리는 어떤 신비적인 하나님을 알려고 애쓸 필요가 없다. 환상 속에서 하나님을 만나고자 하는 열망을 가질 필요도 없다. 어느 날 갑자기 하나님께서 자신의 신비한 모습을 드러내 보여주셔서 우리가 완전하게 하나님을 알게 되리라고 기대해서도 안 된다. 하나님은 신비 전략을 구사하시는 분도 아니시고신비주의자, 소수의 사람들에게만 비밀스럽게 자신을 알려주시는 분도 아니다영지靈知주의자. 누구에게나 동일하게 자신을 알려주시는 분이다. 하나님을 알기 위한 특별한 왕도王道가 있는 것이 아니라 하나님의 속성에 대한 공부를 통해서 하나님을 알아가는 것이다. 그것이 하나님을 잘 아는 길이다. 이렇게 하나님의 속성을 하나씩 알아가다 보면 하나님을 점점 더 깊이 알게 되는 것이다.

하나님은 성경과 역사를 통해서 이미 우리에게 자신을 충분히 알려주셨다. 비록 우리가 하나님의 모든 것, 하나님의 성품의 가장 깊은 것까지 다 이해할 수 없을지 모른다. 하지만 그것은 '정도' 의 문제일 뿐 다른 종류의 문제는 아니다. 그러므로 우리는 성경에 계시된 하나님을 열심히 탐구하는 것을 기초로 삼고 그 위에 역사와 나의 삶에 드러난 하나님의 모습을 쌓아 올려서 하나님을 더욱 잘 알아가려고 노력해야 한다.

3. 하나님의 한 가지 속성을 찬양하는 것은 하나님 바로 그 분을 찬양하는 것과 동일하다.

하나님의 본성과 여러 가지 속성이 질적으로 다른 것이 아니라는 하나님의 '단일성' 이 우리에게 가르쳐주는 또 하나의 교훈은, 하나님의 선하심, 거룩하심, 사랑, 전능하심, 신실하심, 등등을 찬양하는 것은 하나님 자신을 찬양하는 것과 동일하다는 것이다.

하나님을 찬양하는 것은 추상적인 미사여구를 나열하는 것이 아니다. 하나님을 향한 진정한 찬양은 그의 풍성한 성품들을 이해하고 경험하고 확인할 때 나오는 것이다. 예를 들어, 어떤 찬양은 "할렐루야"만 수십 번 외치는 것으로 구성되어 있다. "할렐루야"는 멋진 말이다. "여호와를 찬양하라"는 말은 인간이 할 수 있는 최고의 말일 것이다. 그러나 "할렐루야"를 수십 번 외친다고 해서 여호와 찬양이 완성되는 것은 아니다. 할렐루야에 담긴 "여호와"에 대한 마음이 내 속에 있어야 참된 할렐루야가 되는 것이다. 어떤 사람이 다른 사람을 향해서 '멋진데' 라고 칭송한다고 해보자. 그런데 만날 때마다 '멋진데'라는 말만 반복할 뿐 그 이유를 덧붙이지 않으면 그 말을 듣는 사람은 처음에는 기분이 좋을지 모르지만 계속 들으면 마치 자기를 놀리는 것은 아닌지 의문이 들게 될 것이다. 하나님도 마찬가지다. 우리가 찬양하는 "여호와"가 어떤 분인지, 왜 우리가 찬양하는지, 그 이유를 덧붙이지 않는다면 그 찬양은 무언가 결핍된 것으로 인식될 수밖에 없다. 따라서 우리가 할렐루야라는 찬양을 할 때, 그 이유를 덧붙여야 하며, 그것은 하나님이 찬양받으실만한 어떤 속성이나 성품이 될 것이다. 그렇게 해야 하나님에 대한 찬양이 완성된다. 하나님의 성품을 찬양하는 것이 하나님의 본체를 찬양하는 것과 같기 때문이다.

그러므로 우리의 찬양을 더욱 풍성하게 하는 길은, 하나님의 여러 속성들을 잘 알고 그것에 푹 잠겨서 거기서부터 구체적인 감사와 찬양이 나오게 하는 것이다. 그러기에 하나님의 성품에 대한 공부와 그것에 대한 체험이 진정한 찬양의 기초요 원동력일 수밖에 없다.

속성들 사이의 관계

1. 하나님의 속성들은 구분될 수 있지만distinguishable 분리될 수는 없다.insepa-rable

하나님의 단일성은 하나님의 여러 속성들 사이의 관계에 대해서도 중요한 것들을 가르쳐주는데, 첫 번째는 하나님의 다양한 속성들은 분리되거나 대립되는 것이 아니라는 점이다. 하나님이 이런 저런 속성들을 "가지고" 있는 것이 아니라, 하나님의 본질 자체가 그런 분이기 때문에 하나님 안에서 여러 가지 속성들이 대립되거나 모순될 수 없다. 그것은 인격분열을 의미하기 때문이다.

예를 들어, 어떤 사람들은 하나님의 사랑과 공의가 서로 대립된다고 주장한다. 그러나 하나님의 사랑은 공의로운 사랑이며, 하나님의 공의는 사랑에 바탕을 둔 공의다. 하나님의 단일성은 하나님의 어느 한 속성에는 다른 속성의 모습도 담겨 있다는 것을 의미한다. 여러 가지 속성들이 대립되거나 모순될 수는 없다. 왜냐하면 그 모든 속성들은 하나님의 본질을 구성하는 동질의 속성들이기 때문이다.

그리스도의 십자가가 이것을 가장 잘 보여주는 예다. 어떤 사람들은 그리스도의 십자가에서 우리를 구원하기 위해 자신의 독생자를 내어주신 성부 하나님의 무한하신 사랑을 보고 감격에 젖는다. 분명히 그리스도의 십자가에는 하나님을 거역한 죄인인 우리에게 먼저 찾아오셔서 자신을 희생하신 그리스도의 멋진 사랑과 은혜가 담겨 있다. 그래서 십자가에서 하나님의 사랑을 보는 것은 정당하다. 그러나 여기서 그치는 것은 십자가에 나타난 하나님의 모습을 절반만 보는 것에 불과하다. 십자가에는 인간의 죄를 심판하시는 하나님의 공의와 진노도 담겨 있기 때문이다. 예수님은 죄로 죽어야 하는 인간을 대신해서 하나님의 진노를 받고 십자가에서 죽으신 것이다. 그래서 그리스도의 십자가에는 하나님의 공의적 사랑과 사랑의 진노가 모두 담겨 있는 것이다.

이처럼 하나님의 여러 속성들은 서로 밀접하게 결합되어 있어서 분리될 수 없다. 그러므로 우리는 하나님의 특정한 속성이 잘 드러나는 어떤 행동에서도 하나님의 다른 속성이 어떻게 담겨 있는지 잘 살펴보아야 한다. 그렇게 하지 않으면 우리는 그 한 가지 속성조차도 잘못 인식하게 될 위험에 빠지게 된다.

2. 구약의 하나님과 신약의 하나님을 대립적으로 생각하는 것은 오류다.

어떤 사람들은 구약에 나타나는 하나님은 거룩하고 공의롭고 진노하시고 심판하시는 하나님인 반면에, 신약의 하나님은 인자하고 오래참고 사랑하시고 용서하시는 하나님이라고 생각한다. 한 걸음 더 나아가서, 구약에 나타나는 하나님의 공의에는 사랑이 결여된 것처럼 생각하거나 신약에 나타나는 하나님의 사랑에는 공의가 결여된 것처럼 생각하기도 한다.

이러한 견해는 고대에는 마르시온Marcion이라는 이단이 주장했던 것인데, 현대에도 과정신학자들Process Theology이 유사하게 주장한다. 마르시온은 하나님이 구약의 하나님과 신약의 하나님으로 구분된다고 생각했다. 구약의 하나님은 포악한 신이고 신약의 하나님은 인자하고 선한 신이라는 것이다. 이런 주장은 성경에서 묘사하는 하나님의 모습을 겉으로만 보았기 때문에 나오는 것이다. 현대의 과정신학도 마르시온과 마찬가지로 구약의 하나님과 신약의 하나님이 다르다고 하면서, 이것은 하나님이 시간에 따라 점차 발전해온 것을 보여준다고 주장한다.

그러나 성경을 주의 깊게 살펴보면 구약에 나타난 하나님은 공의뿐만 아니라 사랑도 보여주시는 분이며, 신약의 하나님도 공의에 바탕을 둔 사랑을 보여주는 분이라는 것이 드러난다. 구약의 하나님이 진노하시는 무서운 하나님인 것처럼 보이지만, 그 속에서도 하나님의 사랑이 면면히 흐르고 있다는 것을 알 수 있다. 호세아의 아내 고멜이 남편을 버리고 다른 남자에게로 갔지만 하나님은 그녀의 잘못을 용서하고 다시 불러들이도록 지시하신다. 호 1~3장 사사기에는 이스라엘 백성들이 하나님을 떠나 우상을 섬기는 짓을 반복하지만 하나님은 그들을 돌이키려고 계속해서 구원자를 보내주시는 모습이 나온다. 심지어 이스라엘의 원수인 니느웨를 구원하기 위해 한사코 거부하는 요나를 기어코 니느웨로 보내시고, 그의 메시지에 반응하여 회개하는 백성들을 용서하고 심판을 철회하시는 모습도 나타난다. 이런 모습은 하나님의 인자와 사랑의 광대함을 보여주는 것이다.

신약에서 하나님의 사랑만이 두드러지게 나타나고 하나님의 공의는 사라진 것처럼 생각하는 것 역시 오류를 범하는 것이다. 신약에서도 하나님의 사랑의 모습 이면에 하나님의 공의로운 모습이 함께 담겨 있는 것을 볼 수 있다. 예수님은 사랑과 평화의 왕으로 세상에 오셨지만, 악의 세력에 대해서는 가차 없이 채찍을 내리치셨다. 이것은 성전을 정화하고, 바리새인들을 저주하고, 예루살렘에 대한 심판을 예언하는 모습에서 잘 나타난다. 예수님의 십자가 죽음에는 우리를 구원하시려는 하나님의 사랑과 동시에 죄를 묵과할 수 없는 하나님의 진노와 심판의 모습이 함께 담겨 있다. 베드로는 성령님을 속이려는 아나니아와 삽비라를 엄중하게 책망하면서 죽음의 심판을 내린다. 행 5장 주께서 재림하시는 종말에는 양과 염소를 가르는 엄중한 판결이 있을 것이고 마 25장, 사탄과 그의 하수인들을 유황불에 쳐 넣는 심판이 있게 될 것이다. 계 19~20장

그러므로 구약과 신약의 하나님이 다르다거나, 구약에는 하나님의 공의와 심판만 나타나고 신약에는 하나님의 자비와 사랑만 나타난다고 주장하는 것은 전혀 설득력이 없다. 하나님은 언제나 영원토록 사랑이심과 동시에 공의로우신 분이다. 구약과 신약 성경 모두 우리에게 주어졌다는 것은, 그 모두에서 하나님의 모습을 보아야 한다는 것을 의미한다. 구약에 나타난 창조자 하나님과 신약에 나타난 구속을 이루시는 하나님은 동일한 분이다. 구약의 하나님이 또한 신약의 하나님이다. 구약 역사는 신약과 연속성이 있기 때문이다. 창조에서 타락과 구속에 이르는 전체 과정이 하나의 흐름을 형성하기 때문이다. 창조가 없었다면 재창조인 구속도 있을 수 없기 때문이다. 그러므로 우리는 하나님을 여러 가지 속성을 동시에 가지고 계시는 통일된 분으로 생각해야 한다.

3. 하나님의 특정한 행동에 어떤 속성이 더 분명하게 보일 때가 있다.

예를 들어, 창조 행위에는 하나님의 전능한 능력과 지혜가 두드러지게 나타나고, 그리스도를 통한 속죄 사역에는 죄에 대한 공의와 인간을 향한 사랑이 크

게 보이고, 죄인들을 즉각적으로 심판하지 않으실 때에는 인내와 긍휼하심이 강하게 나타나는 것이 사실이다. 그럼에도 불구하고 하나님의 모든 행동에는 하나님의 다른 속성들이 함께 담겨있다고 보는 것이 옳다. 다양한 속성들을 가진 하나님이 하신 행동이기 때문이며, 그 속성들을 모두 가지신 하나님은 결코 분리될 수 없기 때문이다. God is completely, not partially, present in all of God's activities. 39

대표적인 모습이 십자가의 구속 사역에서 드러난다. 하나님의 구속 사역에서는 공의와 사랑이 두드러지게 나타나지만, 그 두 가지 속성뿐만 아니라 다른 속성들도 드러나고 있다. 십자가라는 방식을 택한 하나님의 지혜, 죄 없는 예수님을 통해 구원을 이루시는 하나님의 거룩하심, 죄인인 인간들의 공격과 모욕을 참으시는 하나님의 인내, 그렇게 해서 이루신 하나님의 구원을 각 사람에게 적용시킬 때 강제로 하지 않으시고 인내하시면서 설득하시는 하나님의 인내와 신실하심, 등등.

우리가 하나님의 모든 행동에서 하나님의 모든 속성들을 다 찾아내는 작업은 우리의 한계 때문에 불가능할 것이다. 그러나 그것을 찾아내려는 우리의 노력은 그만한 가치가 있다. 우리는 이 작업을 통해 하나님을 좀 더 분명하게 알아가게 되고, 또한 왜 하나님은 이런 방법을 택하시고 왜 이렇게 행동하실까 하는 의문에 대한 답을 얻을 수 있기 때문이다. 마치 생각이 짧은 아이들이 지혜로운 어른이 행한 일에 담긴 풍성한 의미를 전혀 이해하지 못하다가 성장하면서 비로소 점차적으로 이해하게 되는 것과 비슷하다.

그러므로 성경에 나타난 하나님의 사역에서 다양한 속성들을 찾아보려는 노력뿐만 아니라, 우리를 다루시는 하나님의 손길에서도 하나님의 다양한 성품들이 어떻게 나타나고 있는지 묵상해보는 것은 의미 있는 작업이 될 것이다.

하나님의 한 가지 속성을 다른 속성보다 더 중요하게 여기는 오류

1. 하나님의 속성들은 동등하다.

(1) 하나님의 단일성이 하나님의 여러 가지 속성들 사이의 관계에 대해서 가르쳐주는 두 번째 교훈은, 하나님의 속성들에는 서열이 있는 것이 아니며 모든 속성들은 동등한 가치를 지니고 있다는 점이다.

사람들은 자신의 성향에 따라 하나님의 어떤 특정한 속성을 더 좋아하면서 그 속성이 가장 중요하다고 주장하는 경향이 있다. 예를 들어, 율법적인 사람들은 하나님의 거룩하심을, 반反 율법적인 사람들은 하나님의 사랑을 가장 중요하게 여기고, 지성적인 사람들은 하나님이 세계를 운영하는 지혜를, 감성주의자들은 연인과 친구 같은 다정한 하나님을 더 중요하게 여긴다. 그러나 이것은 하나님에 대한 균형 잡힌 시각을 놓치는 오류를 범하는 것이다.

(2) 율법적인 사람들은 율법을 지키지 않으면 진노하시는 무서운 하나님만 생각하면서 기독교를 율법 준수의 종교로 축소시켜 버린다. 결국 기독교는 '이것은 하고 저것은 하지 말아야 하는' 율법적인 종교가 되는 것이다. 하나님도 율법을 지키나 안 지키나 눈을 부릅뜨고 감시하면서 율법을 지키지 않는 사람들에게 진노하고 벌을 주는 존재로 인식된다. 그러나 이것은 기독교의 본질이 아니며 오히려 예수님이 비판하고 대립하셨던 바리새주의의 전통을 계승하는 것이다. 십계명만 생각해봐도 이런 시각이 잘못 되었다는 것을 쉽게 알 수 있다. 십계명이 하나님의 엄위하심을 분명하게 보여주는 율법이기는 하지만, 십계명이 주어지기 전에 하나님은 이스라엘 백성들을 긍휼히 여겨 이집트의 노예 상태에서 구원해 주셨다는 사실을 기억해야 한다. 그래서 첫 번째 계명을 주기 전에 "나는 너희를 이집트 땅 종살이하던 집에서 이끌어 낸 주 너희의 하나님이다"라는 서문pref-

ace이 먼저 나오는 것이다. 출 20:2 이것은 율법의 기초에는 하나님의 긍휼과 사랑이 자리 잡고 있다는 것을 분명하게 보여주는 것이다.

(3) 그렇다고 해서 반 율법적인 사람들이 사랑의 하나님과 모든 것을 용납하시는 하나님을 강조하면서, 하나님의 거룩한 속성을 닮은 규정들을 주시고 그것을 존중하고 준수하는 여부에 따라 판단하시는 공의의 하나님을 무시하는 것이 정당한 것은 아니다. 20세기 중반에 조셉 플레처Joseph Fletcher는 '상황 윤리Situation Ethics' 라는 이론을 펼치면서 다른 어떤 규정도 필요 없고 오직 사랑이라는 한 가지 잣대로 모든 행동을 판단하면 된다고 주장했다. 사랑이라는 이름으로 행하면 그것이 간음이든 거짓말이든 아무 문제가 없다고 주장한다. 그의 윤리 이론은 많은 비판을 받은 후 지금은 거의 실효성이 없는 것으로 간주되고 있지만, 이후에도 이것은 'Love Wins' 사랑이 이긴다라는 변주된 형태로 여전히 많은 그리스도인들의 마음을 사로잡고 있다. 하나님은 사랑이시기 때문에 사랑이라는 이름으로 하는 모든 행동은 정당하고 용납되어야 한다면서, 다른 계명이나 성경적 윤리 규정들은 별로 의미가 없다고 생각하는 것이다.

그러나 이런 생각은 적어도 두 가지 문제가 있다. 첫째는, 이것은 '사랑' 이 무엇인지조차 제대로 살피려고 하지 않는 '자의적인' 주장이다. 사랑을 강조하지만 어떤 종류의 행위가 사랑의 행위인지 불분명하다. 사랑이 무엇인가에 대한 정의를 제공하지 않기 때문이다. 예를 들어보자. 어떤 사람이 자식이나 제자들에게 체벌을 가하면서 '사랑의 매' 라고 확신하는 것은 어떤가? 그의 주장과 확신을 사랑이라는 이름으로 무조건 받아들여도 될까? 또한 요즘은 아무리 사랑하는 사람 사이라도 근친상간은 안된다고 생각하고, 성년과 미성년 사이의 사랑에 대해서도 인정하지 않으려고 한다. 당사자가 아무리 사랑이라고 해도 용납될 수 없다고 생각한다. 그것을 진정한 의미에서의 사랑이라고 생각하지 않기 때문이다. 또한 '폴리아모리' polyamory 다자연애는 어떤가? 즉 일부다처, 일처다부, 다처다부의 사랑은 어떤가? 사랑만이 중요하다고 하면 몇 사람이 관계를 맺든 서로 사랑하기만 하면 되는 것 아닌가? 일부일처라는 잣대를 들이대는 것은 사랑에 대한 편협한 생각이 아닐까? 혹시 사랑의 마음으로 자살을 돕는 것은 괜찮은가? 사랑으로 연쇄 살인마를 숨겨주고 도피를 돕는 것은? 재판관이 자기 가족을 지극히 사랑하기에 편파적인 판결을 하는 것은? 이런 예들을 생각하다보면, 사랑이라는 용어는 멋진 것이기는 하지만 그것이 결코 절대적일 수는 없고 무언가 다른 규정에 의해 제한될 수밖에 없다는 것을 인정할 수밖에 없다.

둘째는, 오직 사랑만을 강조하는 것은 하나님이 사랑이심과 동시에 공의로운 분이고, 또한 거룩한 분이며, 그것에 기초해서 삶의 다양한 지침을 주시는 존재라는 것을 무시하는 것이다. 많은 사람들이 하나님의 계명이나 율법을 부정적으로 생각하지만, 이것들은 오히려 우리를 향한 하나님의 사랑의 표현이다. 그래서 우리가 율법을 지키는 것은 하나님을 사랑한다는 표시이기도 하다. "하나님을 사랑하는 것은 그 계명을 지키는 것입니다." 요일 5:3 율법 속에 하나님의 사랑이 담겨 있고, 하나님의 사랑이 율법으로 구현되고 있기에 우리의 사랑 또한 율법을 지키는 것으로 표현되어야 한다. 성경에 나오는 수많은 계명들은 사랑의 구체적인 표현 방식이라고 말할 수 있다. 따라서 사랑이라는 이름으로 하나님이 주신 계명과 규정들을 무효화할 수 없다. 사랑과 규정들은 대립되는 것이 아니라 동전의 양면이기 때문이다. 그러므로 우리는 love wins 라는 표현에 대해서 잘 살펴야 한다. 그것은 오직 사랑이라는 것만을 절대화하면서 하나님의 다른 다양한 속성들을 무시하는 것이 될 수 있기 때문이다. 그 결과는 하나님의 단일성을 파괴하는 것이다.

(4) 우리는 하나님의 다양한 속성들 사이에서 균형을 잘 잡아야 한다. 나에게 하나님의 어떤 속성이 더 크게 다가온다고 할지라도 그 속성만을 붙들고 있으면 하나님의 다른 모습을 놓치게 된다. 그 결과는 하나님의 존재를 왜곡하는 것이

다. 하나님은 하나의 모습만 가지고 있는 것이 아닌, 통일되고 종합적인 존재이기 때문에 우리도 종합적으로 인식하기 위해 최대한 노력을 기울여야 한다.

2. 우리도 하나님의 단일성을 배워야 한다.

(1) 하나님의 단일성은 하나님의 형상으로 창조된 우리도 세상 속에서 균형 있는 태도를 배워야 한다는 것을 알려준다. 우리는 하나님과 예수님을 닮아가는 사람들이기 때문이다.

율법적으로 정죄하는 성향이 강한 사람은 용납하고 은혜를 베풀고 용서하는 법을 배워야 한다. 이와는 반대로 용납하고 받아주는 것에 익숙한 사람은 어떤 상황에서는 정의를 요구하고 분명한 시시비비를 가리는 것이 필요하다는 것을 알아야 한다. 은혜와 율법, 자유와 의무, 용서와 정죄, 정의와 긍휼, 용납과 징계, 인내와 개혁과 같은 것들은 취사선택의 문제가 아니라 균형의 문제다.

(2) 예를 들어, 하나님은 이스라엘 백성에게 가난한 사람들을 도와주라고 명령한다. 그들에게 긍휼을 보여주라는 것이다. "당신들은 반드시 손을 뻗어, 당신들의 땅에서 사는 가난하고 궁핍한 동족을 도와주십시오."신 15:11 이것은 사랑과 긍휼의 하나님을 닮은 성품을 요구하는 것이다.

그러나 다른 한편으로 재판할 때는 공정해야 할 것을 요구하신다. "당신들은 재판에서 공정성을 잃어서도 안 되고, 사람의 얼굴을 보아주어서도 안 되며, 재판관이 뇌물을 받아서도 안 됩니다. 뇌물은 지혜 있는 사람의 눈을 어둡게 하고, 죄 없는 사람을 죄인으로 만듭니다. 당신들은 오직 정의만을 따라야 합니다."신 16:19~20

그래서 가난한 사람의 송사라고 해서 그에게 불리한 판결을 내리지 말라고 명령한다. "너희는 가난한 사람의 송사라고 해서 그에게 불리한 판결을 내려서는 안 된다."출 23:6, cf. 신 24:17 그러나 동시에, 가난한 사람의 송사라고 해서 치우쳐서 두둔해서도 안 된다고 분명하게 말한다. "너희는 또한 가난한 사람의 송사라고 해서 치우쳐서 두둔해서도 안 된다."출 23:3, cf. 신 16:19 재판에서는 공정함의 원칙을 지켜야 한다는 것이다.

이처럼 하나님은 자신이 가진 사랑과 정의의 속성을 우리도 동시에 가질 것을 원하신다. 그래서 비록 가난한 사람에게 온정을 베푸는 사랑의 마음을 가져야 하지만, 그렇다고 해서 공정함이 요구되는 재판을 왜곡하는 것은 잘못이며, 둘 사이에서 치우치지 말고 균형을 잘 잡아야 할 것을 요구하신다.

우리는 대립되는 것처럼 보이는 속성들을 균형 있게 갖춰야 할 필요가 있다. 그래서 어느 때 어떤 사안에 대해서도 균형 있는 성숙한 모습을 보여주어야 한다. 그렇게 할 때, 부모가 아이의 잘못을 징계하지만 사랑으로 품을 수 있고, 불의한 고통 앞에서도 삶을 포기하지 않고 인내하면서도 그것의 개혁을 위해서 노력할 수 있으며, 율법을 지키면서도 의무가 아니라 은혜에 감사하는 마음으로 할 수 있게 될 것이다.

우리의 반응은?

하나님이 균형을 잃은 존재였다면 우리의 신앙생활은 상당히 힘들었을 것이다. 하나님이 무섭기만 한 분이었다면 우리는 얼굴을 들지 못하고 늘 두려움에 사로잡혀 있을 것이다. 그분이 무조건적인 사랑만 베푸는 분이었다면 우리는 피조물의 위치를 잊어버리고 버릇없는 행동을 일삼으면서 제멋대로 살았을 것이다. 그분이 율법만을 강요하는 분이었다면 우리는 기쁨이나 감사함도 없이 굳은 얼굴로 의무적으로 율법만을 지키려고 애썼을 것이다. 그러나 하나님은 무한한 사랑을 가진 분이기도 하지만, 죄와 악을 벌하시는 공의로운 분이기도 하다. 그는 거룩한 삶의 모습을 규정하신 분이기도 하지만, 그것을 제대로 지키지 못했지만 잘못을 회개하고 돌아오는 자들을 넓은 품으로 안으시는 분이기도 하다. 그러므로 우리는 하나님의 단일성을 생각하면서 이렇게 균형 잡힌 하나님이 우리의 하나님인 것을 감사하게 여기면서 그의 멋진 성품들을 찬양해야 할 것이다.

하나님을 아는 사람

세상을 사랑하는 그리스도인

세상에는 그리스도인들이 많이 있지만, 모두가 확신 있는 신자의 삶을 살아가는 것은 아니다. 하나님을 창조자요 구원자로 믿기는 하지만, 현실 세상의 압박 앞에서 그리스도인의 정체성을 상실한 채 세상에 휘둘리면서 살아가는 사람들이 많다. 사도 요한의 지적대로 세상을 사랑해서 "육체의 욕망과 눈의 욕망과 세상 살림에 대한 자랑"에 매여 살아가는 것이다. 요일 2:15~16 그들은 눈에 보이지 않는 하나님을 믿는 것으로 신앙 여정을 시작했지만, 데마처럼 세상을 사랑해서 믿음의 길에서 점점 멀어진 것이다. 딤후 4:10 더 많은 돈을 모으고, 더 나은 집에 살고, 더 나은 사회적 지위를 갈망하고, 더 안락한 삶을 추구하는 것이 인생의 최우선 순위가 되었고, 신앙은 단지 그런 욕망을 성취하는데 도움을 주는 수단으로 전락해버렸다.

이렇게 성령으로 시작했다가 육체로 마치게 되는 이유가 무엇일까? 갈 3:3 여러 원인들을 열거할 수 있겠지만, 무엇보다 가장 핵심적인 이유는 하나님에 대한 확신의 부족이다. 하나님이 세상의 창조자요 주관자라는 것에 대한 확신의 부족, 하나님이 나의 삶의 궁극적 인도자요 심판자라는 사실에 대한 무지, 그리고 하나님이 나를 사랑하셔서 구원의 은혜를 베풀어주신 분이라는 인식에 대한 망각이 주된 원인이다.

자신은 하나님을 잘 안다고 생각한다. 하나님이 어떤 분인지 말하라면 청산유수처럼 읊을 수 있다. 오히려 하나님에 대해 너무 많이 들어왔기에 하나님에 대해 말한다는 것이 진부한 것처럼 인식되기조차 한다. 하지만 정말로 하나님을 잘 알고 있는 것일까? 하나님에 대해, 그리고 하나님을 제대로 알고 있는 것이 맞을까? 온전한 지식은 우리의 전 존재를 사로잡는다. 생각과 의지와 행동을 변화시킨다. 그 지식을 중심으로 재편한다. 그것이 어떤 종류의 지식이든 참된 지식은 사람을 변화시키는 능력이 있다. 그렇다면 우리는 하나님을 제대로 알고 있는 것이 맞는가? 하나님을 알게 된 후 우리의 삶이 그 지식을 중심으로 완전히 재구성되었는가? 이 질문 앞에 많은 그리스도인들이 자신 있게 그렇다고 대답하지 못할 것이다. 여전히 성령이 아니라 육체가 이끄는 대로 살아가는 모습이 하나님에 대한 참된 지식이 결여되어 있다는 것을 증거하고 있기 때문이다.

하나님을 진정으로 아는 사람은 다르다. 아니, 다를 수밖에 없다. 하나님을 알기 전과 동일한 방식으로 살아갈 수 없다. 하나님을 알게 된 후 무엇이 성공적인 삶인지에 대한 관점이 변하고, 무엇을 위해 살아야 하는지에 대한 인식이 변하고, 무엇이 더 옳고 좋은 것인지 판단하는 가치관이 변화를 겪었기에 그럴 수밖에 없다. 그래서 신앙의 길에서 가장 중요한 목표는 하나님을 온전하게 아는 것이다. 하나님을 바르게 알아야 하나님과 바른 관계를 맺을 수 있고, 우리 인생도 바른 방향으로 살아갈 수 있기 때문이다.

여기 하나님을 아는 두 사람이 있다. 바울과 실라는 복음을 전하기 위해 유럽의 관문인 빌립보에 가게 되었고, 거기서 전혀 예기치 못한 상황을 마주하게 되었다. 이때 이들이 보여준 모습은 하나님을 진정으로 아는 사람이 어떤 것인지 우리에게 깊은 가르침을 준다. 믿음의 삶의 기초는 하나님을 아는 것이기 때문이다.

하나님을 아는 사람의 모습

첫째, 하나님을 아는 사람은 하나님의 인도하심에 민감하다. 행 16:6~12

(1) 바울은 바나바와 헤어진 후 실라와 함께 제2차 전도여행을 떠났다. 행 15:39

아시아에서 말씀을 전하는 것을 성령이 막으시므로, 그들은 브루기아와 갈라디아 지방을 거쳐가서, 무시아 가까이 이르러서, 비두니아로 들어가려고 하였으나, 예수의 영이 그것을 허락하지 않으셨다. 그래서 그들은 무시아를 지나서 드로아에 이르렀다.^{행 16:6~8}

그들은 시리아, 길리기아, 더베, 루스드라 지역을 다니면서 성도들을 격려하였다. 그들은 아시아의 다른 지역에 가서 복음을 전하기를 원했다. 하지만 그들의 계획을 성령이 가로막았다. "아시아에서 말씀을 전하는 것을 성령이 막으시므로"16:6 그래서 계획을 바꿔 "브루기아와 갈라디아 지방을 거쳐 가서, 무시아 가까이 이르러서, 비두니아로 들어가려고 하였다."16:6~7 하지만 그것도 "예수의 영이 그것을 허락하지 않으셨다. 그래서 그들은 무시아를 지나서 드로아에 이르렀다."16:6~8

(2) 드로아에 이르렀을 때 그들은 환상을 보았다.

여기서 밤에 바울에게 환상이 나타났는데, 마케도니아 사람 하나가 바울 앞에 서서 '마케도니아로 건너와서, 우리를 도와주십시오' 하고 간청하였다. 그 환상을 바울이 본 뒤에, 우리는 곧 마케도니아로 건너가려고 하였다. 우리는, 마케도니아 사람들에게 복음을 전하기 위하여, 하나님께서 우리를 부르신 것이라고 확신하였기 때문이다. 우리는 드로아에서 배로 떠나서, 사모드라게로 직행하여, 이튿날 네압볼리로 갔고, 거기에서 빌립보에 이르렀다.^{행 16:9~12}

바울은 환상을 본 후 계획을 바꿔 마케도니아로 건너가서 첫 번째 도시인 빌립보에 이르렀다. 그는 이것이 "마케도니아 사람들에게 복음을 전하기 위하여, 하나님께서 우리를 부르신 것이라고 확신하였기 때문이다."16:10

바울은 계획적인 사람이었다. 전도여행도 미리 세워둔 계획을 따라 진행하려고 했다. 하지만 계속해서 계획이 막히는 상황이 발생했다. 성령이 막고, 예수의 영이 허락지 않고, 전혀 다른 지역 사람의 환상을 보게 된 것이다. 결국 바울은 이 모든 것이 하나님의 인도하심이라고 확신했다. 그리고 자신의 계획을 버리고 그 길을 따라갔다.

(3) 바울이 감지한 성령의 움직임과 환상을 초자연적인 현상이라고 생각할 필요는 없다. 하나님이 원하신다면 얼마든지 직접 나타나셔서 분명하게 지시하실 것이다. 다메섹에서 예수님의 음성이 들린 것9:4~5, 안디옥에서 첫 번째 선교여행을 지시하신 것13:2, 고린도에서 주님께서 환상 가운데 직접 말씀하신 것 18:9~10, 로마로 가는 길에 지중해에서 폭풍을 만났을 때 하나님의 천사가 직접 나타나 말씀하신 것27:23~24처럼 말이다. 하지만 지금은 하나님이 그런 방식으로 직접 나타나지 않았다. 그럼에도 불구하고 바울은 이 모든 것이 하나님의 인도하심이라고 확신한 것이다.

이것은 바울의 영적 민감성을 보여준다. 그는 계획적인 사람이었음에도 불구하고 하나님의 인도하심에 마음이 열려 있었다. 계획이 좌절된다고 실망하거나 화를 내지 않고, 그 이유가 무엇인지 생각하면서, 혹시 하나님의 다른 뜻이 있는지 살펴보려고 했다. 이런 영적 민감성과 하나님의 인도에 대한 열려 있는 마음이 있었기에 성령의 움직임을 알 수 있었고, 환상을 하나님의 부르심이라고 확신할 수 있었던 것이다.

(4) 이것이 하나님을 아는 사람의 첫 번째 모습이다. 하나님을 아는 사람은 늘 하나님의 임재 안에서 살아간다. 자신의 삶에서 일어나는 모든 일들을 하나님과 관련지어서 생각하고 판단한다. 비록 하나님이 주신 이성과 지식을 사용해서 계획도 세우고, 일도 추진하고, 문제들도 해결하려고 노력하지만, 그 모든 과정에

서 하나님의 자리를 남겨둔다. 하나님의 음성에 귀를 기울인다. 하나님의 뜻을 항상 묻는다. 하나님이 가장 지혜로운 분이라는 것을 잘 알기 때문이다.

이런 자세를 가지고 있다면 내 인생이 계획대로 풀리지 않는다고 해서 실망하거나 분노하지 않는다. 어차피 내 인생은 내 것이 아니며, 나는 내 인생의 5분 앞도 내다보지 못하며, 세상이 어떻게 돌아갈지도 예상할 수 없다는 것을 알기 때문이다. 나보다 나를 더 잘 아시고, 나보다 세상사를 더 잘 아시고, 세상을 주관하실 뿐만 아니라 모든 것을 합력하여 선을 이루시는 하나님을 알기 때문이다. 그렇기에 언제 어떤 상황에서라도 하나님의 인도하심을 따르는 것이 가장 지혜로운 행보라는 것을 믿는다.

S는 대학 시절부터 평생 하나님의 뜻을 위해서 살고 하나님이 기뻐하시는 일에 헌신하겠다고 결단한 사람이었다. 철학을 전공하여 미국 대학에서 박사 학위를 받은 후 미국의 한 대학으로부터 교수로 초빙을 받았다. 그래서 그 대학으로 가던 중 잠깐 동안 어느 도시에 머무르게 되었다. 그런데 그 도시에서 심경에 변화가 일어나 계획을 취소하고 그 도시에 눌러앉아 버렸다. 왜 그랬을까?

그가 그 도시에 머무를 당시 그곳에는 미군과 결혼한 한국 여성들이 600명 정도 살고 있었다. 그들의 삶은 너무나 비참하고 고통스러웠다. 그럼에도 불구하고 그들을 위한 교회도 하나 없고 교역자도 없었다. 이 사실을 알게 된 S는 교수직을 포기하고 그들을 돕기로 작정했다. 그는 그곳에서 작은 의류점을 개업하고 한국 여성들을 위한 자조 모임을 구성하는 한편, 기회가 되는대로 복음을 전하기 시작했다.

10년이 넘는 세월 동안 그의 일관된 섬김에 하나님의 은혜가 임했다. 한인회도 구성되어 조직적으로 한인 여성들을 위한 일들을 진행할 수 있었고, 의류점도 번창하여 물질적으로도 부족하지 않게 되었을 뿐만 아니라 그가 바라던 교회도 세우게 되었다. 교회가 점차 자리를 잡아 목회자를 모실 수 있는 상황이 된 후 그에게 새로운 길이 열렸다. 중국의 사회교육 연구원 교수의 기회가 열린 것이다. 그는 중국으로 건너가 강의를 하는 틈틈이 조선족을 찾아다니며 복음을 전하고 성경을 가르쳤다. 미국에서 중국으로 활동 무대가 바뀌고, 한인 여성에서 조선족으로 섬김의 대상이 달라졌을 뿐 그의 삶의 방식은 별로 달라진 것이 없었다.

그는 상황이 어떠하든 하나님의 인도하심에 민감하게 반응했고, 어떤 상황에서도 자신에게 주어진 사명을 감당하려고 노력했다. 하나님께서 자신을 아는 자를 사용하시는 것이 전혀 이상한 일이 아닐 것이다.

둘째, 하나님을 아는 사람은 하나님이 진정한 신이라는 확신을 가진다.

(1) 바울과 실라가 빌립보에 들어가서 복음을 전할 때 귀신 들려 점을 치는 여종이 그들을 따라다니면서 큰 소리로 외쳤다.

> 어느 날 우리가 기도하는 곳으로 가다가, 귀신 들려 점을 치는 여종 한 사람을 만났는데, 그는 점을 쳐서, 주인들에게 큰 돈벌이를 해주는 여자였다. 이 여자가 바울과 우리를 따라오면서, 큰 소리로 "이 사람들은 지극히 높으신 하나님의 종들인데, 여러분에게 구원의 길을 전하고 있다" 하고 외쳤다.행 16:16~17

그녀는 귀신의 도움을 받아 점을 쳐서 주인에게 큰 돈을 벌어주는 사람이었다. 그녀는 이미 빌립보에서 능력이 입증된 사람인 것이 확실하다. 바울과 실라의 정체도 분명하게 꿰뚫어 봤으니. 빌립보 사람들은 그녀의 능력을 인정했을 뿐만 아니라 두려워했을 것이다. 남들이 모르는 것을 안다는 것은 경이로움과 동시에 두려운 일이기 때문이다.

그러나 바울과 실라는 그녀의 능력, 그녀 뒤에 도사리고 있는 귀신에게 전혀 주눅 들지 않았다. 그녀가 바울과 실라를 변호해주는 것에 대해서도 달가워하지 않았다. 출처가 좋지 않았기 때문이다. 그래서 바울은 그녀를 조종하고 있던 귀신을 향해 외쳤다.

> 그 여자가 여러 날을 두고 이렇게 하므로, 바울이 귀찮게 여기고 돌아서서, 그 귀신에게 '내가 예수 그리스도의 이름으로 네게 명하니, 이 여자에게서 나오라.' 18절

바로 그 순간 귀신이 쫓겨나왔다. 바울은 귀신의 신통한 능력에 전혀 압도되지 않았다. 귀신이 복음 전도에 도움을 주고 있는 것에 대해서도 부정적으로 생각했다. 그래서 담대하게 대결을 벌인 것이다. 어떻게 이렇게 할 수 있었을까? 단 한 가지다. 그는 하나님만이 참된 신이라는 확신이 있었기 때문이다. 하나님 앞에서 귀신은 아무 것도 아니라는 것을 잘 알고 있었기 때문이다.

(2) 요즘 사탄은 이렇게 직접적인 방식도 사용하지만, 대개는 다른 방식으로 자신의 능력을 과시하면서 사람들을 굴복시키고 자신을 섬기게 한다. 돈으로 유혹하고, 권력으로 짓누르고, 안락함으로 무기력하게 만들면서 자신의 세력에 굴복하게 만든다. 이 모든 것들의 배후에는 "통치자들과 권세자들과 이 어두운 세계의 지배자들과 하늘에 있는 악한 영들"이 도사리고 있다. 엡 6:12 이들은 자신이 참된 신이라고 주장하면서, 자신에게 절하면 이 모든 것들을 다 얻을 수 있을 것이라고 약속한다.

그러나 하나님을 아는 사람은 이 세상 세력은 아무 것도 아니며 허상이라는 것을 안다. "세상에 있는 모든 것, 곧 육체의 욕망과 눈의 욕망과 세상 살림에 대한 자랑은 모두 하늘 아버지에게서 온 것이 아니라, 세상에서 온 것"이라는 것을 안다. 요일 2:16 또한 "이 세상도 사라지고, 이 세상의 욕망도 사라지며" 요일 2:17, 이들이 약속한 것은 순간적이고, 아침 안개처럼 잠시 있다가 사라져 버리는 것이라

는 사실을 잘 알고 있다. 오직 하나님만이 세상의 진정한 주권자이며, 그의 뜻을 행하는 사람이 영원히 남는다는 것을 잘 알고 있다. 요일 2:17 그래서 여호와를 섬기는 것이 사람의 참된 본분이라는 것을 확신하고 있다.

(3) 여호수아는 광야 여정을 끝내고 가나안이라는 풍요로운 땅에 들어가기 직전에 이스라엘 백성들에게 다짐을 받기를 원했다. 그 땅에서는 여러 신들이 유혹할 것이다. 풍요의 신, 다산의 신, 권력과 전쟁의 신, 등등. 그것들에 매혹되면 결국 여호와를 버리게 될 것임을 잘 알기에 미리 그들의 마음을 굳게 하려는 것이다. "주님을 섬기고 싶지 않거든, 조상들이 강 저쪽의 메소포타미아에서 섬기던 신들이든지, 아니면 당신들이 살고 있는 땅 아모리 사람들의 신들이든지, 당신들이 어떤 신들을 섬길 것인지를 오늘 선택하십시오. 나와 나의 집안은 주님을 섬길 것입니다." 수 24:15 우리를 유혹하는 각종 신들의 손길 속에서 오직 여호와만이 참된 신이며, 따라서 여호와만 섬기는 것이 가장 현명한 선택이라는 것을 아는 것, 이것이 하나님을 아는 사람의 모습이다.

셋째, 하나님을 아는 사람은 하나님의 뜻에 순종하는 것이 가장 중요하다고 여긴다. 상황이 어떠하더라도.

(1) 바울과 실라가 왜 빌립보에 왔는가? 그들은 아시아에서 복음을 전할 계획을 가지고 있었지만, 하나님께서 그 길을 막으시고 이곳 빌립보로 인도하셨다. 그들이 빌립보로 온 것은 하나님의 지시와 인도를 따랐기 때문이다. 6~12절

그렇다면 그들이 하나님의 인도에 순종하여 빌립보에 왔을 때 무엇을 기대했을까? 복음이 잘 전파되는 것이 아니었을까? 하나님께서 그 길을 잘 예비해 놓았을 것으로 기대하는 것이 합리적이지 않을까?

실제로 그들이 빌립보에 도착한 직후에는 일이 순조롭게 풀리는 것 같았다.

도착한 후 맞이한 첫 번째 안식일에 그들은 유대 사람들이 기도하는 처소에 갔다가 루디아를 만났다.

> 그는 자색 옷감 장수로서, 두아디라 출신이요, 하나님을 공경하는 사람이었다. 주님께서 그 여자의 마음을 여셨으므로, 그는 바울의 말을 귀담아 들었다. 그 여자가 집안 식구와 함께 세례를 받고나서 '나를 주님의 신도로 여기시면, 우리 집에 오셔서 묵으십시오' 하고 간청하였다. 그리고 우리를 강권해서, 자기 집으로 데리고 갔다.14~15절

정말로 하나님이 예비하신 사람이었고 상황이었다. 바울과 실라는 며칠간 그녀의 집에 머물면서 편하게 복음을 전할 수 있었다. 이 상황에 대해서 그들은 어떻게 생각했을까? '역시 하나님이 준비해 놓으신 곳이구나.' 루디아의 집에서 예배도 드리면서 감사했을 것이고, 하나님을 찬양했을 것이다. 기대도 커졌을 것이다. 큰 청사진을 그렸을 것이다. 이제 유럽에 복음이 크게 전파될 것이라고 생각했을 것이다.

(2) 그러던 어느 날 기도하는 곳으로 가다가 그들은 귀신 들린 여종을 만났고, 그녀 속에 있던 귀신이 귀찮게 하자 예수의 이름으로 명하여 귀신을 쫓아냈다.

> 어느 날 우리가 기도하는 곳으로 가다가, 귀신 들려 점을 치는 여종 한 사람을 만났는데, 그는 점을 쳐서, 주인들에게 큰 돈벌이를 해주는 여자였다. 이 여자가 바울과 우리를 따라오면서, 큰 소리로 "이 사람들은 지극히 높으신 하나님의 종들인데, 여러분에게 구원의 길을 전하고 있다" 하고 외쳤다. 그 여자가 여러 날을 두고 이렇게 하므로, 바울이 귀찮게 여기고 돌아서서, 그 귀신에게 "내가 예수 그리스도의 이름으로 네게 명하니, 이 여자에게서 나오라" 하고 말하

니, 바로 그 순간에 귀신이 나왔다.^{16~18절}

하나님의 능력을 보여준 멋진 행동이 아닌가? 복음 전파에 방해가 되는 세력을 제압한, 필요한 일이지 않은가? 그런데 여기서부터 일이 꼬이기 시작했다. 그들은 여종의 주인에게 고소를 당하여 로마 관원들에게 매 맞고 감옥에 갇히는 신세가 된 것이다.

그 여자의 주인들은, 자기들의 돈벌이 희망이 끊어진 것을 보고, 바울과 실라를 붙잡아서, 광장으로 관원들에게로 끌고 갔다. 그리고 그들을 치안관들 앞에 세워 놓고서 "이 사람들은 유대 사람들인데, 우리 도시를 소란하게 하고 있습니다. 이 사람들은 로마 시민인 우리로서는, 받아들일 수도 없고 실천할 수도 없는, 부당한 풍속을 선전하고 있습니다" 하고 말하였다. 무리가 그들을 공격하는 데에 합세하였다. 그러자 치안관들은 바울과 실라의 옷을 찢어 벗기고, 그들을 매로 치라고 명령하였다. 그래서 이 명령을 받은 부하들이 그들에게 매질을 많이 한 뒤에, 감옥에 가두고, 간수에게 그들을 단단히 지키라고 명령하였다. 간수는 이런 명령을 받고, 그들을 깊은 감방에 가두고서, 그들의 발에 차꼬를 단단히 채웠다.^{19~24절}

이것은 그들의 기대에 어긋나는 상황이다. 처음에는 일이 잘 풀리는 것 같았는데 예상치 못한 곤경에 빠지게 된 것이다. 바울과 실라는 분명히 하나님께서 가라고 하신 곳으로 순종하면서 왔다. 그동안 일이 잘 진행되고 있었다. 루디아를 만나 숙소도 쉽게 정했고, 거리에 나가 복음을 전할 기회도 얻었고, 귀신들린 여종도 구해주었다. 모두 하나님의 뜻대로 순종하면서 행한 것이다. 그 과정에서 특별히 잘못한 일은 없는 것 같다. 그렇다면 계속해서 일이 잘 풀리거나 아니면 최소한 이렇게 억울하고 답답하고 괴로운 상황은 벌어지지 말아야 하는 것 아닌가? 하지만 바울과 실라가 하나님께 순종하고 섬기는 대가로 돌아온 것은 억울하게 맞고 차가운 감옥 바닥에 내팽개쳐지는 것뿐이었다. 이러면 누가 하나님의 일을 하겠다고 나서겠는가?

(3) 이런 상황에 부딪쳤을 때 사람들의 일반적인 반응은 무엇일까? 불평과 원망이 솟아오르는 것이 정상일 것이다. '하나님을 믿고 따른 결과가 이런 것인가?' '하나님의 뜻을 따라 살고 하나님을 섬기고 봉사한 것의 결과가 이런 것인가?' 하는 자괴감과 배신감도 치밀어오를 것이다. 그들이 애초에 전도여행을 떠나지 않았다면 이런 수모를 당하지 않았을 것이다. 그들이 자기 조국에서 사역을 했더라면 이런 고통을 당하지 않았을 것이다. 그들이 하나님의 이름을 위한 열정으로 귀신을 내쫓지만 않았다면 이런 구렁텅이에 빠지지 않았을 것이다. 무엇보다, 하나님이 빌립보로 보내서 복음을 전하라고 하지 않았다면 이런 일은 일어나지 않았을 것이다. 또는 그들이 하나님의 뜻에 순종하지 않았어도 이런 일을 당하지 않았을 것이다. 지금쯤 고향에서 편하게 살고 있었을 것이다. 이렇게 생각하는 것이 자연스러운 상황이다.

(4) 그런데 바울과 실라의 반응은 무엇인가?

한밤쯤 되어서 바울과 실라가 기도하면서 하나님을 찬양하는 노래를 부르고 있는데, 죄수들이 듣고 있었다.25절

그들은 우리의 예상을 뒤엎고 감옥에서 찬송과 기도를 했다. 매 맞아서 아픈 상태, 매우 억울한 상태, 갇혀서 꼼짝 못하는 상태에서 하나님을 예배한 것이다. 어떻게 이럴 수 있을까?

생각할 수 있는 이유는 단 한 가지다. 이들은 자신의 하나님을 분명하게 알고

있었기 때문이었다. 하나님은 모든 상황을 다 아시는 분이라는 확신이 있었기 때문이다. 지금 이렇게 억울하고, 답답하고, 고통스러운 상황도 하나님이 다 알고 계시며 하나님의 섭리 가운데 있고, 이런 상황도 하나님이 사용하여 무언가 일을 이루실 수 있다는 것을 확신하고 있었기 때문이다. 상황이 어둡고 앞날이 캄캄할 때에도 하나님께서 모든 것을 합력하여 선을 이루는 분이라는 것을 확신하고 있었기 때문이다. 롬 8:28

그들은 자신을 구원하시고 사명을 주신 하나님 앞에서 자신들이 어떻게 행동해야 하는지 알고 있었다. 그들이 해야 할 것은 하나님이 원하시는 일을 하는 것이다. 하나님이 하라고 하시는 일을 하는 것이다. 그 과정에서 외적인 조건은 고려 사항이 아니다. 과업이 쉬운지 또는 어려운지 여부, 상황이 순탄하게 풀리는지 장애물이 가로막는지 여부는 중요하지 않다. 쉽게 풀리면 좀 더 편하고 즐거울 수 있겠지만, 어려움과 난관이 닥쳐온다고 해도 그렇게 실망하고 포기할 일은 아니다. 하나님은 어떤 길로 가라고 하고 어떤 과업을 하라고 명령했을 뿐 그것이 쉽다거나 잘 풀린다거나 즐거울 것이라고 약속하지는 않았기 때문이다. 그렇게 기대했다면 그것은 내가 만든 공상일 뿐이다.

바울과 실라도 이것을 잘 알고 있었다. 그래서 일이 잘 풀리고 성공적일 것으로 예상되면 순종하고 그렇지 않으면 돌아서는 것이 아니라, 하나님이 시키는 일이기 때문에 하나님의 뜻에 순종하기 위해서 그냥 그 길로 간 것뿐이다. 그래서 일이 꼬이고 힘들어지는 상황이 와도 그들은 두려워하지 않고 묵묵히 순종하면서 하나님을 찬양한 것이다.

(5) 이처럼 하나님을 아는 사람은 외적인 상황에 따라 하나님께 순종할지 여부를 결정하지 않는다. 하나님을 아는 사람은 이 땅에서 하나님의 뜻에 순종하고 따르는 것을 삶의 목표로 삼고 있기 때문이다. 그 과정에서 고생하고, 손해보고, 어려움을 겪는다고 해도 그것 때문에 순종하는 삶을 포기하지 않는다.

주님께서 이미 말씀하신대로 그리스도의 제자로 순종하면서 사는 길은 좁고 험할 것이다.ᵐ⁷:¹⁴ 그러나 하나님을 아는 사람은 그렇다고 포기하지 않는다. 그 길이 하나님이 인도하시는 길이요, 생명으로 이끄는 길이라는 것을 알기 때문이다. 오히려 우주의 창조주요 주관자이신 하나님의 계획에 동참할 수 있는 기회를 얻은 것이 너무나 감사해서, 눈을 그 높은 목표에 고정시키고 담대하게 나아갈 것이다.

이것이 하나님을 만난 후 변화된 바울의 삶의 태도였다. "그러나 내가 나의 달려갈 길을 다 달리고, 주 예수께 받은 사명, 곧 하나님의 은혜의 복음을 증언하는 일을 다하기만 하면, 나는 내 목숨이 조금도 아깝지 않습니다."ᵃ²⁰:²⁴ 그렇다! "하나님을 아는 백성은 용기 있게 버티어 나갈 것이기" 때문이다.ᵈ¹¹:³² 이처럼 하나님을 아는 사람은 하나님께 순종하는 삶을 가장 중요하게 여기는 사람이다.

넷째, 하나님을 아는 사람은 어떤 상황 속에서도 해야 할 일을 감당하는 사람이다.

(1) 바울과 실라는 감옥에서 무엇을 했나?

> "밤쯤 되어서 바울과 실라가 기도하면서 하나님을 찬양하는 노래를 부르고 있는데, 죄수들이 듣고 있었다.²⁵ᵃ

바울과 실라는 감옥에서도 기도하고 찬양했다. 지금 바울과 실라의 상황을 기억해야 한다. 그들은 매를 맞아 옷이 다 찢기고 온 몸에 상처가 난 채로 억울하게 감옥에 갇혀 있다. 너무 실망되고 화가 나는 상황이었다. 하지만 이들은 그런 상황에서도 하나님을 향한 신뢰를 버리지 않고 기도와 찬양을 멈추지 않았다.

(2) 하나님은 이들의 믿음을 보시고 놀라운 일을 행하셨다.

> 그때에 갑자기 큰 지진이 일어나서, 감옥의 터전이 흔들렸다. 그리고 곧 문이
> 모두 열리고, 모든 죄수의 수갑이며 차꼬가 풀렸다.26절

구원의 길이 열린 것이다. 바울과 실라는 살아날 수 있다. 고난을 피할 수 있
게 되었다. 정말로 하나님의 은혜가 임한 것이다. 이제 감옥에서 탈출해야 하지
않겠는가? 하나님이 문을 열어주신 것이 아닌가? 그러나 바울과 실라는 그 기회
를 사용하지 않았다. 그 결과가 무엇인가?

> 간수가 잠에서 깨어서, 옥문들이 열린 것을 보고는, 죄수들이 달아난 줄로 알
> 고, 검을 빼어서 자결하려고 하였다. 그 때에 바울이 큰소리로 "그대는 스스로
> 몸을 해치지 마시오. 우리가 모두 그대로 있소" 하고 외쳤다. 간수는 등불을 달
> 라고 해서, 들고 뛰어 들어가, 무서워 떨면서, 바울과 실라 앞에 엎드렸다.26~28
> 절

졸다가 깨서 뒤늦게 감옥 문이 열린 것을 본 간수는 죄수들이 달아난 줄로 알
고, 검을 빼어서 자결하려고 하였다. 그러자 바울은 그의 자살 시도를 막았다.
만약 자신이 살기 위해 감옥을 빠져 나왔다면 간수는 죽었을 것이다. 그러나 바
울이 감옥에 그대로 머물렀기 때문에 간수의 생명을 살릴 수 있었다. 간수의 생
명만 살린 것이 아니라 그와 가족의 영혼까지 구원하게 되었다.

> 그리고 그들을 바깥으로 데리고 나가서 물었다. '두 분 사도님, 내가 어떻게 해
> 야 구원을 얻을 수 있습니까?' 그들이 대답하였다. '주 예수를 믿으시오. 그리하
> 면 그대와 그대의 집안이 구원을 얻을 것입니다.' 그리고 하나님의 말씀을 간수

와 그의 집에 있는 모든 사람에게 들려주었다. 그 밤 그 시각에, 간수는 그들을 데려다가, 상처를 씻어 주었다. 그리고 그와 온 가족이 그 자리에서 세례를 받았다. 간수는 그들을 자기 집으로 데려다가 음식을 대접하였다. 그는 하나님을 믿게 된 것을 온 가족과 함께 기뻐하였다.30~34절

가장 절망적인 곳, 어두운 곳, 힘들고 괴로운 곳이 복음 전도와 구원의 역사가 일어나는 현장으로 변한 것이다.

그들은 자신의 상황이 절망적이고 힘들어도 자신들이 지금 왜 여기 있는지, 하나님께서 왜 이곳에 보냈는지 한시라도 잊지 않고 있었다. 그래서 감옥 문이 열린 의미를 제대로 알았다. 그것은 자신들이 탈출하라는 것이 아니라 이곳 빌립보에서 하나님의 능력을 보여주기 위한 것이라는 점을 즉각 알아챘다. 그래서 탈출할 생각을 하지 않고 그대로 감옥에 머물렀던 것이다. 그 결과 그들은 자신을 때리고 가둔 세력에 속한 사람을 살려줄 수 있었고, 더 나아가서 그 간수에게 복음을 전하고 그의 온 가족을 구원할 수 있었다.

(3) 사람들은 상황이 어려워지면 자기 연민에 빠져 자기중심적이 되면서 하나님께서 맡기신 사명을 쉽게 잊어버린다. 내 마음을 위로받고, 내 몸을 살피고, 힘든 상황을 먼저 추스르고, 내 집안 사정을 돌보는 것이 최우선 순위가 된다. 그래서 '지금이 바로 섬겨야 할 때다' '지금이 다른 사람에게 도움의 손을 내밀어야 할 때다' 라는 하나님의 음성이 귀에 들어오지 않는다. 내 귀와 눈이 나의 어려운 상황에 완전히 사로잡혀 고정되어 있기 때문이다.

그러나 바울과 실라는 자신들의 힘겨운 상황에 절망해서 넋 놓고 있지 않았다. 한탄하면서 자신의 사명을 망각하지 않았다. 자신이 살길에만 시선이 고정되어 있지 않았다. 그러면서 자신에게 맡겨진 일을 포기하지 않았다. 그들은 여전히 소명감에 불타고 있었다. 매질과 차가운 감옥의 바닥이 그들의 소명감을 얼

릴 수 없었다. 그들에게는 원수 같은 간수도 사랑을 베풀어야 할 대상으로 보였고 그 결과 그에게 복음을 전하고 그의 집안 전체를 구원하게 된 것이다. 즉 자신의 소명을 성취하게 된 것이다. 이처럼 하나님을 아는 사람은 내가 편하든지 그렇지 않든지, 상황이 호의적이든지 그렇지 않든지, 일이 잘 풀릴 때든지 그렇지 않든지 관계없이, 자기 연민에 빠져 주변을 살피는 눈을 잃지 않고, 하나님께서 맡겨주신 사명을 꿋꿋하게 감당한다.

엘리자베스 엘리엇은 28세의 남편 짐 엘리엇과 다른 4명의 선교사가 1956년에 에콰도르의 아우카족에게 죽임을 당하는 엄청난 고통과 절망을 맛보았다. 그들을 향한 모든 선교 계획도 수포로 돌아가는 것처럼 보였다. 그러나 엘리자베스는 포기하지 않고 2년 후 스스로 간호사 자격으로 다시 아우카족에게 들어갔다. 그들은 여자들은 죽이지 않는 관습이 있었기에 그들 틈에서 의료 봉사를 할 수 있었다. 5년 후 안식년이 되어 고국으로 돌아갈 때 추장이 파티를 열어주었고, 그때 자신의 남편이 7년 전에 그들이 죽인 사람임을 밝혔다. 그 이야기에 감동을 받은 아우카족은 그녀를 이렇게 만든 하나님의 사랑에 대해 관심을 갖게 되었고, 세월이 흘러 결국 모두 복음을 받아들이게 되었다. 다시 10여년이 지난 후 선교사들을 죽였던 사람들 틈에 끼어 있었던 '키모'라는 사람이 아우카족 최초의 목사가 되었고, 순교자들의 자녀 2명이 아버지가 죽은 강가에서 키모에게 세례를 받는 놀라운 일이 일어났다. 눈앞에 펼쳐지는 상황에 절망하지 않고 하나님의 사명을 붙잡는 손을 놓지 않았던 사람으로 인해 구원의 역사가 일어난 것이다.

우리는 우리의 하나님을 알고 있는가? 우리는 하나님에 대한 분명한 생각을 가지고 있는가? 내 삶의 모든 것을 합력하여 선을 이루신다는 확신을 가지고 있는가? 어려운 길일지라도 하나님께 순종하면서 나아갈 용기가 있는가? 힘들고 괴로운 상황에서도 하나님께서 나를 두신 그곳에서 하나님이 부르신 소명에 충실한 삶을 살고 있는가?

하나님은 자신을 아는 자를 찾고 계신다. 우리가 자신을 알기를 원하신다. 그래서 선지자를 통해서 외치게 하신다. "우리가 주님을 알자. 애써 주님을 알자."호 6:3 우리는 이 부르심에 응답해야 한다. 우리의 하나님을 더 알기 위해 애써야 한다. 응답과 노력 끝에 우리가 하나님을 더 깊이 알게 될 때 하박국 선지자의 고백이 우리의 것이 될 것이다.

> 무화과나무에 과일이 없고 포도나무에 열매가 없을지라도, 올리브 나무에서 딸 것이 없고 밭에서 거두어들일 것이 없을지라도, 우리에 양이 없고 외양간에 소가 없을지라도, 나는 주님 안에서 즐거워하련다. 나를 구원하신 하나님 안에서 기뻐하련다. 합 3:17~18

미주

1. 도날드 W. 맥컬로우, 『하찮아진 하나님?』, 박소영 역 (서울: 대한기독교서회, 1996), 40.
2. 칩 잉그램, 『하나님의 숲을 거닐다』, 마영례 역 (서울: 디모데, 2007), 43.
3. Robert Wuthnow, "Small Groups Forge New Notions of Community, and the Sacred," *Christian Century* (December 8, 1993), 1239-40.
4. 칩 잉그램, 13.
5. 에이든 토저, 『하나님을 바로 알자』, 윤무길 역 (서울: 생명의말씀사, 1983), 9.
6. Ibid., 10.
7. 스탠리 그렌즈, 『조직신학』, 신옥수 역 (고양: 크리스챤 다이제스트, 2003), 88.
8. Ibid.
9. 에이든 토저, 『하나님을 바로 알자』, 56.
10. Cornelius Van Til, *Defense of the Faith* (Philadelphia: Presbyterian and Reformed, 1963), 9.
11. Wayne Grudem, *Systematic Theology* (Leicester: IVP, 1994), 161.
12. 에이든 토저, 『하나님을 바로 알자』, 50.
13. Wayne Grudem, 262.
14. Millard J. Erickson, *God the Father Almighty: A Contemporary Exploration of the Divine Attributes* (Grand Rapids: Baker Books, 1990), 228.
15. John S. Feinberg, *No One Like Him* (Wheaton: Crossway, 2001), 228.
16. Saint Augustine, *Confessions*, tr. by R. S. Pine-Coffin (London: Penguin Books, 1978), 11.3
17. Nicholas Wolterstorff, "God Everlasting," in *God and the Good*, ed. Clifton Orlebeke and Lewis Smedes (Grand Rapids: Eerdmans, 1975), 181-203.
18. John M. Frame, *The Doctrine of God* (Phillipsburg: P&R, 2002), 548.

19. 로버트 레이몬드, 『최신 조직신학』, 나용화 역 (서울: 기독교문서선교회, 2004), 88; Millard Erickson, 139.

20. John Feinberg, 264.

21. Richard Rice, "Biblical Support for a New Perspective," in *The Openness of God: A Biblical Challenge to the Traditional Understanding of God* (Downers Grove: InterVarsity, 1994), 34.

22. *Christianity Today* (Jan 10, 2000), 32–34.

23. William Hasker, *God, Time and Knowledge* (Ithaca, N.Y.: Cornell University Press, 1989); Clark Pinnock, "God Limits His Knowledge," in *Predestination and Free Will: Four Views of Divine Sovereignty and Human Freedom*, ed. David Basinger and Randall Basinger (Downers Grove: InterVarsity, 1986)

24. D. A. Carson, *Divine Sovereignty and Human Responsibility: Biblical Perspectives in Tension* (Atlanta: John Knox, 1978); John S. Feinberg, "God Ordains All Things," in *Predestination and Free Will: Four Views of Divine Sovereignty and Human Freedom*, ed. David Basinger and Randall Basinger (Downers Grove: InterVarsity, 1986); Thomas R. Schreiner and Bruce A. Ware ed., *The Grace of God, the Bondage of the Will*, 2 vols. (Grand Rapids: Baker, 1995).

25. A. W. Tozer, *The Knowledge of the Holy* (N.Y.: Harper & Row, 1961), 67.

26. 존 맥아더, 『하나님을 알아가는 기쁨』, 서진희 역 (서울: 넥서스, 2009), 104.

27. John Feinberg, 250–252.

28. 토마시 할리크, 『하느님을 기다리는 시간 – 자캐오에게 말을 건네다』, 최문희 역 (서울: 분도출판사, 2016), 22.

29. David Van Biema, "Mother Teresa's Crisis of Faith," *Time* (August 23, 2007)

30. 토마시 할리크, 25.

31. 필립 얀시, 『내 영혼의 스승들』 (서울: 좋은 씨앗, 2010), 152.

32. A. W. 토저, 『갓 하나님』 (서울: 규장, 2007), 222.

33. 로버트 레이몬드, 164.

34. John Frame, 520.

35. Millard J. Erickson, 211–212.

36. William Hasker, *God, Time, and Knowledge* (Ithaca, N.Y.: Cornell University Press, 1989), 183.

37. Millard J. Erickson, 211.

38. John Frame, 228.

39. Thomas C. Oden, *The Living God* (Peabody, MA: Prince Press, 1998), 57.